Jedes Kind kann richtig schreiben lernen

Duden

Jedes Kind kann richtig schreiben lernen: Ein Ratgeber für Eltern

Von Hans-Georg Müller

Dudenverlag
Berlin

Impressum

Bibliografische Information der Deutschen Nationalbibliothek
Die Deutsche Nationalbibliothek verzeichnet diese Publikation in der Deutschen Nationalbibliografie; detaillierte bibliografische Daten sind im Internet über http://dnb.dnb.de abrufbar.

Es wurde größte Sorgfalt darauf verwendet, dass die in diesem Werk gemachten Angaben korrekt sind und dem derzeitigen Wissensstand entsprechen. Für dennoch wider Erwarten im Werk auftretende Fehler übernehmen Autor, Redaktion und Verlag keine Verantwortung und keine daraus folgende oder sonstige Haftung. Dasselbe gilt für spätere Änderungen in Gesetzgebung oder Rechtsprechung. Das Werk ersetzt nicht die professionelle Beratung und Hilfe in konkreten Fällen. Das Wort Duden ist für den Verlag Bibliographisches Institut GmbH als Marke geschützt.

Die Webseiten Dritter, deren Internetadressen in diesem Lehrwerk angegeben sind, wurden vor Drucklegung sorgfältig geprüft. Der Verlag übernimmt keine Gewähr für die Aktualität und den Inhalt dieser Seiten oder solcher, die mit ihnen verlinkt sind. Alle Rechte vorbehalten. Nachdruck, auch auszugsweise, verboten.

Soweit in diesem Buch Personen erwähnt und ihnen von der Redaktion fiktive Namen, Berufe, Dialoge und Ähnliches zugeordnet oder diese Personen in bestimmte Kontexte gesetzt werden, dienen diese Zuordnungen und Darstellungen ausschließlich der Veranschaulichung und dem besseren Verständnis des Inhalts.

© Duden 2020   D C B A
Bibliographisches Institut GmbH, Mecklenburgische Straße 53, 14197 Berlin

Reihenidee und -konzeption und redaktionelle Leitung Susanne Klar
Lektorat Dr. Ulrike Schimming, www.letterata.de
Herstellung Alfred Trinnes
Layout und Satz Veronika Neubauer
Idee Grafiken Hans-Georg Müller
Grafiken Umsetzung Veronika Neubauer
Umschlaggestaltung 2issue, München
Umschlagabbildung © Jan von Holleben, Berlin
Druck und Bindung AZ Druck und Datentechnik GmbH,
Heisinger Straße 16, 87437 Kempten

Printed in Germany

ISBN 978-3-411-75647-6
www.duden.de

PEFC zertifiziert
Dieses Produkt stammt aus nachhaltig bewirtschafteten Wäldern und kontrollierten Quellen.
www.pefc.de
PEFC/04-31-2260

Für Ben und Nele, für Djamila und Engin,
für Anouk und Noah
und all die hundert anderen Kinder,
die mir beigebracht haben,
wie man Rechtschreibung beibringt.

Inhaltsverzeichnis

Einleitung: Rechtschreibprobleme verstehen ... und lösen!   11
Rechtschreibtraining funktioniert wie Basketballspielen   13
Lese-Rechtschreib-Schwäche und andere Diagnosen   16
Warum Eltern die besseren Trainer/-innen sind   17
Was Sie in diesem Buch finden   19

Teil 1: Lernen   22

Kapitel 1: Wie Lernen funktioniert – der beste Weg zu guter Rechtschreibung   23
Motivation und Emotion: Mit der richtigen Einstellung klappt alles!   23
Induktives Lernen: von Beispielen auf die Regel schließen   27
Aufmerksamkeit: Turboschub für das Lernen   31

Exkurs: Die Rolle der Bewusstheit. Die verkannte Kraft   36

Die Lernschemata: Wissen speichern und abrufen   39
Üben, üben, üben: Lernschemata bilden und festigen   43
Schwache Lernschemata: der typische Anfang von Rechtschreibproblemen   46
Der Teufelskreis des Rechtschreibversagens   49
     Geglücktes Lernen: die Erfolgsspirale   50
     Gescheitertes Lernen: die Misserfolgsspirale   51
     Erlernte Hilflosigkeit: das Resultat der Misserfolgsspirale   53

Der Spickzettel für Ihre Bestandsaufnahme: Hängt mein Kind im Teufelskreis des Rechtschreibversagens?   55

Der Ausweg aus dem Teufelskreis des Rechtschreibversagens   56

Teil 2: Üben   60

Kapitel 2: In fünf Schritten zum erfolgreichen Rechtschreib-Coach   61
Schritt 1: Ihre Rolle als Rechtschreib-Coach   62
    Verständnis und Geduld: die Kardinaltugenden guter Rechtschreib-Coaches   63
    Verständnis hilft Frust vermeiden   64

    Spickzettel: So bereiten Sie sich auf Ihre Rolle als Coach vor   68

    General und Kumpel: Setzen Sie Ihren Akzent   69
    Finden Sie Ihre eigene Mischung   70

    Spickzettel: General oder Kumpel – was für ein Lehrtyp bin ich?   71

    Spickzettel: Die guten und schlechten Seiten von Kumpel und General   72

    Wie viel Fachwissen braucht ein Coach?   73

Schritt 2: Motivation aufbauen und Rahmenbedingungen festlegen   74
    Wie Sie erkennen, was Ihr Kind motiviert und demotiviert   74

    Spickzettel: Welche Motivation treibt Ihr Kind an?   78

    Zeit und Ort finden   80
    Rituale und Routinen entwickeln   82

    Spickzettel: Sind wir schon ein Trainingsteam?   84

Schritt 3: die ersten Trainingseinheiten   85
    Aufmerksamkeit und Konzentration trainieren   85
    Der inhaltliche Start: ganzheitlich und induktiv   86

Pausen und Bewegung einbeziehen — 88

Spickzettel: Was zeichnet mein Kind beim Rechtschreibtraining aus? — 90

Schritt 4: richtig anleiten und gezielt Feedback geben — 92
Richtig Hilfestellungen geben — 92
Gezieltes Feedback geben — 96
Richtig loben, richtig kritisieren — 99

Spickzettel: Begleite ich das Lernen meines Kindes richtig? — 107

Schritt 5: das Training langfristig begleiten — 108
Die fünf Phasen des Rechtschreibtrainings — 109

Spickzettel: Die Selbsteinschätzung Ihres Kindes — 118

Spickzettel: So wird Ihr Rechtschreibtraining zum Dauerbrenner — 120
Die Checkliste zum Trainingstagebuch — 121

Kapitel 3: Die Methoden im Überblick — 122
1. Gedanke: die fünf Anforderungen an die Trainingsmethoden — 122
2. Gedanke: die vier Gruppen von Trainingsmethoden — 124
3. Gedanke: die vielen einzelnen Trainingsmethoden richtig einschätzen — 126

Spickzettel: Die richtige Methode wählen — 128

Aufmerksamkeits- und Motivationsübungen: solide Grundlagen schaffen — 130
Konzentrationsübungen: die Arbeit an der Aufmerksamkeit — 130
Sprachspiele: das Handlungsfeld für Kreative — 134

Bewegungsspiele: fehlende Konzentration wieder herstellen 140
Ganzheitliche Übungen: schreiben in (fast) allen Facetten 143
  Abschreibübungen: der gefahrlose Einstieg 143
  Laufdiktat: der skalierbare Alleskönner 148
  Diktat: der problematische Klassiker 153
  Freies Schreiben: das risikoreiche Fernziel 158
  Korrekturübungen: den orthografischen Blick trainieren 163
Analytische Übungen: Einzelfertigkeiten trainieren 168
  Rechtschreibgespräche: der ständige Begleiter 168
  Einsetz- und Entscheidungsübungen:
  Probleme gezielt anpacken 173
  Üben im Internet: der Vorteil des blitzschnellen Feedbacks 179
  Schreibroutinen-Check: Wissen ins System einbauen 183
  Regellernen: das Material des Rechtschreibgespräches 187
Üben für Spezial- und Sonderfälle 191
  Hör- und Klangübungen: die Voraussetzung für
  Regelanwendung schaffen 191
  Wörterbucharbeit: wissen, wo es steht 195
  Eselsbrücken: der Ausweg aus den schwachen Lernschemata 199
Lösungen der Beispielübungen 203

Teil 3: Wissen 208

Kapitel 4: Unsere Rechtschreibung: Regeln verstehen,
Lernwege planen 209
Laute, Buchstaben und Silben 210
  Vokale und Vokallänge 211
  Die Silbengesetze 213
  Das Silbengelenk 214
  Konsonanten 214
  Wortstämme und Stammprinzip 217
  Die Auslautverhärtung 218
  Fremdwörter 219

Der typische Lernweg in der Laut-Buchstaben-Zuordnung ... 220
Getrennt- und Zusammenschreibung: wo Wörter beginnen und enden ... 222
  Wörter und Wortverbindungen: die Grundlagen der Getrennt- und Zusammenschreibung ... 222
  Die Wortarten ... 223
  Zusammengesetzte Wörter ... 225
  Verschmelzungen ... 231
  Der typische Lernweg in der Getrennt- und Zusammenschreibung ... 232
Groß- und Kleinschreibung: Sätze, Nomen und mehr erkennen ... 235
  Satz- und Textanfänge ... 235
  Die Besonderheiten des Nomens: die Nominalgruppe ... 236
  Nominalisierung: Wie neue Nomen entstehen ... 240
  Wie aus Nomen andere Wortarten werden ... 241
  Eigennamen ... 241
  Höflichkeitsanrede ... 243
  Der typische Lernweg in der Groß- und Kleinschreibung ... 243
Kommasetzung: den Satz richtig gliedern ... 246
  Satzglieder und die Kommasetzung im einfachen Satz ... 246
  Aufzählung und Reihung von Satzgliedern ... 247
  Haupt- und Nebensätze ... 248
  Infinitiv- und Partizipialgruppen ... 252
  Kommasetzung bei besonderen Wortgruppen ... 253
  Der typische Lernweg in der Zeichensetzung ... 254

Anhang ... **258**

Ausgewählte Literatur ... 260
Glossar ... 263
Register ... 266
Der Autor ... 271

Einleitung
Rechtschreibprobleme verstehen ... und lösen!

Der kleine Unterschied
Thomas und Annika sind Geschwister. Sie lernen auf derselben Schule bei denselben Lehrkräften und im selben Lebensumfeld. Beide sind aufgeweckte, fröhliche Kinder, die sich vormittags um gute Leistungen bemühen und nachmittags ihren Hobbys nachgehen. Und doch gibt es einen rätselhaften Unterschied: Thomas hat Rechtschreibschwierigkeiten, Annika hat keine. Was sind die Gründe dafür?

Viele Menschen glauben, schlechte Rechtschreibung sei ein Zeichen für mangelnde Intelligenz. Aber Thomas ist in Mathe, Geschichte und Englisch genauso erfolgreich wie Annika. Seit Langem ist aus der Bildungsforschung bekannt, dass Rechtschreibleistung und Intelligenz nur sehr locker zusammenhängen. Gerade hochbegabte Kinder haben oft erhebliche Schwierigkeiten, während Kinder, die gut in Rechtschreibung sind, nicht unbedingt die Klassencracks sein müssen.

Auch stimmt es nicht, dass Kinder mit Rechtschreibschwierigkeiten die Regeln nicht kennen. Wird Annika nach Rechtschreibregeln gefragt, antwortet sie mit einem Schulterzucken: „Ich schreibe einfach nach Gefühl." Thomas hingegen hat eine gewisse Zeit die Rechtschreibregeln gepaukt. Aber viel geändert hat das nicht. Wissenschaftliche Studien konnten zeigen, dass die Kenntnis der Regeln für richtiges Schreiben weder eine notwendige Voraussetzung noch eine Erfolgsgarantie ist.

Die Vermutung, dass gute Rechtschreibung von intensiver Beschäftigung mit geschriebener Sprache abhängt, geht zwar in die richtige Richtung. Doch es liegt nicht allein daran, dass ein Kind mehr Bücher liest oder häufiger schreibt. Denn manche Kinder mit Rechtschreibschwierigkeiten sind wahre „Leseratten", die nichts lieber tun, als sich in Bücherwelten zu vertiefen und selbst Geschichten zu erfinden und aufzuschreiben.

In meinem Beruf als Deutschlehrer, Rechtschreibtrainer und Hochschuldozent habe ich unzählige Schüler/-innen kennengelernt, die ähnliche Schwierigkeiten wie Thomas hatten. Nur sehr selten waren Kinder dabei, die wegen körperlicher oder geistiger Störungen am Erwerb der Rechtschreibung gehindert wurden. Die meisten Kinder mit Rechtschreibproblemen haben eine ganz andere Gemeinsamkeit: eine ungünstige Lernbiografie!

Denn das Erlernen der Rechtschreibung ist ein sich selbst verstärkender Prozess: Wer richtig schreibt, erntet nicht nur Anerkennung und Erfolgserlebnisse, sondern gewinnt auch Selbstvertrauen. Wer sich hingegen einmal Fehler antrainiert hat, vertieft seine Unsicherheiten mit jedem neuen Text und entwickelt nach und nach Misserfolgsängste. Diese rauben ihm die Kraft, seine Kenntnis-lücken wirkungsvoll zu bekämpfen. Deshalb wachsen Versäumnisse bei den ersten Lernerfahrungen zu immer größeren Bildungslöchern und belasten nicht nur die Rechtschreibfähigkeiten, sondern auch die Gefühle eines Kindes.

Und so ist es kein Zufall, dass viele Eltern Mühe haben, ihre Kinder überhaupt zum Rechtschreibtraining zu bewegen. Denn jede dunkelrot korrigierte Klassenarbeit verstärkt das Gefühl, für Rechtschreibung „einfach nicht talentiert" zu sein. In so einem Fall sind Sie nun als elterlicher Rechtschreib-Coach gefragt, denn Sie können Ihrem Kind am besten dabei helfen, das Versäumte nachzuholen und die Lücken zu schließen. Wie Ihnen das gelingt, möchte ich Ihnen in diesem Ratgeber vermitteln: Mit Know-how, Geduld und kurzen, aber regelmäßigen Übungseinheiten können Sie die Rechtschreibung für Ihr Kind zu einem positiven Erlebnis machen. Schritt für Schritt entkommt Ihr Kind so dem Teufelskreis aus Misserfolgsängsten und Leistungsdefiziten. Und dazu müssen Sie weder Sonderpädagogik noch Sprachwissenschaft studiert haben, sondern lediglich verstehen, wo die Ursachen für die Schreibprobleme Ihres Kindes liegen und wie Sie diese lösen können. Denn nur wenn Sie die Schwierigkeiten Ihres Kindes verstehen, können Sie ihm gezielt weiterhelfen. Und deshalb gibt es auch genau einen perfekten Zeitpunkt, an dem Sie sich mit Ihrem Kind auf den Weg machen sollten: Jetzt!

Rechtschreibtraining funktioniert wie Basketballspielen

Begeisterung hilft

Wenn Thomas' Mutter ihrem Sohn beim Basketballtraining zusieht, wünscht sie sich oft, er würde beim Rechtschreiben den gleichen Ehrgeiz entwickeln. Denn obwohl Thomas mit seinen 1,65 m Körpergröße für Basketball eigentlich etwas klein gewachsen ist, trainiert er seit Jahren voller Begeisterung. Er hat sich durch alle Schwierigkeiten durchgebissen und ist mittlerweile einer der korbgefährlichsten Stürmer der Junioren-Mannschaft. Seine geringe Körpergröße macht er durch Wendigkeit und präzise Ballwürfe wett, die er in beharrlichem Training erworben hat. Annika hingegen hat ebenfalls eine Zeit lang Basketball gespielt, dann aber die Lust verloren und sich anderen Hobbys zugewandt.

Thomas' Begeisterung für Basketball zeigt, dass er im Grunde alles mitbringt, was er auch für erfolgreiches Rechtschreibtraining braucht. Denn obwohl Rechtschreibung und Basketball auf den ersten Blick so unterschiedlich scheinen, haben sie viele wichtige Gemeinsamkeiten.

Das richtige Gefühl führt zum Erfolg

Basketball ist eine hochkomplexe Sportart, bei der das Allermeiste unbewusst und automatisch ablaufen muss: Müsste sich Thomas beim Spiel noch auf das Dribbling konzentrieren, könnte er niemals so wendige Sprints hinlegen, sondern würde den Ball rasch verlieren. Da ihm aber der Umgang mit dem Ball durch Hunderte Trainingsstunden in Fleisch und Blut übergegangen ist, kann er sich voll auf den Angriff konzentrieren, während sein Körper das Dribbling praktisch von selbst erledigt.

Beim Schreiben ist es ganz ähnlich: Wer sich bei jedem Wort fragen muss, aus welchen Buchstaben es besteht, der bringt keinen vernünftigen Text zustande. Je mehr Erfahrung wir aber mit dem Schreiben sammeln, umso automatischer fließen die Worte uns aus der Hand und wir können uns mehr auf den Inhalt konzentrieren. Das weiß auch Annika, die sich oft völlig in ihren Textwelten verliert, ohne deshalb orthografisches Kauderwelsch zu fabrizieren. An Rechtschreibung denkt sie dabei nur in Ausnahmefällen und selbst dann lässt sie sich eher von ihrem Schreibgefühl leiten, denn sie hat gelernt, dass sie diesem Gefühl gut vertrauen kann.

Was aber tun, wenn dieses Gefühl versagt?

Beim Basketball stehen die Dinge ganz einfach: Wer einen Fehler macht, verliert den Ball oder verfehlt den Korb. Als Thomas mit seiner Trefferquote nicht mehr zufrieden war, übte er Stunde um Stunde Korbwürfe, bis er sogar aus schwierigen Positionen heraus traf. Dafür musste er weder Ballistik studieren noch Flugkurven berechnen, sondern nur mit voller Konzentration immer wieder auf den Korb werfen. Den Rest lernte sein Körper ganz von selbst. Hätte er stattdessen sein Training lustlos absolviert und den Ball ohne echte Konzentration gespielt, wäre er nie ein so guter Spieler geworden.

Ähnlich ging es Annika, als sie ihre ersten Wörter schreiben lernte. Strich ihre Lehrerin ihr Rechtschreibfehler an, konzentrierte sie sich auf die richtige Schreibung und versuchte, sie sich einzuprägen. Dabei zog sie nur selten die Regeln zurate, denn in der konzentrierten Beschäftigung lernte ihr Gehirn die Systematik der Rechtschreibung automatisch kennen - gerade so wie Thomas' Körper gelernt hatte, dem Ball exakt den richtigen Schwung zu geben. Zwar erlebte auch Annika Rückschläge, als es zum Beispiel um die Schreibung von Fremdwörtern ging. Doch einige Stunden Unterricht und eine konzentrierte Anwendung der gelernten Regeln genügten ihr, um ihre intuitive Sicherheit wiederzuerlangen und im Anschluss die Regeln wieder zu vergessen. Wie Gehirne solche Lernprozesse bewerkstelligen, ist heute gut erforscht (mehr dazu in Kapitel 1).

Was Thomas in der Rechtschreibung fehlt, fehlt Annika beim Basketball ...

... allerdings mit einem entscheidenden Unterschied: Als Annika beim Basketball Misserfolge erlebte, konnte sie einfach aufhören und sich ein anderes Hobby suchen. Thomas hingegen konnte natürlich nicht einfach aufhören zu schreiben - stattdessen wurden die Texte in der Schule immer anspruchsvoller, sodass er später nie genug Ruhe hatte, um erst einmal die Grundlagen nachzuarbeiten. Es ist, als hätte man ihn untrainiert in eine Mannschaft von Profi-Basketballern gesteckt und erwartet, dass er mit den anderen Spielern Schritt hält.

Was rechtschreibschwache Kinder brauchen

Rechtschreibschwierigkeiten überwindet man mit der gleichen Art von Training, die Thomas vom Basketball kennt: Spielerfahrung, Üben der Einzelfertigkeiten und wieder Spielerfahrung - methodisch möglichst abwechslungsreich, aber immer mit voller Konzentration! Allerdings müssen rechtschreibschwache Kinder nicht nur neue Fertigkeiten lernen, sondern vielmehr alte, fehlerhafte Strategien umlernen. Und das ist immer eine besondere Herausforderung. Die gute Nachricht aber ist: Wer regelmäßig übt, erlebt bald die ersten Erfolge.

Lese-Rechtschreib-Schwäche und andere Diagnosen

Oft wird in unserem Schulsystem von „Lese-Rechtschreib-Schwäche" (LRS), „gravierender Rechtschreibstörung" oder „Legasthenie" gesprochen und so getan, als seien damit klar umrissene „Krankheiten" benannt, die man wie Fieber oder Röteln zweifelsfrei diagnostizieren und „heilen" könnte. Tatsächlich ist LRS in der Wissenschaft stark umstritten, denn außer dem Symptom „schwache Rechtschreibung" haben die Befunde oft nur wenig miteinander gemeinsam. So gibt es - beispielsweise - eine sehr seltene Störung im Hörzentrum von Kindern, die zu typischen Fehlermustern beim Schreiben führt und mit speziellen Hörübungen rasch behandelt werden kann. Auf den ersten Blick sieht diese Störung wie jede andere Rechtschreibschwäche aus, hat aber eine völlig andere Ursache. Solche und andere Zusammenhänge machen es so problematisch, von einem Phänomen „LRS" zu sprechen.

Die Chance, dass Ihr Kind eine echte physiologische Störung hat, die sich nur mit der Hilfe von Experten überwinden lässt, liegt bei weniger als 1:100. Selbst wenn bei Ihrem Kind eine „gravierende Lese- und Rechtschreibstörung" festgestellt wurde, können Sie mit dem richtigen Training auf Dauer viel bewirken.

Um auf Nummer sicher zu gehen, sollten Sie dennoch zunächst mit der Deutschlehrkraft Ihres Kindes sprechen und ihre Meinung zu den Rechtschreibproblemen Ihres Kindes einholen. Wenn sie dazu rät, kann es auch nicht schaden, die Leistungen Ihres Kindes bei einem schulpsychologischen Dienst testen zu lassen. Die Schule vermittelt Ihnen dazu die Kontaktdaten der zuständigen Dienststelle, mit deren Hilfe Sie auch die sehr seltenen körperlichen Ursachen für Rechtschreibprobleme prüfen und ausschließen lassen können.

Aber ganz gleich, wie die Testergebnisse für Ihr Kind ausfallen, Sie können schon heute mithilfe dieses Ratgebers beginnen, das Rechtschreibtraining mit Ihrem Kind in die Hand zu nehmen. Falls Ihr Kind jedoch bereits beim Lesen einfacher Wörter erhebliche Schwierigkeiten hat, sollten Sie zunächst vom Schreib- zum Lesetraining wechseln.

Warum Eltern die besseren Trainer/-innen sind

Die Grenzen des Schulunterrichts

Frau Burkhardt, die Deutschlehrerin von Thomas und Annika, ist verzweifelt: Thomas' Klassenarbeit ist wieder voller Fehler. Und eigentlich weiß sie genau, was ihr Schüler bräuchte, um seine Schwierigkeiten in den Griff zu bekommen. Aber im Schulalltag kann sie ihm dennoch nicht optimal helfen. Zwar kennt sie sich bestens in den Rechtschreibregeln und -methoden aus, aber diese Kenntnisse nützen ihr wenig, weil die Anforderungen an ein gutes Rechtschreibtraining im Unterricht nicht zu erfüllen sind. Dafür gibt es drei wesentliche Gründe.

Grund 1: **Gutes Training findet regelmäßig statt**

Oftmals haben Klassen nur vier Stunden Deutschunterricht pro Woche, darunter auch mal eine Doppelstunde. In dieser Zeit sollen die Kinder Geschichten und Gedichte lesen, Inhaltsangaben und Berichte schreiben, Probleme diskutieren, den Umgang mit den Medien lernen und vieles mehr. Rechtschreibung spielt dabei zwar eine wichtige Rolle, ist aber nur einer von vielen Aspekten. Für rechtschreibschwache Kinder hingegen wäre es am besten, wenn sie jeden Tag trainieren würden - gar nicht so lange, dafür aber mit voller Konzentration! Doch selbst wenn jede Unterrichtsstunde mit zehn Minuten Rechtschreibtraining anfinge, wären diese drei Übungstermine für rechtschreibschwache Kinder zu wenig, während andere Schüler/-innen sich bereits langweilen würden.

Grund 2: **Gutes Training ist individuell und sorgt für unmittelbare Rückmeldung**

In den Klassen sitzen häufig dreißig oder mehr Kinder mit ganz unterschiedlichen Lernständen. Selbst wenn jedes Kind seine ganz eigenen Arbeitsmaterialien bekäme, könnte die Lehrkraft niemals an allen Stellen gleichzeitig sein, um Missverständnisse abzufangen, Fehler zurückzumelden oder Fragen zu klären. Werden Übungshefte eingesammelt und korrigiert, erfahren die Kinder frühestens am folgenden Tag, was richtig war und was nicht. Bis dahin haben sie längst andere Sorgen und wissen kaum noch, was sie sich bei der Übung eigentlich gedacht haben.

Grund 3: **Gutes Training braucht volle Konzentration**

Konzentration kann man nicht erzwingen. Ist sie verbraucht, benötigt man eine Pause. Der Deutschunterricht hingegen ist an den Stundenplan gebunden und nimmt keine Rücksicht auf die Hochs und Tiefs in der Aufmerksamkeit. Findet eine Deutschstunde zum Beispiel direkt nach der Mittagspause statt, bräuchten die Kinder eher einen Mittagsschlaf als ein

Übungsblatt zur Rechtschreibung. Obwohl dies bekannt ist, haben Lehrkräfte nicht die Wahl, der Klasse erst einmal eine Ruhepause zu gönnen, bevor es mit dem Unterricht weitergeht.

Deshalb können Sie es besser!

Im traditionellen Deutschunterricht lassen sich Rechtschreibschwierigkeiten nur selten ausgleichen. Oft bestehen sie jahrelang fort und vertiefen sich sogar. In solch einem Fall sind Sie als Eltern im Vorteil, selbst wenn Sie sich weniger mit Rechtschreibregeln und Übungsmethoden auskennen als die Lehrkräfte: Nutzen Sie die Chance, mit Ihrem Kind ein regelmäßiges, zeitlich überschaubares, aber konzentriertes Rechtschreibtraining durchzuführen. Wenn Sie sich das zur Gewohnheit machen und sich dabei an den Ratschlägen dieses Buches orientieren, wird Ihr Kind rasch die ersten Verbesserungen erleben.

Was Sie in diesem Buch finden

Rechtschreiberwerb ist kein Sprint, sondern ein Marathon. Damit Ihr Kind Sicherheit in der Rechtschreibung erlangt, brauchen Sie beide zunächst einmal Geduld und Durchhaltevermögen. Was darüber hinaus für ein regelmäßiges, forderndes, aber nicht überforderndes Rechtschreibtraining hilfreich ist, werde ich Ihnen in diesem Buch vermitteln.

Ich verzichte ganz bewusst auf Angaben zu Alter und Klassenstufe der Kinder, weil Rechtschreibprobleme immer dazu führen, dass die betroffenen Kinder deutlich hinter den Leistungen liegen, die für ihr Alter typisch wären. Ihr gemeinsames Training beginnt also immer in der Lernvergangenheit Ihres Kindes. Es ist mir wichtig, Ihnen einen vollständigen

Überblick über die Ursachen von Rechtschreibproblemen und hilfreiche Lösungsansätze zu geben, denn so können Sie auch ohne Altersangaben auf die individuellen Bedürfnisse Ihres Kindes eingehen.

Das erste Kapitel liefert Ihnen Wissenswertes über das Lernen selbst und wie Sie dieses bei Ihrem Kind positiv beeinflussen können. Motivation und Aufmerksamkeit spielen dabei eine wichtige Rolle, genauso wie die Beispiele, anhand derer Ihr Kind am besten lernt. Zudem sind passende Lernschemata von fundamentaler Bedeutung, damit Ihr Kind nicht in den Teufelskreis des Rechtschreibversagens gerät. Diese theoretischen Grundlagen bilden das Gerüst für Ihr individuelles Rechtschreibtraining mit Ihrem Kind und sind leicht auf die allermeisten anderen Lernprozesse übertragbar.

Kapitel 2 vermittelt Ihnen dann, wie Sie in fünf Schritten ein wirkungsvolles Rechtschreibtraining mit Ihrem Kind entwickeln. Zunächst sind Sie selbst gefragt, indem Sie sich Ihre eigene Rolle als Rechtschreib-Coach bewusst machen und sie im Training umsetzen. Geduld und Verständnis von Ihrer Seite sind dabei unverzichtbar, denn nur so können Sie und Ihr Kind ein echtes Trainingsteam bilden, das erfolgreich übt. Dazu gehört auch die genaue Festlegung von Ort, Zeit, Ritualen und Pausen. Wenn der äußere Rahmen stimmt, gibt es darum später keine Diskussionen mit Ihrem Kind mehr. Dann können Sie sich voll und ganz der richtigen Anleitung des Trainings widmen sowie gezieltes Feedback geben und konstruktive Kritik üben.

In Kapitel 3 finden Sie ein Repertoire von Übungs- und Trainingsmethoden sowie einige konkrete Beispielaufgaben, mit denen Sie sofort beginnen können. Da gutes Rechtschreibtraining jedoch nicht nur einfach eine Abfolge bestimmter Übungsaufgaben ist, die Ihr Kind lösen muss, sondern mit unterschiedlichen Anforderungen verknüpft ist, die die einzelnen Aufgaben stellen, sollten die Übungen den Lernstand Ihres Kindes berücksichtigen. Sie können sich auf Einzelprobleme fokussieren oder aber nah an komplexen natürlichen Schreibprozessen und -situationen sein. Für jede der Übungen, sei es eine Einsetzübung, ein Diktat, ein Sprachspiel oder freies Schreiben, finden Sie ein Sterne-System, dass Ihnen auf einen Blick die Anforderungen einer Aufgabe verdeutlicht.

Später können Sie immer wieder auf dieses Methoden-Kapitel zurückgreifen, wenn Sie gemeinsam mit Ihrem Kind das Tagespensum planen. Den veränderten Bedürfnissen Ihres Kindes können Sie damit jederzeit gerecht werden.

Kapitel 4 schließlich widmet sich unserer Rechtschreibung selbst und ihren Regeln. Dabei erfahren Sie zu den vier großen Teilbereichen (Laute und Buchstaben, Getrennt- und Zusammenschreibung, Groß- und Kleinschreibung sowie Zeichensetzung), nach welchen Prinzipien sie funktionieren und warum die Regeln so sind, wie sie sind. Außerdem finden Sie dort eine Sammlung wichtiger Proben und Faustregeln. Sie können dieses Kapitel im Laufe Ihres Rechtschreibtrainings gemeinsam mit Ihrem Kind durcharbeiten. Fangen Sie jedoch nicht damit an – sonst geht es Ihnen genauso wie den vielen Eltern, die glauben, Rechtschreiblernen sei reine Regelvermittlung, und die dann ganz schnell wieder aufgeben.

Bei allem dürfen Sie jedoch nie vergessen, dass auch das Rechtschreibtraining Spaß machen sollte. Ihrem Kind und auch Ihnen selbst. Mit Spaß lernt es sich zum einen leichter, zum anderen wird diese gemeinsame Zeit mit Ihrem Kind dann zu einer Qualitätszeit, die neben einer verbesserten Rechtschreibung auch noch die Stärkung Ihrer Beziehung zueinander unterstützt.

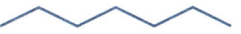

Teil 1
Lernen

Kapitel 1
Wie Lernen funktioniert – der beste Weg zu guter Rechtschreibung

Motivation und Emotion: Mit der richtigen Einstellung klappt alles!

Zugegeben, Rechtschreibtraining steht nicht gerade in dem Ruf, der amüsanteste Zeitvertreib zu sein. Oft erzählen mir Eltern, dass die Kinder beim Üben lustlos und unmotiviert seien oder sich sogar gegen das Training sträuben würden. Das ist absolut typisch und gleichzeitig eines der größten Hindernisse für eine wirkungsvolle Veränderung. Dahinter stecken negative Gefühle und eine mangelnde Motivation. Beide beeinflussen das menschliche Handeln enorm – bei Kindern wie bei Erwachsenen.

Rein biologisch sind Emotionen nichts anderes als Bewertungssysteme, die uns Menschen dazu bewegen, bestimmte Handlungen zu tun und andere bleiben zu lassen. Viele unserer grundlegendsten Lebensfunktionen sind in dieser Weise von Emotionen bestimmt: der Appetit auf Süßes, die Angst vor Schmerzen, die emotionale Bindung zwischen Mutter und Kind und Hunderte andere Dinge. Emotionen sorgen in jedem Moment unseres Daseins dafür, dass wir praktisch alle Erlebnisse mit positiven oder negativen Gefühlen verbinden. Diese wollen wir später entweder erneut empfinden oder gezielt vermeiden.

Motivation: wenn Gefühle uns bewegen

Wenn Emotionen zum Auslöser von Handlungen werden, spricht die Psychologie von Motivation und meint damit die inneren Ursachen, die uns veranlassen, eine Handlung auszuführen oder bleiben zu lassen. Dabei gibt es zwei grundlegende Arten: einerseits die Lust auf positive und andererseits die Angst vor negativen Folgen. Wenn Annika für den Englischtest lernt, hofft sie auf gute Noten und auf Lob von ihren Eltern. Daneben fürchtet sie auch die Blamage einer schlechten Note und das sorgenvolle Gesicht der Mutter bei der Unterschrift. Beide Emotionen treiben sie an, die Vokabeln lieber noch ein weiteres Mal durchzugehen, bis sie sich sicher ist, alles für den Test am nächsten Tag zu können.

Die Lust auf Erfolg wie auch die Angst vor Misserfolg sind motivierende Kräfte, doch sie motivieren keineswegs gleich gut! Lange schon weiß die Psychologie, dass eine positive, erfolgshungrige Einstellung dem Lernen einen enormen Vorschub leistet. Angst vor Misserfolg hingegen kann einen Menschen zwar ebenfalls anspornen, aber sie kann auch entsetzlich lähmen. Und genau das passiert systematisch bei rechtschreibschwachen Kindern.

Motivation konkret: Warum Thomas liebt, was Annika hasst – und umgekehrt

Thomas wäre nie ein so leidenschaftlicher Basketballer geworden, hätte ihm das Spiel nicht von Anfang an Spaß gemacht. Später kam auch die Lust auf den Sieg hinzu und manchmal die Sorge vor einer drohenden Niederlage. Aber all diese Prozesse wären nie in Gang gekommen, wäre ihm das Spiel gleichgültig oder gar unangenehm gewesen.

Ans Schreiben denkt Thomas hingegen nicht gern, denn es ist in seiner Erfahrung mit Niederlagen und Scham verbunden. Solchen Gefühlen setzt sich niemand gern aus. Zwar weiß er, dass seine Mutter recht hat, wenn sie ihm die Wichtigkeit der Rechtschreibung predigt. Aber diese Ermahnungen steigern allenfalls seine Angst vor dem Misserfolg, niemals jedoch seine Lust oder seinen Glauben an einen Erfolg. Deshalb berichtigt Thomas die Klassenarbeit nur halbherzig oder macht ein paar Übungsaufgaben. Aber am liebsten bringt er das so schnell wie möglich hinter sich und verschwindet dann zum Basketballtraining.

Auch Annika hatte zunächst Spaß am Basketball und eiferte ihrem Bruder einige Wochen nach. Allerdings kam sie in ein Team fortgeschrittener Spielerinnen und war den anderen unterlegen. Diese Misserfolgserlebnisse hätten sie anspornen können, mehr zu trainieren und sich doppelt anzustrengen. Aber so wichtig war ihr das Spiel nicht. Also suchte sie sich ein anderes Hobby. Viel schöner ist es für sie, eine neue Geschichte zu schreiben, mit der sie bei Eltern, Lehrkräften und Freunden Anerkennung und Lob erntet!

Lust auf Erfolg ist schon der halbe Sieg

Die Motivation durch Erfolgslust hat den Vorteil, dass Menschen sich mit positiven Erlebnissen viel lieber beschäftigen als mit negativen – und zwar nicht nur während der Tätigkeit selbst, sondern auch davor und danach. Thomas denkt gern an gelungene Spielzüge zurück. Jedes Mal, wenn er sie in Gedanken wieder durchspielt, erlebt sein Gehirn ein geistiges Zusatztraining, das messbar positive Auswirkungen auf sein spielerisches Können hat. Dass allein die geistige Vorstellung von Handlungsabläufen einen positiven Trainingseffekt haben kann, besonders wenn sie sich bis in den Schlaf hinein fortsetzt, ist aus der Neurologie und Trainingswissenschaft bekannt.

Wenn Rechtschreibtraining erfolgreich sein soll, müssen die negativen Erfahrungen, die Ihr Kind mit dem Schreiben gemacht hat, überwunden und durch positive Erlebnisse ersetzt werden. Denn nur eine positive Motivation verleiht Ihrem Kind die Kraft, ein angestrebtes Ziel über Wochen und Monate zu verfolgen.

Positive Motivation ist folglich ein entscheidender Schlüssel für erfolgreiches Lernen. Diese können Sie mithilfe von Erfolgserlebnissen und positiver Verstärkung (Näheres in Kapitel 2, Seite 92 ff.) in Ihrem Kind auslösen und es so davon überzeugen, dass das gemeinsame Training ihm hilft und die Anstrengung sich lohnt.

ZUSAMMENFASSUNG

Positive und negative Emotionen motivieren,
Dinge zu tun oder bleiben zu lassen.

Lust auf Erfolg und Angst vor Misserfolg
sind Antriebskräfte, aber nur die Lust motiviert dauerhaft
zu guten Leistungen.

Rechtschreibschwache Kinder sollten
positive Gefühle gegenüber dem Schreiben entwickeln,
damit sie weiter üben!

Induktives Lernen: von Beispielen auf die Regel schließen

Lange Zeit hatte die Wissenschaft nur eine sehr ungenaue Vorstellung davon, wie unser Gehirn funktioniert. Doch in den vergangenen Jahrzehnten hat sich dieses Wissen radikal gewandelt. Heute sind wir zwar immer noch weit davon entfernt, alle Geheimnisse unseres Gehirns zu kennen, aber die Wissenschaft hat einige der Arbeitsprinzipien so weit verstanden, dass wir sie als *künstliche Intelligenz* nachbauen konnten. Die wichtigsten Funktionen des menschlichen Gehirns bestehen in seiner *induktiven Fähigkeit*.

Als *induktiv* bezeichnet man in der Logik das Vorgehen, aus mehreren Beispielen oder Erlebnissen auf eine allgemeine Regel zu schließen. Dem gegenüber steht die *deduktive* Schlussfolgerung, bei der aus einer Regel auf ein Ergebnis gefolgert wird. Wer sich dreimal an einer Brennnessel verbrannt hat, lernt induktiv, dass Brennnesseln ihren Namen zu Recht tragen und der Kontakt mit ihnen schmerzt. Diese Regel deduktiv zu lernen, hieße, in einem Botanik-Buch davon zu lesen und folglich die Brennnessel niemals zu berühren.

Induktives Lernen fällt unserem Gehirn funktionsbedingt sehr leicht. Dagegen tut es sich mit deduktivem Lernen ziemlich schwer: Kaum jemand von uns liest gern die Bedienungsanleitung des neuen Fernsehers. Wir probieren lieber einfach aus und sammeln Erfahrungen. Auch dass die deduktiven Wissenschaften - z. B. die Mathematik - so selten als Lieblingsfächer genannt werden, ist typisch für unsere induktiven Vorlieben: Die Regeln der Addition sind im Grunde einfach, aber wenn wir sie auf fünfstellige Zahlen anwenden sollen, kommen wir schnell ins Schwitzen.

Schon Babys lernen induktiv

Wer einmal ein Kleinkind beim Laufenlernen beobachtet, erlebt induktives Lernen in Reinform: Unermüdlich zieht es sich am

Sofa hoch, versucht das Gleichgewicht zu halten, fällt um, versucht es erneut, fällt wieder um, versucht es wieder, fällt wieder – bis es eines Tages einigermaßen sicher steht und die ersten wackeligen Schritte wagt. Aus der endlosen Abfolge von Versuch und Irrtum filtert sein Gehirn die erfolgreichen Erfahrungen heraus und formt daraus feste Handlungsmuster (sogenannte Schemata, vgl. Kapitel 1, Seite 39 ff.). Die einzige Lehrerin, die das Kleinkind dazu benötigt, ist die Schwerkraft, die seinem Gehirn ein stetiges Feedback gibt, welche Bewegungsabläufe günstig waren und welche nicht. Nach ein paar Jahren Training ist jedes Kind in der Lage, ohne geistige Mühe jeden Tag Tausende Schritte zu tun und dabei praktisch nie zu stolpern!

Auch der Erwerb der Muttersprache geschieht induktiv: Noch vor der Geburt lernen Babys die Sprachmelodie ihrer Muttersprache kennen. Während der ersten Monate erwerben sie in unzähligen Stunden des Gurrens und Plapperns die Sprachlaute und Silben, bevor mit etwa einem Jahr die ersten Wörter und Phrasen auftauchen und zu immer komplexeren Sprachäußerungen zusammenwachsen. Dieser Prozess ist so faszinierend und die dabei erworbenen Regeln sind so komplex, dass die Sprachwissenschaft lange glaubte, ein Großteil der Grammatik müsse angeboren sein. Heute weiß man, dass unser Gehirn mit einer ganzen Reihe von Tricks den Spracherwerb bewerkstelligt. Aber die entscheidenden Prozesse bestehen aus jahrelangem induktiven Lernen: Aus den Abertausenden Sprachbeispielen leitet unser Gehirn Schritt für Schritt die Muster der Grammatik ab, ohne dafür einen anderen Lehrer zu benötigen als eine gelungene gegenseitige Verständigung.

Induktives Lernen verwenden wir täglich

Die allermeisten unserer alltäglichen Fähigkeiten erwerben wir rein induktiv: Wir bewegen uns sicher in den unterschiedlichsten Lebenssituationen. Wir schätzen den Gefühlszustand anderer Menschen richtig ein. Wir kennen Hunderte von Gesichtern und Tausende von Orten. Wir erkennen gute Bekannte sogar von Weitem allein an ihrem Gang. All diese Fähigkeiten besitzt unser Gehirn, weil es in Tausenden von Einzelerfahrungen mit der Zeit Ähnlichkeiten und Muster erkannt und gespeichert hat. Neben Aufmerksamkeit und Feedback benötigt es dafür vor allem eines: jede Menge Beispiele! So lernen wir Vokabeln, indem wir sie wiederholen. Wir merken uns Namen, indem wir sie uns innerlich immer wieder vorsprechen. Wir verdeutlichen uns komplexe Zusammenhänge an konkreten Beispielen und schätzen daher Geschichten und Vergleiche viel mehr als Gesetzestexte oder wissenschaftliche Abhandlungen.

Alles, was wir dauerhaft lernen wollen, müssen wir induktiv erwerben. Deshalb sind die besten Basketballer nicht diejenigen, die die meisten Bücher gelesen haben, sondern die, die am meisten und effizientesten mit dem Ball trainiert haben.

Annika hat induktiv Rechtschreibung gelernt

Auch der Erwerb der Rechtschreibung verläuft vorrangig induktiv, obwohl er in der Schule durch die Vermittlung von Rechtschreibregeln (also deduktiv) unterstützt wird. Dass Annika so sicher und flüssig schreiben kann, liegt nicht daran, dass sie die Regeln besser verstanden hätte als Thomas. Sie hat sich in frühen Lernphasen daran gewöhnt, der Schreibung der Wörter mehr Aufmerksamkeit zu schenken. Dieses kleine Plus an Aufmerksamkeit bewirkt, dass ihr Gehirn immer mehr Beispiele für gleiche Schreibungen entdeckt und so auf die Regelmäßigkeiten der Rechtschreibung schließen kann und passende Verarbei-

> tungsmuster erwirbt. Deshalb tauchten in Annikas Texten die ersten Kommas bereits auf, lange bevor sie die zugehörigen Regeln im Unterricht erlernte. Als es dann im Deutschunterricht so weit war, trafen die deduktiven Kommaregeln auf einen gut gefüllten Beispielschatz und konnten die schon vorhandenen induktiven Muster weiter stärken.

Wer von sich selbst behauptet, dass er Rechtschreibung vor allem „nach Gefühl" anwendet, der sagt damit nichts anderes, als dass er den induktiven Fähigkeiten seines Gehirns vertraut. Warum aber hat sich dieses „Schreibgefühl" zwar bei Annika, nicht aber bei Thomas eingestellt? Das liegt daran, dass unser Gehirn die Vielzahl von täglichen Wahrnehmungen nicht alle gleich tief verarbeitet, sondern immer eine Auswahl trifft. Einen der wichtigsten dieser Auswahlprozesse nennt die Psychologie *Aufmerksamkeit*, und sie ist das Thema des nächsten Abschnittes.

ZUSAMMENFASSUNG

Das menschliche Gehirn lernt am liebsten induktiv, d. h., es leitet aus einer Vielzahl von Beispielen allgemeine Regeln ab.

Das deduktive Lernen nach Regeln fällt hingegen sehr schwer.

Zum Lernen von Rechtschreibung brauchen Kinder viele Beispiele, Aufmerksamkeit und systematisches Feedback.

Aufmerksamkeit: Turboschub für das Lernen

Der Schlüssel zum induktiven Lernerfolg
Wenn sich Annika in ein spannendes Buch vertieft, dann versinkt die Welt um sie herum und nichts kann sie mehr ablenken. Ihr gesamter Geist wird von der Handlung gefesselt und lässt nichts aus der Umwelt zu ihr durch. Das Mittel, das diesen konzentrierten Zustand verursacht, heißt Aufmerksamkeit und ist der Schlüssel zum erfolgreichen Lernen. Denn Aufmerksamkeit wirkt beim Lernen wie der Turbo-Antrieb im Motor: Sie sorgt für den entscheidenden Energieschub, damit das Gehirn das tut, was es am besten kann: induktiv lernen.

In der Psychologie vergleicht man die Aufmerksamkeit gern mit einem Scheinwerfer, mit dem wir unsere Umwelt betrachten. Alles, worauf wir unsere Aufmerksamkeit richten, nehmen wir gezielt und detailliert wahr, während alles andere von unserem Gehirn nicht verarbeitet wird. Wir können Aufmerksamkeit entweder auf einen einzigen Punkt bündeln oder auf einen größeren Raum streuen, wodurch der Lichtkegel zwar breiter wird, dafür aber an Intensität verliert.

Aufmerksamkeit ist ein ebenso kostbares wie rares Gut und daher stark umkämpft. Kostbar ist sie, weil sie die entscheidende Voraussetzung für erfolgreiches Lernen ist. Alle Dinge, denen wir Aufmerksamkeit schenken, lernen wir quasi ganz von selbst.

Ein rares Gut ist unsere Aufmerksamkeit, weil wir nur genau einen „Scheinwerfer" haben: Wir können unsere Aufmerksamkeit hin- und herbewegen, wir können sie fokussieren oder streuen – aber wir können nur mit großer Anstrengung zwei Dinge gleichzeitig aufmerksam betrachten. Deshalb ist jede Konzentration auf einen Umweltreiz immer auch eine

Entscheidung gegen Hunderte andere Reize: Wenn Thomas im Basketballspiel den Angriff startet, dann sieht er nur, was für sein Ziel relevant ist. Er bemerkt die kleinste Körperbewegung seiner Gegner, aber nicht deren Frisuren oder die Werbung auf ihren Trikots. Alle unwichtigen Reize - das Publikum, die Hallengeräusche, die Gerüche der Imbissbude - verblassen zu einem Hintergrundrauschen und finden für ihn nicht statt. Wie präzise unsere Aufmerksamkeit dabei auswählen kann, zeigt sich daran, dass Thomas zwar die Pfiffe aus dem Publikum überhört, niemals aber die Pfiffe des Schiedsrichters! Sein Gehirn weiß ganz genau, welche Reize es verarbeiten muss und welche nicht.

Aufmerksamkeit ist unabdingbar für das Rechtschreiblernen

Dass sich die Rechtschreibleistungen von Thomas und Annika so unterschiedlich entwickelt haben, liegt an einem kleinen, aber auf Jahre hin betrachtet entscheidenden Unterschied in der Aufmerksamkeitslenkung. Denn manche Kinder schenken beim Lesenlernen der Abfolge der Buchstaben etwas zu wenig Aufmerksamkeit und können trotzdem gut und sinnvoll lesen. Das beweist das folgende kleine Experiment.

Versuchen Sie einmal, diesen Text zu lesen:

Wnen Sie dsieen kneiln Txet lseen knneön, dnan heabn Sie scih sblest beiewsen, dsas Lseen acuh mit eniem Mmiunim an Afumreskakmiet fnukitonriet. Dnen owbhol nur der estre und der leztte Bstabchue an der ritihcegn Pstoiion snid, knan man den Txet onhe Pemoblre lseen. Das ist so, wiel wir nciht jeedn Bstachuebn enzelin leesn, snderon das Wrot als Gseatems.

Dass Sie diesen Text lesen können, obwohl die Buchstaben nur ungefähr der richtigen Reihenfolge entsprechen, beweist, wie unerhört trainiert Sie beim Lesen bereits sind, denn offenbar kann Ihr Gehirn auf die genaue Buchstabenreihenfolge verzichten und dennoch den Sinn verstehen.

Problematisch wird eine solche Lesestrategie allerdings, wenn sie bei Kindern dazu führt, dass ihr Aufmerksamkeitssystem die genaue Wortform eigentlich nie richtig abspeichert. Woran soll das Hirn sich dann orientieren, wenn das Kind seine eigenen Texte auf Rechtschreibfehler durchsieht?

Wie eine kleine Aufmerksamkeitsdifferenz auf Dauer riesige Unterschiede verursacht

Mit Sicherheit ist es ein Glücksfall für Annika gewesen, dass sie der Schreibung von Wörtern von Anfang an ein Quäntchen mehr Aufmerksamkeit geschenkt hat als Thomas. Ihr Wahrnehmungssystem hat beim Lesen nicht nur aufgenommen, welches Wort gemeint, sondern auch, wie es aufgebaut ist: Kommen Doppelkonsonanten vor, ist ein stummes „h" enthalten oder wird das Wort großgeschrieben? Sie muss all diese Dinge nicht bewusst hinterfragen, sondern nur mit einem Teil ihrer Aufmerksamkeit wahrnehmen. Den Rest erledigt ihr Gehirn beim induktiven Lernen mit den Jahren von selbst, sodass sie heute absolut sicher ist, wie dieses oder jenes Wort geschrieben wird, ohne zu wissen, woher sie das eigentlich weiß. Annikas Intuition ist kein Zauberwerk, sondern die Folge davon, dass sie die Schreibung der Wörter immer wieder und wieder aufmerksam wahrgenommen hat.

Dass Thomas diese Aufmerksamkeit am Anfang seiner Lese-Entwicklung nicht aufgebracht hat, war kurzfristig gesehen gar keine so schlechte Idee. Denn da die Aufmerksamkeit begrenzt ist, war es durchaus sinnvoll, damit zu haushalten. Beim Lesen betrachtete Thomas die Wörter deshalb nur so lange, bis er sie erkannte, und keinen Deut länger oder genauer. Der Text mit den verworrenen Buchstaben hat uns bewiesen, dass das durchaus funktionieren kann. Nur gelangte Thomas so nicht zu einer induktiven Erkenntnis der orthografischen Regelmäßigkeiten. Er hat sich angewöhnt, an den Wörtern nur das zu sehen, was er zum Textverständnis braucht, und alles andere zu übergehen. Daher hat sein Gehirn die Regelmäßigkeiten und Muster der Schreibung nicht erworben, obwohl er ähnlich viel liest wie Annika.

Aufmerksamkeitstraining bringt Ihr Kind nach vorn

Weil Aufmerksamkeit so ein rares Gut ist, ist sie, besonders in der heutigen Zeit, stark umkämpft. Fernsehen, Internet, Smartphone und Werbeplakate - überall tobt ein Wettbewerb um unsere Aufmerksamkeit, und zwar mit immer raffinierteren Mitteln. So haben gerade heute viele Kinder zunehmend Probleme, ihre Aufmerksamkeit zu fokussieren und sich auf eine Sache zu konzentrieren.

Zum Glück kann man Aufmerksamkeit ebenso trainieren wie alle anderen geistigen Prozesse. Gelingt es Ihrem Kind, seine Aufmerksamkeit zu bündeln und auf die Schreibung der Wörter zu richten, ist sein Lernerfolg nur noch eine Frage der Zeit. Fehlt im Rechtschreibtraining die Aufmerksamkeitsbündelung, wird sich auch nach Jahren kein nennenswerter Erfolg einstellen. Aus diesem Grund ist Rechtschreibtraining zumindest am Anfang eigentlich nichts anderes als eine spezielle Art des Aufmerksamkeitstrainings.

In Kapitel 3 finden Sie Wege und Methoden, wie Sie die Aufmerksamkeit Ihres Kindes auf die Schreibung der Wörter verstärken und daraus langsam, aber sicher eine Gewohnheit machen.

ZUSAMMENFASSUNG

Aufmerksamkeit ist der Turbo-Antrieb für erfolgreiches Lernen: Mit ihr geht praktisch alles, ohne sie geht nichts.

Aufmerksamkeit ist begrenzt: Unser Gehirn muss damit haushalten und entscheiden, was es verarbeitet und was nicht.

Das Rechtschreibtraining muss ganz bewusst die Aufmerksamkeit auf die Schreibung der Wörter lenken!

Exkurs: Die Rolle der Bewusstheit. Die verkannte Kraft

Lange Zeit glaubten Fachleute aus Pädagogik und Fachdidaktik, dass Bewusstheit für das Lernen zwingend erforderlich sei - viele zweifelten sogar, dass unbewusstes Lernen überhaupt möglich wäre. Seit wir aber genauer verstanden haben, wie unser Gehirn arbeitet, wissen wir, dass unbewusstes Lernen nicht die Ausnahme, sondern die Regel ist. Demgegenüber sind die meisten bewusst erworbenen Kenntnisse, z. B. in Mathematik, Geschichte oder bei Englischvokabeln, erstaunlich flüchtig, wenn nicht intensiv geübt und somit induktiv gefestigt wird. Für diese Übung wiederum benötigen wir zwar Aufmerksamkeit, aber was unser Gehirn dabei eigentlich tut, muss uns nicht wirklich bewusst sein.

Der Beweis: Auch Ihr Kind hält sich unbewusst an Schriftregeln

Fragen Sie Ihr Kind einmal, ob es die folgende Regel kennt.

> In betonten Silben nach einem langen Vokal tritt höchstens ein Konsonant auf!

Sehr wahrscheinlich zuckt es nur mit den Schultern. Dennoch können Sie überprüfen, dass Ihr Kind sich unbewusst an diese Regel hält. Bitten Sie es doch einmal, die folgenden beiden frei erfundenen Wörter auszusprechen:

> Palt - Pale

Ich wette, Ihr Kind hat im ersten Wort das *a* kurz ausgesprochen (also so wie in *Ratte*, aber nicht wie in *Rate*), im zweiten hingegen lang (also wie in *Rate*). Damit zeigt es, dass es auf die Anzahl der Konsonanten hinter dem *a* reagiert hat, ohne die zugehörige Regel bewusst zu kennen.

Früher nahm man an, dass ein Kind die Regel irgendwann mal gelernt hat und sie nur nicht mehr weiß. Richtig ist hingegen, dass es in Hunderten Lesestunden induktive Wissensstrukturen (sogenannte *Schemata*, vgl. Kapitel 1, Seite 39 ff.) entwickelt hat, für die es die Regel nicht bewusst kennen muss.

Bewusste Kenntnisse sind weder eine notwendige noch eine hinreichende Bedingung für gute Rechtschreibung, wie etliche Studien belegen. Annika schreibt sicher, ohne mehr Regeln zu kennen als ihr Bruder. Und Thomas wird nicht dadurch zum Rechtschreibprofi, dass er die Regeln paukt.

Die Rolle der Bewusstheit für das Lernen liegt in einem ganz anderen, viel einfacheren, aber dennoch sehr wichtigen Punkt: Bewusstheit ist hervorragend dazu geeignet, unsere Aufmerksamkeit zu bündeln und auf ganz bestimmte Merkmale unserer Umwelt zu lenken. Wenn Thomas die Schreibung langer und kurzer Silben besser lernen möchte, dann sollte er sich einige Zeit mit den deutschen Silbengesetzen beschäftigen, sie bewusst anwenden und in Rechtschreibgesprächen mit seiner Mutter durchdenken. Die Konzentration auf die Orthografie und die darin enthaltenen Regelmäßigkeiten werden dafür sorgen, dass Thomas mit der Zeit die induktiven Schreibmuster erwirbt, die seine Schwester bereits von selbst gelernt hat. Aber es wäre ein fataler Irrtum zu glauben, Thomas müsse vorrangig die Regeln lernen, statt sie anhand immer neuer Beispiele in seinen Schreibfluss zu integrieren.

Exkurs

Warum es so wichtig ist, die Bedeutung von Bewusstheit richtig einzuschätzen

Das Missverständnis über die Rolle der Bewusstheit hat Generationen von Deutschlehrerinnen und -lehrern sowie engagierten Eltern in die Verzweiflung getrieben, weil sie nicht begreifen konnten, warum ihre Schützlinge auch nach intensiver Arbeit an den Rechtschreibregeln im Aufsatz alles vergessen zu haben schienen. Tatsächlich aber wäre es keinem noch so konzentrierten Menschen möglich, beim Schreiben ständig alle erforderlichen Regeln im Gedächtnis zu halten. Dazu ist unsere Rechtschreibung schlicht zu komplex!

Regeln helfen genau dann, wenn man beim Schreiben bereits stutzt und sich selbst fragt, wie ein Wort eigentlich geschrieben wird. Aber bevor das gelingen kann, muss das Gehirn gelernt haben, an der richtigen Stelle zu stutzen! Und genau hieran fehlt es rechtschreibschwachen Kindern häufig, weshalb ihnen auch die bewusst gelernten Regeln (vorerst!) nicht helfen.

Aus diesem Grund beginnt das Rechtschreibtraining mit betont induktiven Übungen, die Ihrem Kind eine breite Basis von Beispielerfahrungen liefern und in denen die Rechtschreibregeln schon implizit verborgen sind. Wenn Sie in späteren Trainingsphasen die deduktiven Regeln zum stummen *h* oder zur Groß- und Kleinschreibung besprechen, erlebt Ihr Kind einen Wiedererkennungseffekt mit seinen unbewussten Lernerfahrungen und kann seine Aufmerksamkeit gezielt auf das Teilproblem lenken. So profitiert es viel stärker vom Üben, als wenn es eine Regel lernen würde, die mit seinen induktiven Erfahrungen nichts zu tun zu hat. Deshalb geht der typische Übungsweg vom Induktiven zum Deduktiven, nicht umgekehrt und ebenso habe ich die Methoden in Kapitel 3 ab Seite 130 aufgebaut.

Die Lernschemata: Wissen speichern und abrufen

Gelernter Automatismus

Als Thomas vor Jahren gelernt hat, seine Schnürsenkel zu binden, benötigte er seine gesamte Konzentration, um die Abfolge der Handlungsschritte und die Koordination seiner Finger zu steuern. Heute braucht er dafür praktisch gar keine Aufmerksamkeit mehr: Seine Finger tun ganz von selbst alles Nötige, während er bereits an den Schulweg denkt. Das Schuhezubinden ist zum Handlungsschema geworden und läuft nun automatisch ab – immer gleich und immer korrekt.

Ein *Schema* beschreibt das Phänomen, dass Menschen den Großteil ihres Verhaltens über Routinen steuern, die sie nur wenig verändern, wenn sie einmal erlernt sind. Man kann sich ein Schema als eine Art Anleitung oder als ein kleines Drehbuch vorstellen, das wir durch induktives Lernen erwerben und das fortan unser Verhalten steuert.

Schemata sparen Aufmerksamkeit

Gut eingeübte Handlungsschemata haben den Vorteil, dass sie praktisch keine Aufmerksamkeit mehr benötigen. Wir verrichten komplexe Handlungen ganz mühelos und können uns dabei auf andere Dinge konzentrieren. Jeder, der einmal eine Führerscheinprüfung abgelegt hat, weiß noch, wie schwierig es anfangs war, die vielen Einzelvorgänge zum Steuern eines Autos zu koordinieren. Mit zunehmender Übung hingegen erlangen wir eine derartige Routine, dass wir uns beim Fahren problemlos mit unserem Beifahrer unterhalten, Radio hören oder über den Tag nachdenken können, was anfangs gänzlich ausgeschlossen gewesen wäre. Wie mächtig unser Verhalten dabei von den Handlungsschemata bestimmt wird, merkt jeder, der zum ersten Mal ein Auto mit Automatikgetriebe fährt und beim Bremsen unwillkürlich auf die nicht vorhandene Kupplung tritt ...

Wie Kinder in der Rechtschreibung ganz unterschiedliche Schemata erwerben können

Während des Lesenlernens haben Thomas und Annika Wahrnehmungs- und Handlungsschemata entwickelt. Anfangs mussten sie mühevoll aus den Buchstaben auf die Einzellaute und damit auf die Aussprache schließen, um die Wörter zu erkennen. Durch Hunderte Stunden Leseerfahrung sind daraus Leseschemata entstanden, durch die sie heute Wörter viel schneller und müheloser erkennen als am Anfang. So können sie ihre Aufmerksamkeit ganz auf den Inhalt des Textes lenken.

Allerdings gab es bei der Ausbildung der Wahrnehmungsschemata ein paar wichtige Unterschiede. Annika hat beim Lesenlernen dem Aussehen der Wörter ein wenig mehr Aufmerksamkeit geschenkt als Thomas. Das hat im Laufe der Jahre dazu geführt, dass ihr Gehirn unbewusst diejenigen Regelmäßigkeiten entdeckt hat, die man auch in den Rechtschreibregeln findet. Beispielsweise kommt das sogenannte „Dehnungs-h" nur vor vier Konsonanten vor (nämlich vor *m*, *n*, *l* und *r*, vgl. Seite 212). Liest Annika ihre eigenen Texte und es fehlt ein *h*, dann meldet ihre Wahrnehmung einen Widerspruch zwischen dem, was sie sieht, und dem, was ihr Wahrnehmungsschema erwartet – ganz so, als würde beim Schuhebinden plötzlich ein Stück Schnürsenkel fehlen. Sie selbst erlebt diesen Widerspruch als ein Stutzen, das ihre Aufmerksamkeit an derjenigen Textstelle festhält, die „irgendwie komisch" aussieht. Erst wenn sie das *h* eingesetzt hat, meldet ihr Wahrnehmungsschema keinen Widerspruch mehr und es kann weitergehen.

Thomas hat solche unbewussten Wahrnehmungsschemata natürlich auch – zum Beispiel beim Basketball, wo er noch die kleinste Lücke in der gegnerischen Verteidigung wahrnimmt und losstürmt, bevor er sich recht besinnen kann. Beim Lesen allerdings hat er Routinen ausgebildet, die der Orthografie nur so viel Beachtung schenken, bis das Wort erkannt ist. Das ermöglicht ihm zwar eine effiziente Leseleistung, aber die unterschwelligen Regelmäßigkeiten der Rechtschreibung haben sich bei ihm nicht zu einem Wahrnehmungsschema entwickelt und werden das ohne Training auch in den kommenden tausend Stunden Lesen nicht mehr tun. Denn Lernen braucht Aufmerksamkeit. Schemata hingegen erfüllen gerade den Zweck, Aufmerksamkeit einzusparen!

Deshalb sieht Thomas die Rechtschreibfehler in seinen eigenen Texten buchstäblich nicht: In seiner Wahrnehmung gibt es keinen Konflikt, der ihn stutzen ließe. Was er in fremden Texten nicht sieht, erkennt er natürlich auch in seinen eigenen nicht. Er kann zwar die Regeln zur Groß- und Kleinschreibung herbeten, wenn Frau Burkhardt ihn dazu auffordert, aber er kommt nicht von selbst darauf, sich zu fragen, ob ein Wort vielleicht ein Nomen sein könnte.

Gute, sichere Schemata – das Ziel jedes Lernens

Etwas gut zu lernen, heißt in erster Linie, effiziente Wahrnehmungs- und Handlungsschemata auszubilden. Gelingt Ihrem Kind das, brauchen Tätigkeiten nur noch minimale Aufmerksamkeit, und es kann sich auf andere, komplexere Probleme konzentrieren. Im Idealfall passiert dies von Beginn an beim Lesen- und Schreibenlernen. Im ungünstigeren Fall schleichen sich beim Schreiben Fehler ein, die Ihr Kind ständig wiederholt und die sich mit der Zeit zu fehlerhaften Schreibschemata verfestigen.

Hier liegt die große Hürde, die Ihr Kind beim Rechtschreibtraining überwinden muss: Einen schwierigen Lernweg gehen ist das eine. Aber einen schwierigen Lernweg zurückzugehen und von Neuem zu beginnen, das ist etwas ganz anderes. Aus diesem Grund sollten Sie beim Training mit Ihrem Kind gerade am Anfang keine Wunder erwarten, sondern längerfristig denken. Schwierige Lernwege kann man nur Schritt für Schritt gehen. Wer zu rennen versucht, wird eher stolpern als schneller vorwärtskommen. Ein langsamer Beginn heißt jedoch nicht, dass das Tempo immer so bleiben wird. Je intensiver Sie anfangs mit Ihrem Kind die Aufmerksamkeit trainieren, umso schneller wird es später sicherere Rechtschreibschemata entwickeln.

ZUSAMMENFASSUNG

Schemata sind Wahrnehmungs- und Handlungsmuster, mit denen das Gehirn tägliche Routinen steuert.

Gut trainierte Schemata helfen, mit der raren Ressource Aufmerksamkeit sparsam umzugehen.

Rechtschreibschwache Kinder haben oft ungünstige Wahrnehmungs- und Schreibschemata, in denen die entscheidenden Regelmäßigkeiten der Rechtschreibung eine zu geringe Rolle spielen. Im Training müssen sie neue, günstigere Schemata erwerben.

Üben, üben, üben: Lernschemata bilden und festigen

Damit Ihr Kind also sichere und zuverlässige Lernschemata ausbilden kann, braucht es drei wesentliche Zutaten:

1. eine große Menge von Beispielerfahrungen,
2. eine fokussierte Aufmerksamkeit und
3. eine sichere Rückmeldung von Ihrer Seite über den Erfolg und Misserfolg seiner Rechtschreibentscheidung.

> **Auf Erfolgskurs**
>
> Wenn Thomas Korbwürfe trainiert, richtet er seine gesamte Konzentration auf das Ziel. Er wirft und sieht sofort, ob er getroffen hat oder nicht. Übt er auf diese Art lange genug weiter, erhöht sich auf Dauer seine Trefferquote, sofern seine Konzentration anhält.

Wenn aber Üben so einfach ist, warum haben dann die vielen Stunden Rechtschreibnachhilfe bei Thomas nicht denselben Erfolg erzielt wie sein Basketballtraining? Das liegt vor allem an zwei wichtigen Gründen:

Grund 1: **die schwierige Erfolgsrückmeldung**

Während Thomas nach jedem Korbwurf sofort erkennt, ob er erfolgreich war oder nicht, werden ihm Rechtschreibfehler in seinen Texten nur mit Verzögerung zurückgemeldet. Selbst wenn seine Lehrerin die Texte unmittelbar nach dem Schreiben korrigiert, ist das Feedback viel indirekter als am Basketballkorb. Deshalb ist Feedback im Rechtschreiblernen eine knifflige Sache. Dazu mehr in Kapitel 2, Seite 92 ff.

Grund 2: **die Komplexität der Handlung**

Um mit vertretbarem Aufwand sichere Lernschemata aufbauen zu können, dürfen die geübten Handlungen selbst nicht allzu kompliziert sein - andernfalls wird das Training ineffizient. Daher sollte es in kleinere Einzelschritte zerlegt werden. Wer Basketball lernen möchte, stürzt sich deshalb nicht einfach ins Spiel, sondern übt zunächst Werfen, Fangen, Dribbling und Korbwurf, bevor er diese Einzelhandlungen zu komplexen Spielzügen zusammensetzt. Beim Schreiben in der Schule aber soll Thomas nicht nur Inhalt, Ausdruck, Satzbau und Verständlichkeit im Blick behalten, sondern gleichzeitig noch alle Rechtschreibregeln berücksichtigen - und das sind nach amtlichen Angaben aktuell 113 Paragraphen auf 105 Seiten DIN-A4 ...

Wie man das Komplexitätsproblem lösen kann

Als Annika ihre Schreibschemata ausbildete, waren die Übungstexte noch sehr simpel: kurze, einfache Wörter in kurzen, einfachen Sätzen – ohne Fremdwörter, Ausnahmen und Sonderregeln. So konnte ihre Wahrnehmung rasch erste Regelmäßigkeiten erkennen und als Schemata sichern. Als die Texte komplexer wurden, hatte ihre Wahrnehmung längst genügend Aufmerksamkeitsressourcen frei, um unterbewusst die nächsten Regelmäßigkeiten zu entdecken und zu schematisieren.

Wenn Thomas heute nachholen möchte, was Annika in den ersten Schuljahren erworben hat, sollte er die Komplexität der Worte verringern und zunächst an Teilfertigkeiten üben. Leider haben diese Teilfertigkeiten zunächst nicht viel mit den enormen Anforderungen an seine Schultexte zu tun, in denen er Fragen zu Geschichte, Biologie oder Deutsch beantworten soll. Diesen Widerspruch muss er für einige Zeit aushalten, um zu Annika aufschließen zu können.

Gutes Rechtschreibtraining besteht aus zwei Komponenten

Beim Üben – ob in Deutsch oder auf dem Basketballfeld – sollten Sie immer zwei Teilkomponenten bedenken, damit Ihr Kind verlässliche Lernschemata im Auge behalten.

1. Zerlegen Sie komplexe Handlungen in **einfachere Teilhandlungen:** Wenn Ihr Kind ständig die Groß- und Kleinschreibung vergisst, sollten Sie gemeinsam diesen Teilbereich eine Zeit lang gesondert betrachten und sich auf die Signale konzentrieren, die auf Großschreibung hinweisen.
2. Verknüpfen Sie anschließend die gut trainierten **Einzelteile wieder zu einem Ganzen.** Denn wenn Ihr Kind die Groß- und Kleinschreibung auf dem Übungsblatt kann, kann es sie noch lange nicht in seinen eigenen Texten.

Gutes Rechtschreibtraining besteht immer aus einem regelmäßigen Wechsel von Training der Einzelfertigkeiten (um sichere Teilschemata auszubilden) und Training der Gesamthandlung (um die Einzelteile zu einem Ganzen zusammenzufügen). Nicht umsonst legt Thomas' Basketballtrainer zwar Wert auf Zuspiel- und Abwurfübungen, aber daneben müssen seine Schützlinge auch einfach spielen dürfen – sonst würde das Training zur Trockenübung.

Für beide Rechtschreibtrainingsbereiche finden Sie in Kapitel 3 spezialisierte Übungsmethoden: *Analytische* Übungen (Kapitel 3, Seite 168 ff.) trainieren die Einzelfertigkeiten, *ganzheitliche* Übungen (Kapitel 3, Seite 143 ff.) die Integration in den Schreibprozess. Gehen Sie dabei für die richtige Auswahl am besten wie Thomas' Basketballtrainer vor: Er lässt seine Mannschaft erst einmal spielen (= ganzheitliche Übung) und beobachtet dabei, welche Teilhandlungen noch durch analytische Übungen verbessert werden sollten: Klappt das Zuspiel noch nicht? Dann gibt es in den nächsten Wochen Wurf- und Fangübungen. Fehlt in den Texten Ihres Kindes häufig das Dehnungs-h? Dann beginnen Sie mit Übungsblättern und Beispieltexten zu diesem Thema.

ZUSAMMENFASSUNG

Üben baut zielgerichtet Schemata auf. Dafür braucht Ihr Kind Aufmerksamkeit, viele Beispiele und Erfolgsrückmeldung.

Die komplexe Rechtschreibung übt man am effizientesten durch den Wechsel von analytischen und ganzheitlichen Übungen.

Schwache Lernschemata: der typische Anfang von Rechtschreibproblemen

Die meisten Rechtschreibschwierigkeiten beginnen ganz unscheinbar und werden erst bemerkt, wenn es fast schon zu spät ist. Den Anfang bilden meist schwache Lernschemata, die sich mit der Zeit aufsummieren. Damit Sie diese Ihrem Kind abtrainieren können, sollten Sie zunächst verstehen, wie sie zustande kommen.

Es gibt Sachverhalte im Leben, die wir uns einfach nicht merken können, und wir wissen selbst nicht warum. Thomas' Vater beispielsweise verwechselt ständig links und rechts, wenn er sich nicht konzentriert. Seine ganze Familie lacht schon immer, wenn die Mutter beim Familienausflug sagt, er soll rechts abbiegen, und der Vater prompt links blinkt. Aber die Mutter ist selbst nicht besser, denn sie verwechselt regelmäßig die Geheimnummern ihrer Geldkarten und zieht an der Kasse fragende Blicke auf sich.

Ein schwaches Lernschema entsteht, wenn bei der inneren Schemabildung grundlegende Eigenschaften des Lerngegenstands nicht genügend einbezogen werden, bevor sich das Schema verfestigt und die Aufmerksamkeit abgezogen wird. So entstehen Unsicherheiten, die nur durch hartnäckiges und regelmäßiges Trainieren überwunden werden können. Gerade beim „Verlernen" solcher schwachen Lernschemata im Bereich der Rechtschreibung braucht Ihr Kind dann Ihre geduldige Unterstützung.

Wie Annika ein starkes Lernschema erwarb – und Thomas ein schwaches

Als Annika in der Grundschule die Schreibung des f-Lautes kennenlernte, wusste sie noch nicht, dass derselbe Laut im Deutschen auch mit *v* oder gar mit *ph* geschrieben werden kann – und das war ihr Glück! Sie verknüpfte einfach den Laut mit dem Buchstaben und speicherte dieses Wissen als starkes, sicheres Schema ab. Als die ersten Wörter mit *v* auftauchten, machte sie natürlich erst einmal Fehler. Aber diese Fehler stellten ihr gelerntes Schema nicht in Frage, sondern erweiterten es nur: Das *f* blieb weiterhin die Regel – aber eine Regel mit Ausnahmen bei *Vogel*, *vor* und *von*. Dieses Schema lieferte Annika den Vorteil, dass neue Wörter ihr niemals die Sicherheit raubten: Entweder sie stärkten das Grundschema oder wurden als Sonderfall abgespeichert. Für Annika bestätigte damit buchstäblich jede Ausnahme nur die Regel.

Bei Thomas lief das Lernen vielleicht nur eine Winzigkeit anders ab, doch die führte bei ihm zu einem schwachen Lernschema: Auch er lernte irgendwann die f-Laute kennen, aber aus irgendeinem Grund verknüpfte er sie weniger stark mit dem

> Buchstaben *f*: Vielleicht hat ihm ein älterer Freund gezeigt, dass auch das *v* als *f* ausgesprochen wird, vielleicht hat er diesen Zusammenhang sogar selbst entdeckt. Kurzfristig dürfte er damit einen echten Vorteil gehabt haben, denn er konnte Wörter lesen, die im Unterricht noch gar nicht dran gewesen waren. Sein erstes Lernschema sicherte das Wissen „Den f-Laut erkennt man an *f* oder *v*" – aber es sicherte nicht den Unterschied, dass *f* die Regel ist und *v* die Ausnahme!

Für Annika, deren Lernschema genau zwischen Regel und Ausnahme unterscheidet, ist die Sachlage immer völlig klar und wird auch nicht unklarer, nur weil *von, vor* und *ver-* relativ häufig vorkommen. Für Thomas hingegen, dessen Lernschema nur abgespeichert hat, dass beide Buchstaben Signale für ein und denselben Laut sind, wirkt die Verteilung beider Buchstaben unerklärlich und chaotisch.

Wenn Thomas' Vater heute die Texte seines Sohnes durchsieht, dann kann er es nicht fassen, wie viele Fehler in der f-Schreibung darin vorkommen: Warum nur schreibt der Junge „vür" statt „für" und „for" statt „vor"? Ist das denn so schwer zu begreifen? Aber der Vater mit seiner Links-Rechts-Schwäche täte gut daran, sich an die eigene Nase zu fassen und einzugestehen, dass wir alle irgendwo unsere schwachen Lernschemata haben, von denen wir nicht loskommen. Und der Vater kann von Glück reden, dass seine eigene kleine Schwäche zwar manchmal Verwirrung stiftet, ihn aber noch lange nicht in einen Teufelskreis gestürzt hat, in den Thomas dadurch geraten ist.

ZUSAMMENFASSUNG

Schwache Lernschemata entstehen, wenn beim Lernen wichtige Merkmale des Lerngegenstandes nicht genügend einbezogen werden, bevor das Schema automatisiert wird.

Schwache Lernschemata schaffen Unsicherheiten, die sich oft hartnäckig gegen jedes Neulernen behaupten.

Schwache Lernschemata allein führen noch nicht zu einer Rechtschreibstörung, stehen aber oft an deren Anfang.

Der Teufelskreis des Rechtschreibversagens

Rechtschreiblernen und Rechtschreibversagen sind sich selbst verstärkende Prozesse, die sich entweder zum Guten oder zum Schlechten wenden. Die Lernpsychologie beschreibt diese Zusammenhänge als Erfolgs- und Misserfolgsspirale des Lernens. Für Sie und Ihr Kind sind beide wichtig, um einerseits den Abwärtstrend und seine Ursachen zu verstehen, andererseits um den Teufelskreis umzukehren und daraus eine Erfolgsgeschichte zu machen.

Geglücktes Lernen: die Erfolgsspirale

Wenn beim Lernen alles glattläuft, heizt es sich selbst an, weil positive Lernerfolge sich zweifach positiv auswirken.

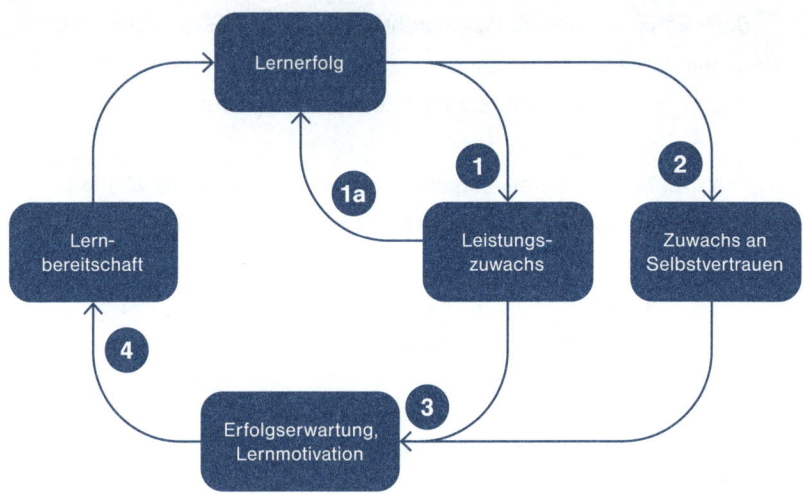

Die Erfolgsspirale in Thomas' Basketballtraining

Wenn Thomas beim Basketball einen Angriff meistert und einen Punkt erringt, dann festigt das nicht nur seine erfolgreichen Handlungsschemata (1) und wirkt sich dadurch positiv auf seine Fähigkeiten aus (1 a), sondern hebt gleichzeitig sein Selbstvertrauen (2). Er geht mit dem Hochgefühl nach Hause, dass Basketball großartig ist und er selbst auch. Diese positiven Emotionen stärken seine Lernschemata auch lange nach dem Spiel, denn das Gehirn beschäftigt sich noch bis in den Schlaf hinein mit positiven Erfahrungen, ruft sie selbstständig auf und trainiert sich daran buchstäblich selbst. Gleichzeitig sind Leistungszuwachs und Selbstvertrauen die idealen Voraussetzungen für eine hohe Lernmotivation (3) und sorgen dafür, dass Thomas sich mit Elan ins nächste Training stürzt (4), weil er weiß, dass er neue Lernerfolge erringen kann. So schließt sich der Kreis.

Erleben Kinder einige Runden der Erfolgsspirale des Lernens, entwickeln sie die feste Überzeugung, den Lernstoff zu beherrschen, und ziehen daraus so große Motivationsvorteile, dass die Überzeugung zu einer sich selbst erfüllenden Prophezeiung wird.

Gescheitertes Lernen: die Misserfolgsspirale

Leider geht es auch umgekehrt: So wie sich das Lernen selbst anheizen kann, so kann es sich auch selbst behindern und in eine Spirale des Misserfolgs führen. Und dieser wirkt sich dreifach negativ aus.

Ungelöste Rechtschreibprobleme zerstören den Lernwillen

Als Thomas im Deutschunterricht die ersten Misserfolge erlebte, zeigten seine Texte, dass er bestimmte Schreibschemata noch nicht beherrscht (1). Das allein wäre schon ein Problem gewesen, denn Thomas hätte noch mehr Übung in den Grundlagen gebraucht, während es im Unterricht aber bereits mit den nächsten Schritten weiterging (1a). Schlimmer war aber das Schamgefühl (2): Thomas wollte seinen Test am liebsten niemandem zeigen – schon gar nicht der Mutter, die ihn abends unterschreiben sollte.

Eine negative und angstbelastete Einstellung zu einem Lerngegenstand (3) führt aber nicht zwangsläufig in den nächsten Misserfolg. Versagensängste können auch einen kräftigen Motivationsschub darstellen (4): Thomas war schon immer ein Kämpfer und fest entschlossen, sich noch mehr anzustrengen und den nächsten Rechtschreibtest besser zu meistern. Hätten ihm die Übungen, die er deshalb in den nächsten Tagen absolviert, ein starkes Lernschema beschert, hätte er im nächsten Test vermutlich besser abgeschnitten und wäre nicht in den Teufelskreis des Rechtschreibversagens gerutscht (5a).

Dafür standen die Chancen bei ihm aber von Anfang an nicht besonders gut, denn schwache Lernschemata werden nicht dadurch stark, dass man sie noch intensiver übt. Er hätte sie durch bessere ersetzen müssen!

Als er auch den zweiten Rechtschreibtest voller Fehler zurückbekam, litt Thomas nicht nur unter den fehlenden Fähigkeiten und der Scham des Versagens, sondern entwickelte zudem das Gefühl, dass seine Anstrengungen nutzlos geblieben waren (5b). Wie sollte er sich nach diesem erneuten Misserfolg noch dazu durchringen, wieder mit einem Motivationsschub zu reagieren (4) und nicht einfach aufzugeben (6)?

Der Teufelskreis des Rechtschreibversagens ist deshalb so tückisch, weil auch Misserfolgsangst zu einer sich selbst erfüllenden Prophezeiung werden kann, und zwar sogar in dreifacher Hinsicht: Die inhaltlichen Fähigkeiten leiden, die Versagensangst steigt und wiederkehrende Misserfolge zerstören den Glauben, dass sich zusätzliche Anstrengungen überhaupt lohnen. Warum sich also überhaupt noch anstrengen, wenn es eh nichts bringt?

Erlernte Hilflosigkeit: das Resultat der Misserfolgsspirale

Die Anstrengungsvermeidung (6), die den Teufelskreis des Rechtschreibversagens schließt, ist eines der größten Risiken, die einem Lernenden passieren können. Denn ist ein Kind erst einmal davon überzeugt, dass es „einfach keine Rechtschreibung" kann - ganz gleich, wie sehr es sich anstrengt -, wird es schnell den Anschluss verlieren, immer weniger notwendige Schreibschemata erwerben, immer lustloser und seltener üben und die Beschäftigung mit der Rechtschreibung schließlich ganz vermeiden.

Die Lernpsychologie nennt diesen Zustand *erlernte Hilflosigkeit* und beschreibt damit einen quasi unausweichlichen Abwärtstrend: Misserfolge werden nicht mehr überwunden, weil die Lernenden den Erfolg für unerreichbar halten und nicht mehr an den Erfolg glauben! Kinder, die in der Misserfolgsspirale gefangen sind, ziehen selbst aus Erfolgen keine Motivationsschübe mehr, denn sie glauben, der Erfolg könne nur Zufall gewesen sein.

Sollte Ihr Kind bereits an diesem Punkt angekommen sein, können Sie ihm nur durch gezielte Gegenmaßnahmen helfen, diesen Teufelskreis zu durchbrechen.

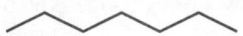

ZUSAMMENFASSUNG

Lernerfolge wie -misserfolge bilden eine sich selbst erfüllende Prophezeiung, denn sie wirken sich nicht nur auf die Fähigkeit, sondern auch auf die Motivation aus.

Im Teufelskreis des Rechtschreibversagens wirkt sich jeder Misserfolg dreifach negativ aus: in der Fachkompetenz, in der Motivation und im Glauben an die Überwindbarkeit des Problems.

Wer die Misserfolgsspirale zu oft durchlaufen hat, kann in der erlernten Hilflosigkeit enden, aus der nur gezielte Gegenmaßnahmen helfen.

Der Spickzettel für Ihre Bestandsaufnahme:
Hängt mein Kind im Teufelskreis des Rechtschreibversagens?

Mein Kind

- ☐ möchte Aufgaben immer lieber mündlich als schriftlich erledigen,
- ☐ versucht, schlechte Rechtschreibnoten vor mir zu verheimlichen,
- ☐ erledigt Rechtschreibhausaufgaben und Berichtigungen nur ungern und möchte so schnell wie möglich fertig werden,
- ☐ glaubt, dass die Ursachen von Rechtschreibfehlern in der eigenen Unfähigkeit liegen,
- ☐ glaubt, dass zeitweilige Erfolge nur Zufall sind,
- ☐ versucht, Gespräche über Rechtschreibung aktiv zu vermeiden,
- ☐ ist beim Üben abgelenkt und unkonzentriert oder schwermütig und antriebslos,
- ☐ reagiert auf Hilfsangebote vermeidend oder unwillig,
- ☐ reagiert auf Korrekturen niedergeschlagen oder ungehalten, zeigt aber kaum Interesse an der richtigen Lösung,
- ☐ zeigt sich sichtlich erleichtert, wenn das Rechtschreibtraining für beendet erklärt wird, und beschäftigt sich sofort mit etwas anderem.

Auswertung meiner Kenntnis zum Rechtschreibversagen meines Kindes:

....

Je mehr Kreuzchen Sie gemacht haben, umso tiefer steckt Ihr Kind im Teufelskreis und umso behutsamer sollten Sie das Training beginnen. Nehmen Sie sich dann besonders viel Zeit für Schritt 1 und 2 aus dem folgenden Kapitel.

Der Ausweg aus dem Teufelskreis des Rechtschreibversagens

So dramatisch sich die Misserfolgsspirale auch anhört, es gibt einen Ausweg. Zunächst einmal sollten Sie jedoch Ihr Kind davon überzeugen, dass es aus der erlernten Hilflosigkeit aussteigen kann und alle Fähigkeiten besitzt, Rechtschreibung zu erlernen. Haben Sie diese Hürde erst einmal genommen und hat Ihr Kind sich zum Training bereit erklärt, so haben Sie gemeinsam den ersten Schritt auf dem Weg aus der Misserfolgsspirale getan. Sie sollten sich jedoch bewusst machen, dass dieser Weg nicht immer ganz einfach sein wird.

Denn das Training mit einem Kind, das in der Misserfolgsspirale gefangen ist, gleicht einem Jonglieren mit drei Bällen:

1. **Schreibschemata:** Ihr Ziel ist es, mit Ihrem Kind günstige Schreibschemata zu entwickeln.
2. **Aufmerksamkeit:** Um dieses Ziel zu erreichen, braucht es aber eine höhere Aufmerksamkeit auf die Schreibung der Wörter, damit es die neuen Schemata überhaupt erwerben kann.
3. **Motivation:** Die Aufmerksamkeit lenkt Ihr Kind aber nur dann dauerhaft auf die Schreibung, wenn die Motivation stimmt. Diese aber hängt vom Lernerfolg ab, also davon, ob Ihr Kind fehlerhafte Schreibschemata durch neue ersetzen kann – und so schließt sich der Kreis ...

Wenn Sie nun das gemeinsame Training angehen, sollten Sie sich zudem von vornherein klarmachen, dass Sie bei Ihrem Kind keine kurzfristigen Erfolge erzwingen können. Planen Sie gerade am Anfang viel Zeit für Gespräche ein, bei denen Sie Ihrem Kind auch erklären, wie Sie sich den Weg aus seiner Rechtschreibschwäche vorstellen. Nur wenn Ihr Kind auch von diesem Weg überzeugt ist, also motiviert ist, wird es beim Training Spaß und schließlich Erfolg haben.

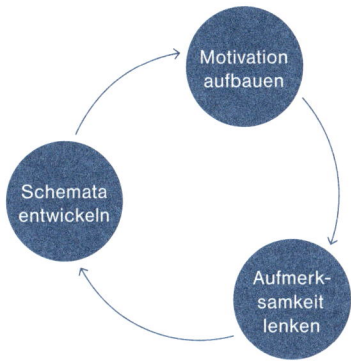

Drei Trainingskomponenten, die Eltern bedenken sollten.

Auch die dann folgende Aufmerksamkeitslenkung erfordert viel Zeit und Geduld. Denn die Aufmerksamkeit zu fokussieren, ist keine Fähigkeit, die ein Kind an einem Nachmittag lernt, sondern für die es regelmäßiges Training benötigt. Gerade am Anfang sind deshalb kurze, aber häufige Trainingseinheiten wichtig, damit Ihr Kind übt, konzentriert zu bleiben.

Es gibt allerdings noch einen vierten wichtigen Punkt, der oft übersehen wird: Sie selbst. Denn auch Sie haben Ihre ganz eigenen Emotionen und Motivationen, Ihre Schemata sowie Ihre Erfolgs- und Misserfolgserlebnisse. Und auch Sie können nicht einfach jemand anderes sein, als Sie sind – genau wie Ihr Kind es sich nicht ausgesucht hat, Rechtschreibprobleme zu haben. Für das Training sollten Sie daher Ihre ganz persönliche Rolle als Rechtschreib-Coach finden, mit der Sie Ihrem Kind helfen, die geplanten Aufgaben und Übungen zu bewältigen. Sie bestimmen damit auch die Atmosphäre, in der das Training stattfindet. Zudem sollten Sie Ihrem Kind angemessene Hilfestellungen und Feedback geben und ihm helfen, mit Rückschlägen umzugehen. Im Laufe des Trainings, wenn Ihr Kind schließlich die ersten Erfolge erzielt, sollten Sie darauf achten, das Training an seine neuen Kenntnisse anzupassen, also die Anforderungen – langsam aber stetig – zu erhöhen.

Wie Sie all diese Aspekte Ihrer Rolle als Rechtschreib-Coach erfolgreich umsetzen, ist Thema des nächsten Kapitels.

ZUSAMMENFASSUNG

Lernen braucht Aufmerksamkeit, und Aufmerksamkeit braucht Motivation. Deshalb wird Rechtschreibtraining nur dann zum Selbstläufer, wenn Ihr Kind bereit ist, zu lernen und seine Wahrnehmung der Schreibung zu verändern.

Erzwingen Sie keine kurzfristigen Erfolge.

Planen Sie gerade am Anfang viel Zeit für Gespräche ein und erklären Sie Ihrem Kind, wie Sie sich den gemeinsamen Weg aus der Rechtschreibschwäche vorstellen.

Investieren Sie Zeit in die Aufmerksamkeitslenkung – sie macht sich später bezahlt.

Üben Sie mit Ihrem Kind anfangs vor allem induktiv und kürzer, dafür häufiger!

> Sage es mir, und ich werde es vergessen. Zeige es mir, und ich werde es vielleicht behalten. Lass es mich tun, und ich werde es können.

Konfuzius

Teil 2
Üben

Kapitel 2

In fünf Schritten zum erfolgreichen Rechtschreib-Coach

Damit Ihr häusliches Rechtschreibtraining gelingt und Früchte bei Ihrem Kind trägt, brauchen Sie mehr als Arbeitsblätter. Denn Sie spielen in dem gesamten Trainingsszenario die wichtige Rolle des Rechtschreib-Coaches. Daher ist es hilfreich, dass Sie sich zunächst Ihrer eigenen Rolle bewusst werden.

Haben Sie diese gefunden, können Sie sich um eine vertraute und angenehme Trainingsatmosphäre für sich und Ihr Kind kümmern. Denn nur, wenn Sie beide sich wohlfühlen, können Sie die Motivation Ihres Kindes wecken und seine Aufmerksamkeit lenken. Und damit sind Sie bereits voll im Rechtschreibtraining, auch wenn es sich vielleicht noch gar nicht so anfühlt!

Natürlich gehören später auch die Fragen des Trainingsalltags dazu, etwa wie Sie richtig Hilfestellungen und Feedback geben und mit den Rückschlägen Ihres Kindes umgehen. Mit der Zeit werden Sie aber merken, wie sich das Training langfristig verändert und welche Lernwege bei Ihrem Kind typisch sind. Sobald Sie dort angekommen sind, ist Ihr Kind auf dem richtigen Weg zum Rechtschreibprofi.

Wenn Sie die folgenden Schritte beherzigen, ersparen Sie sich und Ihrem Kind Frusterlebnisse und holen es aus der erlernten Hilflosigkeit und der Misserfolgsspirale heraus.

Oft scheitert das Training schon am Anfang

Thomas' Mutter hat sich alles so einfach vorgestellt: Jeden Tag wollte sie mit ihrem Sohn einige kleine Übungen absolvieren, dabei seine Erfolge feiern und ihn über die Fehler hinwegtrösten. Aber mit jedem Training sollte er einen Schritt vorankommen.

Tatsächlich sieht der Anfang jedoch ganz anders aus: Ständig hat Thomas irgendwelche Ausreden parat, warum es ausgerechnet heute nicht klappt. Und wenn sie sich schließlich doch zusammensetzen, zappelt er nervös und unkonzentriert auf dem Küchenstuhl herum und lenkt bei jeder Gelegenheit vom Thema ab. Manchmal hockt er auch nur mit hängenden Schultern da, wirkt antriebslos und lässt sich jede Antwort aus der Nase ziehen.

Nach dem Training ist Thomas' Mutter geschaffter als ihr Sohn: Ständig muss sie ihn mit aller Kraft bei der Stange halten. Die erlernte Hilflosigkeit hat ihn so fest im Griff, dass sie nicht nur seine Lernfähigkeit blockiert, sondern nun auch seine Mutter an die Grenze der Verzweiflung bringt.

Schritt 1:
Ihre Rolle als Rechtschreib-Coach

Eine wichtige Komponente, damit Ihr Kind beim Rechtschreibtraining Fortschritte macht, ist Ihre Rolle als Coach. Dazu genügt es jedoch nicht, dass Sie Ihrem Kind verdeutlichen, wie wichtig Rechtschreibung im

Leben ist, denn das hat es wahrscheinlich schon Hunderte Male gehört. Sein Problem liegt vermutlich eher darin, dass es durch die erlernte Hilflosigkeit nicht mehr an den Weg und an sich selbst glaubt. Nehmen Sie deshalb von vornherein den Druck heraus und akzeptieren Sie, dass sich die Rechtschreiberfolge bei Ihrem Kind nach vielen erfolglosen Jahren nicht erzwingen lassen. Bevor Sie mit den Inhalten beginnen, sollte Ihr Kind nicht nur an das Ziel einer verbesserten Rechtschreibung glauben, sondern auch den Weg dorthin akzeptieren. Denn ohne einen Weg bleibt jedes Ziel ein Luftschloss.

Verständnis und Geduld: die Kardinaltugenden guter Rechtschreib-Coaches

Für den Weg, der vor Ihnen liegt und auf dem Sie das Lernen Ihres Kindes begleiten und unterstützen, brauchen Sie vor allem die beiden Kardinaltugenden guter Lehre: Verständnis und Geduld.

Diese Tugenden sind sogar wichtiger als Fachkenntnisse, denn ohne das Verständnis für die Bedürfnisse Ihres Kindes laufen die besten Kenntnisse ins Leere.

Verständnis und Geduld sind zudem ein wichtiger Schutz gegen persönlichen Frust und manchmal sogar ein regelrechtes Wundermittel, mit dem Sie gegen Antriebslosigkeit vorgehen und Ablenkungsversuche Ihres Kindes unterbinden können.

Verständnis Das Verständnis für die Rechtschreibbedürfnisse Ihres Kindes kann Ihnen kein Buch vermitteln. Aber Sie können dieses Verständnis selbst entwickeln – und zwar induktiv! Dafür brauchen Sie Aufmerksamkeit, Feedback und jede Menge Erfahrungen. Diese Erfahrungen sammeln Sie im Laufe der nächsten Wochen, indem Sie unterschiedliche Trainingsmethoden und Rechtschreibinhalte mit Ihrem Kind ausprobieren. Gleichzeitig beobachten Sie dabei, was gut geklappt hat und was nicht, und reden mit ihrem Kind darüber. Machen Sie sich keine Sorgen, wenn Sie sich dabei anfangs unsicher fühlen. Erfahrungen sammelt man nur, indem man sie macht. Erklären Sie Ihrem Kind aber auch Ihre eigenen Ziele und Wünsche, denn echtes Verständnis ist immer gegenseitig.

Geduld Beim Aufbau von Verständnis für die Bedürfnisse Ihres Kindes hilft Ihnen die zweite Kardinaltugend der guten Lehre – die Geduld. Nehmen Sie sich gerade am Anfang bewusst Zeit und setzen Sie sich nicht selbst unter Erfolgsdruck. Stellen Sie Ihren eigenen Wunsch nach Lernerfolgen in der Anfangsphase des Trainings zurück, denn wirklich nachhaltige Erfolge wird Ihr Kind erst erzielen, wenn Sie gemeinsame Erfahrungen miteinander und mit dem Training gemacht und Verständnis füreinander entwickelt haben. Hören Sie deshalb Ihrem Kind mehr zu, als selbst zu sprechen, und lassen Sie sich die Zeit, die Sie beide benötigen, um sich gegenseitig zu verstehen.

> **Aus dem Trainingsalltag:**
> **Ehrlichkeit zu sich selbst ist wichtig**
>
> Ganz gleich, wie alt die Kinder sind, mit denen ich arbeite – für eines haben alle eine erstaunlich feine Nase: Dafür, ob ich als Coach gerade authentisch bin oder nicht. Sobald ich versuche, ihnen etwas vorzuspielen (z. B. weil ich frustriert bin, aber glaube, eine heitere Fassade aufrechterhalten zu müssen), werden die Schwierigkeiten eher größer als kleiner. Ein Bekenntnis zu den eigenen Gefühlen ist immer der bessere Weg, denn er macht die Situation für mich erträglicher und für meine Schüler/-innen verständlicher.

Verständnis hilft Frust vermeiden

Falls Ihr Kind nicht so engagiert mit dem Rechtschreibtraining beginnt, wie Sie sich das wünschen, droht Ihnen ein persönliches Frustrationserlebnis. Denn Sie wissen, wie wichtig korrekte Rechtschreibung in unserer Gesellschaft ist, und wollen Ihr Kind vor negativen Folgen bewahren. Die Ablenkungs- und Ausbruchsversuche Ihres Kindes scheinen Ihnen daher nur ein Hindernis auf dem Weg zu Ihrem Ziel.

Um sich diesen Frust zu ersparen, sollten Sie im Verhalten Ihres Kindes das Wirken der Misserfolgsspirale erkennen. Hier geht es nicht um Ihr individuelles Ärgernis, sondern Sie stecken bereits mitten im ersten Trainingsschritt: Begreifen Sie die Ablenkungs- und Ausbruchsversuche Ihres Kindes als Ihre erste Aufgabe! Ärgern Sie sich nicht: Ihr Kind verhält sich exakt so, wie es zu erwarten war!

Aus dem Trainingsalltag: Martin lenkt ständig ab

Martin war neun Jahre alt und kam von jedem Übungswort auf eine Story, die er mir unbedingt erzählen musste. Eine Zeit lang ging ich auf all seine Erzählungen ein, merkte aber, wie auch mir die Geduld schwand. Schließlich sagte ich ihm ruhig, aber bestimmt, dass er nur abzulenken versuchte. Ich erklärte ihm, was ihn meiner Meinung nach gerade bewegte, und ging so zwar auf ihn ein – aber nicht auf seine Storys! Deshalb kam er mit seinen Ablenkungsversuchen nicht mehr durch. Es dauerte eine Weile, aber mit der Zeit lernte Martin, sich stärker auf seine Aufgabe zu konzentrieren.

Geduld kann zum Wundermittel werden

Der Alltag von Eltern und Kindern ist heute vollgepackt mit Pflichten und Terminen. Dazwischen nun auch noch Zeit für das Rechtschreibtraining zu finden, ist eine echte Herausforderung! Doch leider nützt es nicht viel, die Übungen mit Ihrem Kind schnell und zwischendurch zu erledigen. Denn wenn Sie beim Training schon Ihre nächste Aufgabe im Hinterkopf haben, machen Sie sich selbst angreifbar: Bei jedem Ablenkungsmanöver, das Ihr Kind anfängt, tickt für Sie die Zeit. Dieser Zeitdruck wird schließlich dazu führen, dass Sie völlig genervt und erschöpft aus dem Training gehen.

Wie wäre es, wenn Sie keinen Zeitdruck hätten? Wie wäre es, wenn nicht Sie, sondern Ihr Kind zum Weiterarbeiten drängen würde? Wie wäre es, wenn Sie für eine Fünfzehn-Minuten-Übung mal eine halbe Stunde und länger einplanen würden? Wollten Sie nicht schon immer einmal voll und ganz für Ihr Kind da sein? Sich einfach hinsetzen und keinen Druck machen müssen?

Wenn Sie das Training mit Geduld beginnen und keinen Zeitstress haben, laufen Ablenkungsversuche ins Leere. Ihr Kind wird merken, dass es seine Aufgaben allenfalls aufschiebt, aber nicht los wird. Und da es selbst am liebsten wieder etwas anderes machen will, wird es früher oder später freiwillig loslegen – und kann danach stolz darauf sein, sich selbst überwunden zu haben!

Der bessere Anfang: Thomas' Mutter versucht es mit Verständnis und Geduld

Als Thomas' Mutter über die ersten missglückten Trainingseinheiten mit ihrem Sohn nachdenkt, merkt sie, dass sie sich ständig selbst gehetzt hat, um Thomas zum Üben anzutreiben. Denn augenscheinlich will er nur weg.

Bei den nächsten Malen nimmt sie sich bewusst Zeit und hört mehr zu, als selbst zu sprechen. Das führt zunächst zu lebhaften Plaudereien über Schule, Freunde und Lehrer. Aber immer, wenn sie das Thema zurück auf die Rechtschreibung lenkt, weicht Thomas aus. Doch seine Mutter bleibt geduldig, und als sie schon fast nicht mehr daran glaubt, rückt er doch noch stockend mit den ersten Gedanken über seine Rechtschreibprobleme heraus.

An diesem Nachmittag erfährt Thomas' Mutter, dass ihr Sohn keineswegs so ein Rechtschreibmuffel ist, wie sie glaubt. Im Gegenteil wünscht er sich nichts sehnlicher, als dass sie auf ihn und seine Rechtschreibung stolz ist! Allerdings glaubt Thomas nicht mehr, dass seine Rechtschreibprobleme lösbar sind. Deshalb sind ihm auch die Übungsstunden mit der Mutter so ein Graus, denn er fürchtet, sie immer nur enttäuschen zu können.

In den kommenden Stunden sprechen die beiden immer wieder über das Lernen, über Trainingsziele und -wege, über Lesen und Schreiben – und auch über Basketball. Sie blättern gemeinsam das Kapitel zu den Methoden des Rechtschreibtrainings durch und besprechen die darin aufgeführten Vor- und Nachteile. Und eines Tages sieht Thomas sie an und sagt: „Mama, ich möchte ein Laufdiktat schreiben. Und ich möchte das mit den s-Lauten genauer verstehen." Da weiß seine Mutter, dass der erste Schritt getan ist.

Aus dem Trainingsalltag: Kinder als Lernpsychologen

Oft habe ich die Erfahrung gemacht, dass sich ältere Kinder (etwa ab der 7. Klasse) sehr für Lerntheorie interessieren. Deshalb steige ich gern mit einem der Themen aus Kapitel 1 ein und leite von dort auf die tägliche Übung: Ich erkläre, dass Aufmerksamkeit wie ein Scheinwerfer funktioniert, und lasse eine Konzentrationsübung folgen. Ich erzähle vom induktiven Lernen und schlage dann eine Einsetzübung im Internet vor. Oder ich spreche von der Rolle der Bewusstheit und komme zu einem Rechtschreibgespräch.

Spickzettel: So bereiten Sie sich auf Ihre Rolle als Coach vor

- ☐ Nehmen Sie sich Zeit! Und zwar umso mehr, je tiefer die Rechtschreibprobleme Ihres Kindes sitzen. Mit Hektik wurden schon Hunderte Rechtschreibtrainings begonnen und ebenso schnell wieder beendet.
- ☐ Betrachten Sie die Trainingszeit als Qualitätszeit, die Sie bewusst mit Ihrem Kind teilen. Das Leben ist zu kurz, um Pflicht und Kür zu trennen. Was auch kommt: Gerade jetzt ist es am schönsten!
- ☐ Betrachten Sie Ablenkungen nicht als Störung, sondern als Aufgabe. Lenken Sie geduldig immer wieder zum Thema zurück und vertrauen Sie darauf, dass Ihr Kind dabei jedes Mal ein wenig Konzentrationsfähigkeit hinzulernt.
- ☐ Sie sind nicht dafür da, die Aufgaben Ihres Kindes zu lösen. Ihr Job ist es, für Ihr Kind da zu sein, wenn es sie selbst löst!

Auswertung meiner Rolle als Coach:

Das mache ich bereits:

Das möchte ich zukünftig umsetzen:

Das ist für mich nicht wichtig:

General und Kumpel: Setzen Sie Ihren Akzent

Bei der Begleitung von Lernprozessen gibt es zwei Extreme, die Sie kennen und mit Vorsicht anwenden sollten: Das eine ist der General, das andere ist der Kumpel. Beide Rollen haben gewisse Vorteile, aber in ihren Extremformen auch so viele Nachteile, dass sie das Training auf Dauer eher behindern als fördern. Doch wenn Sie die Extreme kennen, können Sie einschätzen, wo Sie selbst stehen und welche Chancen und welche Schwierigkeiten sich daraus für Sie ergeben.

General Der General hat die Zügel immer fest in der Hand und duldet keine Ausbruchsversuche. Er bestimmt die Ziele und wacht streng über ihre Einhaltung. Damit gelingen ihm straffe Trainingseinheiten, eine effiziente Zeitausnutzung und ein Maximum an Übungen. Allerdings riskiert er mit seinem Training, dass Motivation, Selbstverantwortung und eine positive Einstellung zum Inhalt vernachlässigt werden. Die General-Rolle bedeutet damit zwar nicht, dass Kinder nichts lernen würden – im Gegenteil sind viele dankbar für eine feste, strukturierende Hand. Aber die wenigsten Kinder machen das Training unter dem General zu ihrer eigenen Sache und hören deshalb sofort wieder auf, sobald die straffe Hand nur ein wenig locker lässt.

Kumpel Demgegenüber verhält sich der Kumpel genau entgegengesetzt: Er macht überhaupt keine Vorgaben, sondern lässt alles geschehen, vermeidet jeden Druck und akzeptiert, was immer auch passiert. Damit hält er eine positive und entspannte Beziehung aufrecht, die an sich ein gutes Fundament für neue Lernerfahrungen wäre. Allerdings werden die wenigsten Kinder in einer solchen Situation freiwillig Rechtschreibung trainieren – denn es gibt zu viele andere spannende Dinge in der Welt!

Bevor Sie mit dem gemeinsamen Training beginnen, sollten Sie sich fragen, ob Sie selbst eher zum General oder eher zum Kumpel neigen und welche Bedeutung das für Ihr gemeinsames Training hat. Der General hat die Inhalte im Griff, der Kumpel die Beziehung. Ein zu großer General-

Anteil demotiviert Ihr Kind, aber ein zu großer Kumpel-Anteil frustriert Sie - und das ist genauso schädlich, denn niemandem nützt ein frustrierter Rechtschreib-Coach! Überlegen Sie deshalb, welche Bereiche des Trainings Ihnen persönlich so wichtig sind, dass Sie dort General sein wollen, und an welchen Stellen Sie bewusst zum Kumpel werden können.

> ## Aus dem Trainingsalltag: meine persönliche Mischung
>
> Ich selbst neige eher zum General, denn meine Arbeit als Lehrer nötigt mich immer wieder, große Gruppen anzuleiten – und das geht oft nur mit klarer Führung. Allerdings wechsle ich sofort in die Kumpel-Rolle, wenn sich ein Kind mit einem Problem an mich wendet. Dann müssen alle vorgefertigten Planungen warten, denn das aktuelle Problem ist immer das wichtigste! Weil meine Schüler/-innen das wissen und mir vertrauen, akzeptieren sie auch meine Vorgaben als General.

Finden Sie Ihre eigene Mischung

Gerade am Anfang des Rechtschreibtrainings darf Ihre Kumpel-Seite ruhig weit nach vorn, denn Vertrauen und Motivation erwachsen aus entspannten Beziehungen. Wenn Sie aber nur Kumpel sind, verliert sich das Training in Plaudereien oder findet gar nicht erst statt. Deshalb geht es nie ohne eine Prise General. Beispielsweise sollten Sie auf der Einhaltung der Trainingstermine und -zeiten bestehen - gerade weil hier die stärksten Ausbruchsversuche zu erwarten sind. Lenkt Ihr Kind ab, halten Sie die Trainingsuhr an und lassen Sie sie erst dann weiterlaufen, wenn das Nebengespräch zu Ende ist. So bekommt selbst die freundlichste Kumpel-Rolle ihr Quäntchen General.

Spickzettel: General oder Kumpel – was für ein Lehrtyp bin ich?

General
- ☐ Ich habe das Heft des Handelns gern in der Hand.
- ☐ Ich habe klare Vorstellungen, wie das Training ablaufen soll.
- ☐ Ich lege Wert auf die Einhaltung von Vereinbarungen.
- ☐ Ich reagiere auf Ablenkungen ärgerlich.
- ☐ Ich reagiere auf Erfolge mit Stolz.
- ☐ Wenn mein Kind Probleme äußert, versuche ich, diese zu lösen.
- ☐ Ich laufe Gefahr, mein Kind zu überfordern.

Kumpel
- ☐ Ich folge gern den Wünschen meines Kindes.
- ☐ Ich habe klare Vorstellungen, welche Stimmung beim Training herrschen soll.
- ☐ Ich lege Wert auf die Aufrechterhaltung einer guten Beziehung.
- ☐ Ich reagiere auf Ablenkungen bekümmert.
- ☐ Ich reagiere auf Erfolge mit Freude.
- ☐ Wenn mein Kind Probleme äußert, versuche ich, es zu ermuntern.
- ☐ Ich laufe Gefahr, mein Kind zu unterschätzen.

Meine Auswertung:

.... General   .... Kumpel

Spickzettel: Die guten und schlechten Seiten von Kumpel und General

Ein guter General
- ☐ hat wenige, aber gut begründete Regeln,
- ☐ verteidigt ihre Einhaltung scharf, bleibt aber ansonsten gelassen.

Ein guter Kumpel
- ☐ hat Verständnis und Geduld für das Kind,
- ☐ ist wie ein Spiegel, in dem sich der andere erkennen kann,
- ☐ kann auch freundlich Nein sagen, wenn es notwendig ist.

Ein schlechter General
- ☐ ist widersprüchlich, sprunghaft und launisch,
- ☐ ist unberechenbar und wird zum Albtraum eines jeden Kindes.

Ein schlechter Kumpel
- ☐ hat so viel Nachsicht, dass er alles nur toll findet,
- ☐ verwechselt Freundschaft mit Nachgiebigkeit.

Auswertung meiner Rolle als Coach:

Das mache ich bereits:

Das möchte ich zukünftig umsetzen:

Das ist für mich nicht wichtig:

Aus dem Trainingsalltag: Generäle und Kumpels in der Schule

Die beliebtesten Lehrerinnen und Lehrer in der Schule sind keineswegs die Kumpels! Fragen Sie mal Ihr Kind, bei wem es gern lernt und warum. Fast immer kommt heraus, dass die Lehrkräfte am beliebtesten sind, die eine Mischung aus „gutem General" und „gutem Kumpel" hinbekommen: Streng, gerecht und verständnisvoll – das sind die drei Eigenschaften, die ich am häufigsten höre, wenn ich Schüler/-innen frage, wie sie sich ihre Lehrkräfte wünschen.

Wie viel Fachwissen braucht ein Coach?

Wenn Sie sich in Ihre Rolle als Rechtschreib-Coach eingefunden und Ihren Akzent gesetzt haben, stellt sich natürlich auch die Frage, wie gut Sie selbst mit den Rechtschreibregeln und deren Grundlagen vertraut sind. Vermutlich beherrschen Sie die Rechtschreibung, können möglicherweise aber die Gründe für bestimmte Schreibweisen nicht erklären – schließlich haben auch Sie die Rechtschreibung induktiv gelernt.

Um sich auf die Warum-Fragen Ihres Kindes vorzubereiten, hilft Ihnen Kapitel 4, in dem die wichtigsten Zusammenhänge und Regeln der deutschen Rechtschreibung vorgestellt und die Gedanken dahinter näher erläutert werden. Das Kapitel ermöglicht Ihnen damit einen Überblick über die Gründe von Schreibungen, die Sie im Rechtschreibgespräch (oder auch in der gemeinsamen Lektüre) mit Ihrem Kind nachvollziehen können. Außerdem beschreibt dieser Teil des Buches die typischen Lernwege der Rechtschreibung und zeigt Ihnen anhand charakteristischer Fehler, wo Ihr Kind auf seinem persönlichen Weg gerade steht und was der nächste Entwicklungsschritt sein wird.

Wenn Sie sich nach der Lektüre von Kapitel 4 weitere, vertiefte Einblicke in die Einzelheiten der Rechtschreibregeln und die grammatischen Grundlagen wünschen, finden Sie Hilfe in den dafür spezialisierten Rechtschreib- und Grammatikratgebern, z. B. „Rechtschreibung - ganz einfach!" aus dem Dudenverlag oder „Deutsch für Eltern" aus dem DK-Verlag.

Orientieren Sie sich außerdem an den Rechtschreib- und Grammatikkapiteln aus den Deutschbüchern Ihres Kindes, denn die sind wahrscheinlich die Grundlage seines Unterrichts. Sicherlich gibt Ihnen auch die Deutschlehrkraft Ihres Kindes gern weitere wertvolle Tipps und Hinweise.

Schritt 2: Motivation aufbauen und Rahmenbedingungen festlegen

Sobald Sie sich mit Ihrem Kind darauf geeinigt haben, gemeinsam zu üben, sollten Sie günstige Rahmenbedingungen schaffen. Denn der Weg vor Ihnen ist lang und nicht immer einfach. Gelingt es Ihnen aber, das Training so in Ihren Alltag zu integrieren, dass Sie es beide auch als Ihre ganz eigene Qualitätszeit empfinden, wächst zunächst die Motivation, dann die Aufmerksamkeit und später die Leistung!

Wie Sie erkennen, was Ihr Kind motiviert und demotiviert

Ihr Kind zum Rechtschreibtraining zu bewegen, gelingt am besten mithilfe der „Selbstbestimmungstheorie der Motivation" (vgl.: Deci / Ryan: „Die Selbstbestimmungstheorie der Motivation und ihre Bedeutung für die Pädagogik", siehe „Ausgewählte Literatur", Seite 258 ff.). Sie ist wie ein Barometer für unsere Wünsche und Bedürfnisse und beruht auf drei Komponenten:

1. **Autonomie:** Menschen brauchen das Gefühl, ihr Leben selbst zu steuern und Entscheidungen selbst zu fällen. Wer sich fremdgesteuert fühlt, verliert die Lebenslust und neigt zur Passivität.
2. **Kompetenz:** Menschen wollen Fähigkeiten besitzen, um ihr Leben aktiv zu gestalten und anderen zeigen zu können, was in ihnen steckt. Wer nicht an seine eigenen Kompetenzen glaubt, erlebt sich zwangsläufig als fremdbestimmt und fühlt sich wertlos.
3. **Soziale Eingebundenheit:** Menschen wollen in Gruppen eingebunden sein, in denen sie einen festen Platz haben, etwas gelten. Sich von anderen ausgeschlossen zu fühlen, kann zu seelischen Störungen führen.

Entsprechend dieser Theorie zeigt jeder Mensch sein ganz eigenes Mischverhältnis dieser drei Bedürfnisse. Kommt eines davon dauerhaft zu kurz, schadet das der Person: Wer sich nach Autonomie sehnt, kann sich in einer festen Beziehung gefangen fühlen. Wer sich nach sozialer Eingebundenheit sehnt, dem nützt die größte Freiheit nichts.

Finden Sie heraus, wie die Mischung aus Autonomie, Kompetenz und sozialer Eingebundenheit bei Ihrem Kind ist, denn mit diesem Wissen können Sie das Training ganz gezielt gestalten. Stark autonomiegetriebenen Kindern darf man nicht mit zu vielen Vorgaben kommen. Dafür kann man ihre Motivation steigern, indem man betont, dass sie etwas allein hinbekommen haben. Stark kompetenzorientierte Kinder wollen selbst besser werden und sind daher oft gut motiviert. Allerdings muss man vorsichtig sein, dass sie bei Misserfolgen nicht vorschnell die Flinte ins Korn werfen. Kinder schließlich, die stark von sozialer Eingebundenheit motiviert werden, kommen mit allem zurecht, außer mit einer schlechten Stimmung im Trainingsteam. Lernerfolge sind ihnen weniger inhaltlich als vielmehr für die Beziehung wichtig. Deshalb brauchen sie oft besonders wertschätzende Rückmeldungen, während kompetenzorientierte Kinder sich mehr für die Leistungshöhe interessieren.

Die unterschiedliche Motivation bei Thomas und Annika

Weil Thomas ein so leidenschaftlicher Basketballer ist, vermutet seine Mutter, dass sein Kompetenzbedürfnis sehr stark ist. Deshalb fragt sie ihn, warum er zwar im Sport, aber nicht in der Rechtschreibung so ein zäher Kämpfer sei. Als Thomas ins Reden kommt, stellt sich heraus, dass er sich beim Rechtschreibtraining immer stark fremdbestimmt fühlt: Ständig gibt irgendjemand die Themen und Lernwege vor und legt fest, was er zu tun hat. Das behindert Thomas' Autonomiebedürfnis, denn er erlebt es als Druck von außen, der ihm die Freiheit raubt. Als Schutz seines Autonomiebedürfnisses blockt er folgerichtig ab und tut so, als „wolle" er gar nicht besser schreiben.

Bei Annika ist das Autonomiebedürfnis weniger ausgeprägt, dafür aber der Wunsch nach sozialer Eingebundenheit stärker. Deshalb macht es ihr überhaupt nichts aus, wenn jemand anderes die Themen vorgibt. Dafür kommt sie mit dem Gefühl, in einer Gruppe nicht aufgehoben zu sein, nicht zurecht. Aus diesem Grund ist ihr damals die Freude am Basketball verloren gegangen, denn die anderen Mädchen haben sich wenig Mühe gegeben, sie als Neue ins Team aufzunehmen.

In den Gesprächen zur Motivation erkennt die Mutter, dass sie ihre Kinder ganz unterschiedlich behandeln muss. Für ihren Sohn ist ein möglichst großer eigener Entscheidungsspielraum wichtig, um sein Autonomiebedürfnis zu befriedigen. Bewusst beschließt sie deshalb, die Generalseite weit nach hinten zu stellen und Thomas möglichst viele Dinge selbst entscheiden zu lassen. Diese sehr freie Trainingsgestaltung passt zu seiner Persönlichkeit. Für Annika hingegen müsste das Training stärker geführt, aber auch emotional verbindlicher sein.

Packen Sie Ihr Kind an seinen ganz eigenen Bedürfnissen, damit es sich zum Rechtschreibtraining bekennt. Stellen Sie einem autonomieorientierten Kind in Aussicht, sich mit guten Rechtschreibfähigkeiten unabhängig von der Hilfe anderer zu machen und die Aufgaben in Schule und Freizeit selbst beherrschen zu können. Locken Sie ein kompetenzorientiertes Kind, indem Sie ihm die zukünftigen Lernschritte und Trainingserfolge ermöglichen. Gewinnen Sie ein Kind mit starkem Bedürfnis nach sozialer Eingebundenheit, indem Sie ihm die gesellschaftliche Bedeutung der Rechtschreibung erklären.

Aus dem Trainingsalltag: wie Melanies Autonomiebedürfnis sie zum Training bewegte

Als ich Melanie kennenlernte, war sie dreizehn Jahre alt, schrieb leidenschaftlich gern Fantasy-Geschichten und kümmerte sich herzlich wenig um Rechtschreibung, obwohl sie Schriftstellerin werden wollte. Ich wollte sie überzeugen, dass sie als Autorin doch Rechtschreibung können müsse, doch sie antwortete nur, dafür hätte sie ja später eine Sekretärin! Ich lachte und fragte, ob sie denn wirklich ein Leben lang von der Hilfe anderer Personen abhängig sein wolle. Jahre später – Melanie studierte längst und hatte ihre Rechtschreibung im Griff – erzählte sie mir, dass ihr dieses Argument immer wieder einen Ruck gegeben hatte, wenn ihr bisweilen die Motivation fürs Üben fehlte.

Spickzettel: Welche Motivation treibt Ihr Kind an?

Kinder, denen Autonomie besonders wichtig ist,
- ☐ suchen sich Hobbys, die sie unabhängig von der Hilfe anderer machen,
- ☐ reagieren empfindlich auf äußere Vorgaben,
- ☐ werden von der Umwelt bisweilen als Einzelgänger wahrgenommen.

Auswertung der Autonomie meines Kindes:

Je wichtiger Ihrem Kind Autonomie ist, umso stärker sollten Sie ihm beim Training eigene Entscheidungsspielräume einräumen. Oft genügen schon Details: Welches Material soll es heute sein? Mit welchem Stift willst du schreiben? Was setzt du dir zum Ziel?

Kinder, denen Kompetenz besonders wichtig ist,
- ☐ messen sich gern mit anderen – aber nur, wenn sie eine Chance auf den Sieg haben,
- ☐ sind beim Training oft sehr beharrlich – sofern sie eine Siegeschance sehen,
- ☐ wollen ihre Leistungen gern in Zahlen und Punkten ausgedrückt sehen.

Auswertung der Kompetenz meines Kindes:

Je wichtiger Ihrem Kind Kompetenz ist, umso größer ist sein Bedürfnis nach Erfolgserlebnissen und Leistungsrückmeldung. Organisieren Sie Ihr Training so, dass Sie oft und konkret Feedback geben können. Beachten Sie dazu die Tipps in Kapitel 2, Seite 92 ff.

Kinder, denen soziale Eingebundenheit besonders wichtig ist,
- ☐ wollen Dinge gemeinsam erleben und ihre Erfahrungen teilen,
- ☐ spielen Spiele um des Erlebnisses willen, nicht vorrangig für den Sieg,
- ☐ streben in Gruppen nach Ausgleich und Harmonie und haben oft eine gute Menschenkenntnis.

Auswertung der sozialen Eingebundenheit meines Kindes:

Je wichtiger Ihrem Kind soziale Eingebundenheit ist, umso wichtiger ist ihm eine positive Lernatmosphäre während des Trainings. Legen Sie besonderen Wert auf eine partnerschaftliche Beziehung und gemeinsame Rituale.

> **Aus dem Trainingsalltag:**
> **Ken und sein Kompetenzbedürfnis**
>
> Ken war schon als Zehnjähriger ein so guter Tischtennisspieler, dass auch Ältere selten eine Chance gegen ihn hatten. Rechtschreibung allerdings mochte er gar nicht. Als ich erkannte, wie stark er vom Kompetenzbedürfnis angetrieben wurde, machte ich das Training zum Match: Jede richtige Stelle auf dem Arbeitsblatt ein Punkt für ihn, jeder Fehler ein Punkt für mich. Und plötzlich war die Uhrzeit vergessen, sofern er nur die Chance sah, mich in Grund und Boden zu spielen ...

Zeit und Ort finden

Würden wir alle im Wunschland leben, wären die perfekten Trainingsvoraussetzungen dreimal täglich zwanzig Minuten Übungen, an einem ungestörten, hellen, aufgeräumten Lernort, mit höchster Konzentration und anschließender gemeinsamer Auswertung.

In den meisten Familien sind solche Traumbedingungen jedoch schlicht illusorisch. Aber so ideal brauchen wir es auch gar nicht. Wichtig ist nur, dass das Training einen festen Platz in Ihrem Alltag einnimmt und dass es Ihnen und Ihrem Kind zur dauerhaften Gewohnheit wird. Suchen Sie deshalb nach Terminen, die sich regelmäßig ergeben (z. B. feste Uhrzeiten an ganz bestimmten Wochentagen), und treffen Sie konkrete Absprachen, wann und wie lange Sie gemeinsam üben wollen.

Das Minimum eines sinnvollen Trainings liegt bei etwa drei Terminen pro Woche von jeweils mindestens einer Viertelstunde. Je häufiger und länger Sie trainieren, umso rascher wird Ihr Kind Erfolge erleben. Wollen Sie die Intensität steigern, erhöhen Sie lieber die Häufigkeit als die Dauer. Denn so bekommt das Training Regelmäßigkeit, und die Aufmerksamkeitsspanne Ihres Kindes wird nicht überstrapaziert.

Gute Trainingszeiten sind immer dann, wenn Ihr Kind weder müde von der Schule noch abgelenkt von seinen Hobbys ist. Welche Zeitfenster sich für Sie besonders gut eignen, hängt von Ihrem Alltag ab. Achten Sie jedoch auf konkrete, regelmäßige Planungen, damit das Training nicht ständig verschoben wird. Gehen Sie den Stundenplan Ihres Kindes und seine Nachmittagsaktivitäten gemeinsam durch. An welchen Tagen zu welcher Uhrzeit finden sich Lücken, in denen Sie beide sich regelmäßig zusammensetzen können?

Berücksichtigen Sie auf jeden Fall die Wünsche Ihres Kindes, damit sich das Üben nicht wie eine Strafe anfühlt.

Planen Sie mehr Zeit ein, als das Training dauern soll. Dies vor allem, wenn Ihr Kind Probleme hat, am Ball zu bleiben. So haben Sie genug Puffer, um Ablenkungen auszuhalten. Ihr Kind muss plötzlich über das verrückte Erlebnis in der Englisch-Stunde berichten? Gern. Aber dafür wird die Trainingsuhr angehalten. So bleibt Ihre Beziehung entspannt, Sie haben Zeit füreinander und die Trainingszeit bleibt unberührt.

Gute Kompromisse schließen

Thomas ist nach der Schule ziemlich lernsatt und braucht erst einmal Freizeit. Deshalb vereinbart seine Mutter mit ihm jeweils die Viertelstunde vor dem Abendbrot, außer wenn er Basketball-Training hat und später heimkommt. Damit stehen mindestens vier Trainingstermine pro Woche fest, die Thomas meist mit der Mutter absolviert, während der Vater für die Zubereitung des Essens zuständig ist.

Müsste Thomas für das Rechtschreibtraining auf sein geliebtes Basketball verzichten, würde er sich niemals darauf einlassen.

Der beste Ort für das gemeinsame Training ist ruhig, hell und ablenkungsfrei. Folgen Sie bei der Ortswahl gern Ihren eigenen Vorlieben und wählen Sie einen Platz, der Ihnen am liebsten ist. Ihr Kind kommt dann quasi zu

Ihnen zu Besuch und folglich gelten dort Ihre Regeln. Und wo kann es für ein Kind schöner sein als an dem Ort, wo die Eltern sich wohl und entspannt fühlen?

Räumen Sie ablenkende Gegenstände vom Tisch weg und sorgen Sie für ausreichend Frischluft. Äußere Ordnung hilft vielen Kindern, auch innerlich aufgeräumt zu sein. Wählen Sie immer wieder denselben Trainingsplatz, denn so entwickeln Sie langfristige Routinen.

Aus dem Trainingsalltag: Rico und sein Chaos-Zimmer

Zu Rico (11) kam ich einmal die Woche als Nachhilfelehrer und jedes Mal war es überaus mühsam, seine Aufmerksamkeit zu erlangen. Etwas besser wurde es, als wir die Übungsstunden aus dem Kinderzimmer, in dem es von Star-Wars-Postern, Raumschiffen und Superhelden nur so wimmelte, ins Wohnzimmer verlegten. Am großen Esstisch gab es weniger Ablenkung, und auch Rico merkte, dass er sich hier besser konzentrieren konnte.

Rituale und Routinen entwickeln

Alles, was Menschen tun, wird mit der Zeit zur Gewohnheit und wächst ihnen auf die Dauer ans Herz. Nutzen Sie diesen Effekt und schaffen Sie sich Ihre eigenen kleinen Zeremonien, um sich gemeinsam in den Trainingsmodus zu begeben. Es ist fast einerlei, welche Gewohnheiten Sie dafür entwickeln, sofern Sie sich nur angenehm anfühlen und zum gemeinsamen Erleben einladen.

> ✗ **Auf ein gutes Gelingen!**
> Bei Thomas und seiner Mutter spielt eine Kanne Kräutertee eine wichtige Rolle. Das ist eher durch Zufall entstanden, denn der Tee war eigentlich fürs Abendbrot gedacht. Bald aber gewöhnten die beiden es sich an, sich zuerst eine Tasse Tee einzuschenken und dabei das Training zu planen. Haben sie sich auf ein Ziel geeinigt, stoßen sie an, als seien die Tassen Sektgläser, und trinken auf gutes Gelingen. Während der kommenden Minuten beachten sie den Tee kaum, aber sobald Thomas sein Laufdiktat abgeschlossen oder sein Arbeitsblatt ausgefüllt hat, gießt die Mutter immer zuerst heißen Tee nach und fragt ihn, wie es heute gewesen sei. Erst nach diesem Rückblick schauen sie sich gemeinsam die Lösung an.

✓ Gemeinsame Rituale wirken für Außenstehende oft wenig spektakulär. Aber genau darin liegt ihr Geheimnis: Sie schweißen diejenigen zusammen, die sie teilen, und lassen die anderen außen vor.

Nutzen Sie die Kraft der gemeinsamen Rituale, denn sie helfen Ihnen, zu einem eingeschworenen Trainingsteam zu werden. Suchen Sie sich besonders für den Anfang und für den Schluss ganz spezielle kleine Zeremonien. Ein paar Worte, Gesten oder Gegenstände genügen schon – den Rest erledigt die Zeit für Sie. Je mehr Schwierigkeiten Ihr Kind hat, sich auf das Training einzulassen, umso mehr kann ihm ein ritualisierter Ablauf mit festen Arbeitsphasen an immer demselben Ort und demselben kleinen Talisman auf dem Tisch weiterhelfen.

✗ Spickzettel: Sind wir schon ein Trainingsteam?

Wenn Sie möglichst viele der folgenden Aussagen bejahen können, sind Sie auf dem besten Wege, Ihrer gemeinsamen Arbeit ein solides Fundament zu geben.

- ☐ Wir wissen beide, wann das Training stattfindet und welche Regeln gelten.
- ☐ Mein Kind kommt freiwillig zum vereinbarten Termin, und ich muss nicht erst lange bitten.
- ☐ Wir haben uns gemeinsam auf Trainingsregeln (Zeiten, Abläufe, Ziele usw.) geeinigt.
- ☐ Wir haben eine feste Lernumgebung, in der wir uns beide wohl fühlen.
- ☐ Wir haben ein paar gemeinsame Rituale, die uns beiden wichtig sind.
- ☐ Wir können auftretende Probleme einvernehmlich lösen, und es gibt selten Reibungsverluste.
- ☐ Wir fühlen uns am Ende aufgeräumt und haben das Gefühl, etwas geschafft zu haben.
- ☐ Wir denken beide mit positiven Gefühlen an das Training.

Meine Team-Auswertung:

Die Team-Auswertung meines Kindes:

Schritt 3: die ersten Trainingseinheiten

Nachdem Sie mit Ihrem Kind Zeit und Ort vereinbart und die ersten Samen für Rituale gesät haben, geht es an die eigentliche Trainingsplanung:

- Mit welchem Rechtschreibproblem wollen wir anfangen?
- Welche Methoden wollen wir verwenden?
- Was sollte unser erstes Ziel sein?

Es kann sein, dass Sie sich als Rechtschreib-Coach mit diesen Fragen anfangs überfordert fühlen, denn die Fülle an Möglichkeiten wirkt überwältigend. Doch sofern Sie mit Ihrem Kind eine verständnisvolle und vertrauliche Atmosphäre aufgebaut haben, können Sie eigentlich nichts falsch machen. Denn selbst wenn Sie eine Übung wählen sollten, die Ihrem Kind nicht behagt oder vielleicht einfach zu schwierig ist, gewinnen Sie dadurch gemeinsam an Erfahrung - und darauf kommt es an.

Aufmerksamkeit und Konzentration trainieren

Konzentrationsprobleme sind bei rechtschreibschwachen Kindern nicht die Ausnahme, sondern die Regel - ja häufig sind sie der Grund, warum Kinder in den Teufelskreis des Rechtschreibversagens rutschen. Beginnen Sie deshalb das Training regelmäßig mit Konzentrationsübungen und Sprachspielen (Kapitel 3, Seite 130 ff.) und lassen Sie dabei bewusst viel Raum für Gespräche und Austausch. Achten Sie darauf, was bei Ihrem Kind Anklang findet, was es gern tut und was es kann - nicht nur, was es nicht kann!

Thomas trainiert seine Aufmerksamkeit

Dass Thomas sich zum Rechtschreiblernen bereit erklärt hat, ist ein wichtiger Meilenstein, aber noch nicht die Lösung seiner Probleme. Bekanntermaßen ist es viel leichter, sich eine Aufgabe vorzunehmen, als sie dann auch langfristig durchzuhalten.

Dennoch ist Thomas' Mutter überrascht, wie schwer es ihrem Sohn fällt, auch nur eine Viertelstunde konzentriertes Rechtschreibtraining durchzuhalten. Manchmal ist er motiviert, manchmal nicht – aber ständig lenkt ihn jede Kleinigkeit ab: Ein Vogel vor dem Fenster, ein Signalton vom Handy, Annika in der Küche – alles fesselt ihn mehr als seine eigentliche Aufgabe.

Um an Thomas' Aufmerksamkeit zu arbeiten, vereinbaren die beiden zunächst Sprachspiele und Konzentrationsübungen als Einstieg ins Training. Für den Hauptteil wählen sie gemeinsam betont kurze Übungen und häufige Pausen. Da die Mutter erkannt hat, wie wichtig ihrem Sohn Mitbestimmung ist, lässt sie ihm bei der Übungsauswahl freie Hand. Thomas darf auch entscheiden, wie lange er am Stück trainieren und wann er Pausen einlegen will. Allerdings besteht die Mutter immer auf einer vollen Viertelstunde Trainingszeit – die Pausen nicht mitgerechnet! So schafft sie einen Anreiz, dass Thomas sich nicht selbst betrügt, sondern sich lieber noch ein wenig länger konzentriert.

Der inhaltliche Start: ganzheitlich und induktiv

Für den täglichen Trainingseinstieg sind Konzentrationsübungen gut geeignet, weil sie vielen Kindern Spaß machen. Für die Haupt-Arbeitszeit eignen sie sich hingegen nicht, da sie dem natürlichen Schreibprozess eher fernstehen. Wählen Sie daher im nächsten Schritt ganzheitliche, induktive Methoden wie Abschreibübungen oder Laufdiktate (Kapitel 3,

Seite 143 ff.), die direkt am Schreibprozess ansetzen, gleichzeitig aber geringe Anforderungen an das Regelwissen stellen. Induktive Übungen lenken die Aufmerksamkeit geradezu zwangsläufig auf die Schreibung statt auf den Inhalt und bilden damit eine fruchtbare Erfahrungsgrundlage für spätere, analytische Lernerfahrungen.

Thomas lernt, seine Aufmerksamkeit auf die Schreibung zu lenken

Zum Aufwärmen spielen Thomas und seine Mutter gern ein, zwei Runden „blindes Galgenraten" (Seite 138), dann wechseln sie zu einem Laufdiktat. Bald schon ist Thomas' Sportgeist geweckt und er platziert den Diktattext immer weiter von seinem Arbeitsplatz weg. Dabei muss die Mutter ihn manchmal noch zur Sorgfalt mahnen oder Pausen verordnen, wenn seine Konzentration nachlässt und sich die Fehler häufen. Wichtig aber ist, dass Thomas beginnt, auf seine Texte stolz zu sein, und die richtige Schreibung für ihn zur Ehrensache wird. So wächst in ihm das Gefühl, dass er die Schreibaufgaben meistern kann und den Erfolg selbst in der Hand hat. Das ist ein wichtiger Schritt aus der erlernten Hilflosigkeit heraus.

Dass für die meisten Kinder induktive, ganzheitliche Methoden (siehe Kapitel 3, Seite 143 ff.) der beste Trainingseinstieg sind, heißt nicht, dass Sie ihre Verwendung erzwingen müssen. Je stärker das Autonomiebedürfnis Ihres Kindes ist, umso stärker sollten Sie auf seine Wünsche eingehen. Blättern Sie gemeinsam das Methodenkapitel durch und probieren Sie nach Herzenslust aus, was Ihnen und Ihrem Kind zusagt. Da gerade am Anfang die Motivation wichtiger ist als alles andere, folgen Sie getrost den Wünschen Ihres Kindes und lassen Sie es seine eigenen Erfahrungen machen.

Aus dem Trainingsalltag: Chengs Einstieg in das induktive Lernen

Chengs Muttersprache war Chinesisch, und er bereitete sich auf seinen mittleren Schulabschluss vor. Cheng (16) war ein kleiner Analytiker und wollte die Rechtschreibung lieber verstehen als üben. Ständig fragte er deshalb nach Gründen für die Schreibung der Wörter, fand die deutsche Rechtschreibung aber insgesamt einfach „unlogisch" – worin ich ihm leider häufig recht geben musste. Einmal fragte ich ihn, wie er denn in China die vielen Tausend Schriftzeichen gelernt habe. „Schreiben!", antwortete er. „Immer schreiben, schreiben, schreiben." „Siehst du", sagte ich, „mach es mit der Rechtschreibung genauso und kümmere dich nicht allzu sehr um die Logik." Das leuchtete ihm ein.

Pausen und Bewegung einbeziehen

Konzentrationsschwierigkeiten gehen häufig mit einem besonders ausgeprägten Bewegungsdrang einher. Daher fallen viele Kinder mit Rechtschreibschwierigkeiten auch leicht unter den Verdacht, eine „Aufmerksamkeitsdefizit-Hyperaktivitätsstörung" (ADHS) zu haben. Egal, ob das stimmt oder nicht, richtig ist, dass Kinder, ganz gleich, ob mit oder ohne Rechtschreibschwächen, einen intensiven Bewegungsdrang haben, den Sie berücksichtigen sollten - und nicht unterbinden!

Die Lern- und Kognitionspsychologie hat längst bestätigt, was reformpädagogische Ansätze schon Anfang des vergangenen Jahrhunderts wussten: Körperliche Bewegung wirkt sich förderlich auf das Lernen aus. Kinder, die ihren Lernprozess durch Köpereinsatz begleiten oder durch Bewegungspausen unterbrechen, lernen besser, konzentrieren sich länger und sind zufriedener mit ihrer Arbeit.

Nutzen Sie den positiven Einfluss körperlicher Bewegung, um verbrauchte Konzentrationsressourcen wieder aufzufüllen. Wenn Sie bemerken, dass Ihr Kind in den Übungen wieder mehr Fehler macht, ist es Zeit für eine Bewegungspause: Ein Sprint durch den Garten oder zwanzig Liegestütze können ebenso Wunder wirken wie die einbeinige Waage auf der Teppichkante oder ein Kopfstand. Im Methodenteil finden Sie weitere Anregungen für Bewegungspausen (siehe Kapitel 3, Seite 140 ff.).

Auch einige Übungsmethoden laden zur Bewegung ein – allen voran natürlich das Laufdiktat, das sicher auch wegen seiner Mobilität so wirkungsvoll ist. Aber wer sagt denn, dass Texte immer klein auf Papier entstehen müssen? Warum nicht mehr Bewegung und den nächsten Übungstext groß auf das Whiteboard oder die Tafel im Kinderzimmer schreiben? Oder auf eine Rolle Packpapier im Wohnungsflur? Oder mit Kreide in die Hauseinfahrt ...

Nach der Bewegungspause – besonders wenn es um körperliche Verausgabung geht – ist es nicht immer leicht, wieder Ruhe in das Training zu bringen: Puls und Blutdruck steigen, und das Adrenalin strömt durch die Adern. Geben Sie Ihrem Kind daher Gelegenheit, sich zu sammeln und anschließend selbst Bescheid zu geben, wann es weitergehen kann. Einfache Ruhe- und Atemübungen, wie sie bei Meditationen angewandt werden (z. B. der Körperscan; s. u.), können es dabei unterstützen.

Aus dem Trainingsalltag: Der Körperscan

Die Klasse 10c war oft quirlig und ruhelos. Ich begann die Stunde mit einem „Körperscan", einer einfachen Meditation, bei der die Schüler/-innen die Aufmerksamkeit durch den eigenen Körper wandern lassen und dabei aktiv entspannen. Bald wurde dieser Einstieg zum Ritual. Ich verlor jedes Mal in paar Minuten Unterrichtszeit, aber gewann das Zigfache an Konzentration für die Reststunde.

Spickzettel: Was zeichnet mein Kind beim Rechtschreibtraining aus?

Je mehr Fragen Sie mit „Ja" beantworten können, desto weiter sind Sie im Training bereits fortgeschritten. Die Nein-Antworten geben Ihnen einen Hinweis, an welcher Stellschraube Sie zusammen mit Ihrem Kind noch drehen sollten. Aber keine Sorge: Mit Verständnis, Geduld und Erfahrung löst sich auf Dauer jeder Knoten!

Stimmt die Motivation?
Mein Kind

bekennt sich zum Ziel, seine Rechtschreibung zu verbessern?	☐ ja	☐ nein
hält seine Arbeit an der Rechtschreibung für wichtig?	☐ ja	☐ nein
bemüht sich sichtlich, am Ball zu bleiben?	☐ ja	☐ nein

Meine Auswertung der Motivation meines Kindes:

Stimmt die Beziehung zu mir?
Mein Kind

ist mir gegenüber im Training entspannt und aufgeschlossen?	☐ ja	☐ nein
erlebt mich als Lernpartner/-in und nicht als Antreiber/-in?	☐ ja	☐ nein
wendet sich an mich, um Hilfe zu erhalten – nicht um die Lösung vorgesagt zu bekommen?	☐ ja	☐ nein

Meine Auswertung der Beziehung meines Kindes zu mir:

Stimmt die Aufmerksamkeit?
Mein Kind

geht Aufgaben unverzüglich an und sucht merklich nach guten Lösungen?	☐ ja	☐ nein
arbeitet in Trainingszeiten und plaudert in Pausenzeiten?	☐ ja	☐ nein
schaut bei der Auswertung mehr auf sein Arbeitsblatt als auf mich?	☐ ja	☐ nein

Meine Auswertung der Aufmerksamkeit meines Kindes:

Stimmen die Kenntnisse über das Lernen?
Mein Kind

hat eine Vorstellung, wie Lernen funktioniert und welche Rolle Aufmerksamkeit dabei spielt?	☐ ja	☐ nein
weiß in groben Zügen, wie der Masterplan des Trainings aussieht?	☐ ja	☐ nein
kennt Vor- und Nachteile von Übungs- und Trainingsmethoden?	☐ ja	☐ nein

Meine Auswertung der Kenntnisse meines Kindes:

Schritt 4: richtig anleiten und gezielt Feedback geben

Richtig Hilfestellungen geben

Bei der Bildung neuer Schreibschemata kommt Ihr Kind früher oder später in eine Situation, wo alte und neue Routinen ähnlich stark sind und einen Handlungskonflikt verursachen. Dann können Sie mit einem kleinen helfenden Impuls Großes bewirken, denn dieser befeuert das neue Lernschema und stärkt Ihr Kind für die Zukunft.

Gut Hilfestellungen zu geben, ist eine ganz eigene Kunst. Dafür brauchen Sie - so wie bei vielen anderen Fähigkeiten - vor allem Verständnis und Geduld:

- Verständnis benötigen Sie, um zu erkennen, mit welchen Überlegungen Ihr Kind gerade ringt und welche Tipps ihm den richtigen Weg ebnen.
- Geduld brauchen Sie, um Ihrem Kind auch die nötige Zeit zu lassen, Ihre Tipps zu verstehen und umzusetzen.

Oft missdeuten Eltern die Denkpausen ihrer Kinder als Bitte um noch mehr Hilfe. Sie fügen dann einer Erläuterung gleich eine zweite und dritte hinzu. Dabei muss das Kind die Hilfestellung erst einmal verdauen: Was hat Mama oder Papa da gesagt? Und was hat das mit meinem Problem zu tun? Welche Schlussfolgerungen soll ich daraus ziehen? Habe ich alles richtig verstanden?

Solche Fragen brauchen Bedenkzeit. Warten Sie ab und lassen Sie das Gesagte wirken. Ihr Kind wird so auf die Dauer besser lernen, seine eigenen Fragen zu stellen, statt immer nur auf Ihre Fragen zu reagieren.

Noch schwieriger, als die nötige Geduld aufzubringen, ist, das richtige Verständnis zu entwickeln, wo eigentlich gerade das Problem liegt. Schließlich können auch Sie von außen nie sicher wissen, worüber Ihr Kind gerade nachdenkt, sondern haben höchstens eine Vermutung. Liegen Sie richtig, kann ein kleiner Hinweis Ordnung schaffen und den Überblick wiederherstellen. Liegen Sie jedoch falsch, dann ist Ihre Hilfe sogar hinderlich, weil sie die Aufmerksamkeit auf zwei Probleme verteilt, statt sie zu bündeln.

Versuchen Sie deshalb, möglichst zu reagieren, statt zu agieren. Fordern Sie Ihr Kind auf, laut zu denken und selbst Fragen zu stellen. Denn die Fragen Ihres Kindes sind tausendmal hilfreicher als Ihre eigenen! So vermeiden Sie zum einen Missverständnisse, zum anderen lernt Ihr Kind auf diese Weise mit der Zeit, seine Probleme konkret zu formulieren.

Falls Ihr Kind gar nicht weiterkommt, fragen Sie es beispielsweise „Wo hast du Probleme?" oder „Welche Hilfestellung wünschst du dir?" und verzichten Sie auf inhaltliche Fragen.

Vermeiden Sie Ratespiele

Lange Zeit galt in der Schule der Grundsatz, man solle Kinder möglichst selbst die Lösung eines Problems finden lassen und Lehrkräfte sollten diese Lösungsfindung allenfalls durch lenkende Fragen unterstützen. So gut gemeint dieser Grundsatz seiner Idee nach ist, so schwierig ist es doch, immer diejenige Frage zu finden, die ein Kind wirklich bei seinen aktuellen Problemen abholt. Vielleicht erinnern Sie sich selbst noch an die quälend trockenen Fragestunden aus Ihrer Schulzeit, in denen die Lehrkräfte ein Wissen aus Ihnen herauskitzeln wollten, das Sie schlichtweg nicht besaßen! Solche „Unterrichtsgespräche" gleichen Ratespielen und führen nur zu Frust und Langeweile.

Bloß nicht: die Salamitaktik!

Eine besonders langweilige Form des Ratespiels ist die Salamitaktik, bei der Eltern die Lösung scheibchenweise verraten. Das sieht in etwa so aus:

Thomas schreibt. Seine Mutter entdeckt einen Fehler: „Du, schau dir noch mal das letzte Wort an. Siehst du da was?" – Schweigen – „Schau mal genau hin." – Schweigen – „Was ist das denn für ein Wort?" – Schweigen – „Das ist ein ...?" – Schweigen – „... ein Nomen. Und Nomen schreibt man ...?" – Schweigen – „... groß!"

Was meinen Sie, wie viel Thomas gerade gelernt hat? Und wie erschöpft die Mutter ist?

Aus dem Trainingsalltag: Max lernt, selbst Fragen zu stellen

Max (14) kannte beim Schreiben genau eine Frage: „Wie wird das geschrieben?" Damit zeigte er, dass er schon ein Gefühl für seine eigenen Unsicherheiten hatte, und das war gut. Leider übernahm er die vorgesagten Schreibungen, ohne weiter darüber nachzudenken, sodass er wenig hinzulernte. Ich begann daher, ihm Gegenfragen zu stellen – aber nicht zum Inhalt (wie bei der Salamitaktik), sondern so, dass er sich seine eigenen Denkprozesse bewusst machte: „Wo genau bist du dir unsicher? Zu welcher Schreibung tendierst du und warum? Wie könnte eine Lösung aussehen?" Mit der Zeit fand Max so einen neuen, strategischeren Zugang zur Schreibung und lernte gleich noch das Rechtschreibgespräch kennen.

Vormachen statt ausfragen

Damit Hilfestellungen tatsächlich wirken, braucht man viel Erfahrung und Verständnis. Eine viel leichtere und sehr effiziente Alternative ist es, die Übung mitsamt den Gedanken dahinter an einem Beispiel vorzumachen und anschließend nachahmen zu lassen. Dieses sogenannte „Lernen am Modell" (Bandura: „Sozial-kogntive Lerntheorie", siehe „Ausgewählte Literatur", Seite 258 ff.) ist eine höchst wirkungsvolle Lehrmethode, denn das menschliche Gehirn ist bestens dafür geeignet, Handlungen zu beobachten, im Geiste nachzuvollziehen und anschließend zu imitieren. Hierauf können Sie sich als Coach selbst mit dem Kapitel 4 vorbereiten.

> **Aus dem Trainingsalltag: Junus lernt die Kommasetzung**
>
> Junus war in der 7. Klasse und hatte nur halb verstanden, was ein Haupt- und was ein Nebensatz ist. Ich zeigte ihm an einem Diktattext den Nebensatz-Schnelltest (Seite 250): Bei der ersten Hauptsatz-Nebensatz-Verbindung kreiste ich das Einleitewort des Nebensatzes ein und zog eine Linie unter dem gesamten Teilsatz bis zum Verb am Ende, welches ich wieder einkreiste. Danach erklärte ich ihm die Idee dahinter und machte es ihm an zwei weiteren Beispielen vor. Nun bekam Junus den Stift in die Hand und konnte es selbst versuchen. Ich begleitete seine Überlegungen, bis ich mir sicher war, dass er die Grundidee verstanden hatte, dann ließ ich ihn allein weitermachen.

Hinweise geben, Denkzeit einräumen, Beispiele lösen

Wenn Ihr Kind Hilfe braucht, sind kurze, gut überlegte Hinweise auf die richtige Lösung durchaus angebracht, beispielsweise „Achtung, vergiss mir im Eifer die Groß- und Kleinschreibung nicht", „Versuch's doch mal mit der Erweiterungsprobe" oder „Ich überleg mir da immer Folgendes …".

- Gönnen Sie ihm anschließend jedoch Zeit zum Nachdenken und halten Sie auch mal eine Minute Schweigen aus, bevor Sie sich erneut einmischen.
- Ermutigen Sie Ihr Kind, laut zu denken und seine Überlegungen in Worte zu fassen. Dann verstehen Sie besser, an welcher Stelle es gerade hakt.
- Sollten Ihre Hinweise partout nicht zur Lösung führen, machen Sie es ein weiteres Mal vor und erklären Sie dabei, wie Sie vorgehen.
- Keine gute Hilfe ist es, sich von einer Frage zur nächsten zu quälen und die Lösung schließlich doch selbst zu verraten.
- Besser ist es, sich Fragen für diejenigen Dinge aufzusparen, die Ihr Kind auch weiß: Zum Beispiel „Wie sicher fühlst du dich mit der Übung?", „Wo siehst du noch Probleme?", „Was sollten wir noch einmal durchsprechen?". Bei allen inhaltlichen Fragen: Machen Sie die Lösung lieber ein weiteres Mal vor und kommentieren Sie dazu ihre eigenen Handlungen.

Gezieltes Feedback geben

Wenn Ihr Kind alte, intensiv gelernte Schreibschemata überwinden soll, braucht es neben Aufmerksamkeit und vielen Übungsbeispielen vor allem ein möglichst präzises Feedback von Ihnen. Denn dadurch schwächen Sie fehlerhafte Routinen ab und stärken erfolgreichere.

Richtiges Feedback macht den Rückschlag zum Erfolgserlebnis

Das erste Spezialthema, das Thomas und seine Mutter gemeinsam behandeln, ist die Schreibung des s-Lautes. Diese ist im Deutschen kniffelig, da zahlreiche Besonderheiten zu berücksichtigen sind (siehe Kapitel 4, Seite 215). Die beiden brauchen daher viele Trainingseinheiten, bevor Thomas sich sicher fühlt.

Wenige Tage später schreibt die Klasse ein Diktat, und Thomas ermahnt sich bei jedem s-Laut genau zu überlegen und erst dann zu entscheiden. Das kostet zwar Zeit und Konzentration, aber Thomas gibt seine Arbeit hoffnungsvoll ab.

Als Frau Burkhardt die Diktate drei Tage später zurückgibt, folgt die Ernüchterung: Thomas' Text ist wieder voller Fehler, denn im Eifer des Gefechtes hat er ganze Wörter ausgelassen und kaum an die Groß- und Kleinschreibung gedacht. Dass seine s-Schreibung tatsächlich gut gelungen ist, gerät völlig aus dem Blick. Frau Burkhardt, die von Thomas' Anstrengungen zum s-Laut nichts weiß, spricht natürlich nur die Fehler an, und Thomas sinkt mit jeder Erläuterung tiefer in sich zusammen. Was wird bloß Mama sagen?! Ist es nicht offensichtlich, dass er „einfach zu blöd" ist?

Wie verdutzt ist Thomas daher, als die Mutter ihn am Abend bei der Vorlage des Diktates anstrahlt und ihm gratuliert, dass er die s-Schreibung prima gemeistert hat. Bei der Besprechung des Textes fokussiert sie sich bewusst auf das, was sie gemeinsam geübt haben, statt sich um das Gesamtergebnis zu kümmern. Damit stärkt sie nicht nur seine Motivation, sondern versorgt sein Gehirn für die Teilhandlung „s-Schreibung" auch mit einem positiven, wenngleich späten Feedback.

Bei einem Rückschlag kommt es entscheidend auf Ihr Feingefühl als Coach an, ob Ihr Kind zurück in den Teufelskreis rutscht oder den nächsten Schritt hinaus schafft. Denn sein Gehirn festigt nur diejenigen Lernschemata, die mit Erfolg und positiven Emotionen assoziiert werden. Fokussieren Sie sich deshalb bei der Auswertung von Übungen nie ausschließlich auf die Fehler, sondern beachten Sie immer auch, was funktioniert hat! Ein fehlender Buchstabe ist schnell entdeckt, aber haben Sie auch die vielen Buchstaben bemerkt, die nicht fehlen?

Um neue Schreibschemata ausbilden zu können, benötigt Ihr Kind ein systematisches Feedback, welche Schreibstrategien es verstärken und welche es abschwächen soll. Zu oft fokussieren Eltern sich aber nur auf die Fehler und konzentrieren sich auf deren Abschwächung, statt die viel wirkungsvollere Macht der Verstärkung zu nutzen. Das ist, als würden Sie Ihrem Kind beim Sprechenlernen immer nur dann antworten, wenn Sie es nicht verstanden hätten. Meinen Sie, Ihr Kind würde dabei etwas lernen? Oder gar Spaß am Sprechen entwickeln?

Dass Kinder ihre Rechtschreibprobleme meist nur schwer überwinden können, liegt auch darin begründet, dass sie bei Schultests nur mit viel Verzögerung ein Feedback über gelungene und missglückte Teilhandlungen bekommen. Diese Rückmeldung bleibt somit sehr abstrakt. Den Kindern fällt es schwer, sich über die gelungene s-Schreibung zu freuen und das zugehörige Schreibschema zu verstärken, wenn sie gleichzeitig so viele Gründe haben, enttäuscht zu sein. Deshalb ist es eine der wichtigsten Aufgaben von Ihnen als Rechtschreib-Coach, die fehlende positive Rückmeldung aus dem Schulalltag nachzuliefern. Sie schaffen so Erfolgserlebnisse und erhalten damit die Bereitschaft ihres Kindes aufrecht, sich weiter anzustrengen. Das hat nichts mit Trost oder Aufmunterung zu tun, sondern Sie liefern das dringend benötigte Feedback, von dem jeder erfolgreiche Lernprozess Ihres Kindes abhängt!

Aus dem Trainingsalltag: Dina entdeckt, dass sie etwas kann

Die Klasse 9 d löste Groß- und Kleinschreibübungen im Internet. Bei Dina steckten Fehler in über achtzig Prozent der Übungssätze: „Sehen Sie, Herr Müller", sagte sie, „ich kann das einfach nicht!" Ich ging mit ihr die Sätze durch und sah, dass sie alle Gegenstände und Personen korrekt großgeschrieben hatte. Auch die Großschreibung der abstrakten Nomen hatte sie zumeist richtig gemacht. Nur bei der Nominalisierung von Verben und Adjektiven (dummerweise der Schwerpunkt der Übung!) hatte sie gepatzt. Als ich Dina zeigte, wie viel schon saß und wie systematisch ihre Fehler nur einen bestimmten Teilbereich betrafen, schöpfte sie neuen Mut und war bereit, die Übung noch einmal zu machen. Ergebnis: Halb so viele Fehler und eine Dina, die stärker an sich glaubte.

Richtig loben, richtig kritisieren

Die Misserfolgsspirale des Lernens (Kapitel 1, Seite 51 ff.) verdeutlicht, warum Sie bei Lob und Kritik so viel Fingerspitzengefühl benötigen. Denn beide Rückmeldungen wirken auf zwei Ebenen gleichzeitig:

- Lob und Kritik bilden das Feedback an das lernende Gehirn, welche Schemata gefestigt werden sollten und welche nicht.
- Gleichzeitig wirken sie auf die Motivation Ihres Kindes, sich mit dem Lerngegenstand weiter zu beschäftigen – oder aufzugeben.

Aus dieser Doppelfunktion ergibt sich, dass Lob vergleichsweise unkompliziert ist, denn hier spielen Rückmeldung und Leistungsmotivation einander in die Hände: Wenn Thomas auf seinem Arbeitsblatt eine richtige Entscheidung getroffen hat und seine Mutter ihn dafür lobt, stärkt das sein angewandtes Schreibschema und steigert sein Selbstvertrauen. Beides führt dazu, dass er im Training einen Schritt weiterkommt.

Was aber, wenn Fehler auftreten? Einerseits dürfen Falschschreibungen nicht verstärkt werden. Andererseits aber behindert negatives Feedback die Motivation. Deshalb gerät Thomas' Mutter bei einem Fehler ihres Sohnes in ein Dilemma: Weist sie ihn auf den Fehler unmittelbar hin, so tut sie das Richtige für die Entwicklung besserer Lernschemata, belastet damit aber sein Selbstwertgefühl. Verzichtet sie hingegen auf die kritische Rückmeldung, bleibt Thomas' Motivation erhalten, aber dafür sinkt der orthografische Lerneffekt.

Aus diesem grundlegenden Dilemma der Kritik gibt es keinen allgemein gültigen Ausweg. Hier ist vielmehr Ihr ganzes pädagogisches Geschick gefragt, denn Sie müssen entscheiden, was im Augenblick wichtiger ist: die Aufrechterhaltung der Motivation Ihres Kindes oder die unmittelbare Fehlerrückmeldung. Was aktuell das Beste ist, kann von Situation zu Situation unterschiedlich sein. Folgende Tipps helfen Ihnen dabei.

Machen Sie das Lob nicht zur Schleuderware!

Viele unerfahrene Eltern lösen das Dilemma der doppelten Wirkung von Lob und Kritik, indem sie einfach alles loben, was ihr Kind tut. Sie verabsolutieren die Kumpel-Rolle (vgl. Kapitel 2, Seite 69 ff.) und scheuen jedes kritische Wort. Damit vermeiden sie zwar kurzfristig das Risiko, das Selbstwertgefühl ihres Kindes zu belasten, aber sie nehmen ihm auch die Möglichkeit, zwischen günstigen und ungünstigen Schreibstrategien zu unterscheiden.

Für alles gelobt zu werden ist lernpsychologisch genauso unsinnig, wie für gar nichts gelobt zu werden. Darüber hinaus kann übergroßes Lob auch den Wert des Feedbacks senken, denn Kinder bemerken sehr rasch, welches Lob wirklich zählt: Würde Thomas' Mutter ihren Sohn beim Training ständig nur loben, er aber in der Schule dennoch nur Misserfolge erzielen, so wäre ihm schnell klar, dass das Lob der Mutter wenig zählt.

Dauerhafter Stolz auf die eigene Leistung entsteht nur, wenn man sich für den Erfolg auch anstrengen musste. Und nur in diesem Fall wirkt Lob auch langfristig positiv.

Nutzen Sie die positive Verstärkung

Lob nicht zu verschleudern, heißt aber auch nicht, damit unsinnig zu geizen! Gelungene Schreibungen sollten gewürdigt werden, denn positive Verstärkung ist eine der wirkungsvollsten Arten des Feedbacks überhaupt, und die sollten Sie nutzen. Weisen Sie Ihr Kind deshalb ausgiebig auf Schreibungen hin, die es richtig gemacht hat. Achten Sie dabei aber auf Verhältnismäßigkeit: Zu mancher richtigen Schreibung passt ein anerkennendes Lächeln besser als ein dreitägiger Festakt.

Kritisieren Sie, ohne zu entwerten

Kennen Sie das? Manchmal klingt eine Kritik aus dem Munde eines Kollegen wie ein Vorwurf, während man denselben Wortlaut aus dem Mund eines anderen vielleicht dankbar annehmen kann. Der Unterschied liegt in den Emotionen, die Lob und Kritik unweigerlich begleiten. Damit der Mensch Kritik annehmen kann, muss sie klar von persönlichen Gefühlen getrennt sein. Das ist beim Rechtschreibtraining oft leichter gesagt als getan: Schließlich sind Thomas' Rechtschreibfehler auch für seine Mutter frustrierend, und nicht immer kann sie so souverän reagieren, wie sie es sich wünscht. Statt eines neutralen Feedbacks wie „Oh, deine Konzentration ist erschöpft. Lass uns eine Pause einlegen" rutscht ihr ein vorwurfsvolles „Mensch, nun konzentrier dich doch mal richtig!" heraus.

Denken Sie immer an die Kardinaltugenden der guten Lehre und üben Sie sich in Verständnis und Geduld. Denn das sind die einzigen dauerhaft wirksamen Mittel, mit denen Sie sich von den eigenen Frustrationsgefühlen freimachen und die Kritik sachlich vortragen können, ohne Ihrem Kind einen Vorwurf zu machen.

> ## Aus dem Trainingsalltag: die unglaubliche Anna
>
> Anna ist Deutsch- und Musiklehrerin und beherrscht wie keine andere die Kunst der wertschätzenden Kritik. Immer wieder staune ich, wie sie ihren Schüler/-innen mit immer freundlichem Gleichmut, aber klaren Worten Rückmeldungen gibt. Ein Satz wie „Das hier war wirklich großer Mist!" klingt aus ihrem Mund so wohlwollend und verbindlich, dass ihre Schützlinge sich nie als Person abgelehnt fühlen, sondern die Kritik bereitwillig annehmen können. Von Anna habe ich gelernt, wie sehr der Ton die Musik macht und dass Kinder keine Samthandschuhe brauchen, solange sie nur wissen, dass die Beziehung stimmt.

Beschreiben, nicht bewerten

Damit eine Kritik nicht von Emotionen belastet wird, ist es hilfreich, den aktuellen Sachverhalt lediglich zu beschreiben: Wenn Thomas seiner Mutter den Übungstext zur Prüfung vorlegt, versucht sie, neutral zu beschreiben, was sie sieht, was ihr auffällt, weshalb sie hier großschreiben und dort ein Komma einfügen würde. Sie bahnt damit die notwendige Rückmeldung über Erfolg und Misserfolg an, ohne die Beziehungsebene zu ihrem Sohn zu belasten. Gleichzeitig profitiert Thomas davon, den Text mit den Augen seiner Mutter zu sehen und ihre erfolgreichen Rechtschreibstrategien vorgeführt zu bekommen.

Das beschreibende Feedback ist nicht immer einfach umzusetzen (orientieren Sie sich an Kapitel 4, um sich über Ihre eigenen Rechtschreibstrategien klar zu werden). Sobald Ihr Kind ahnt, dass Sie nur „um den heißen Brei herumreden", verliert die Strategie ihren Wert. Deshalb kann es in solchen Fällen durchaus sinnvoll sein, aufgetretene Fehler schlicht beim Namen zu nennen und die Kritik kurz und direkt zu halten. Allerdings münden Beschreibungen leichter in Rechtschreibgespräche und damit in eine der tragfähigsten Methoden des analytischen Rechtschreibtrainings. Versuchen Sie sich deshalb bewusst in der Kunst des beschreibenden Feedbacks.

> ## Aus dem Trainingsalltag: vom Feedback zum Rechtschreibgespräch
>
> Berit war in der vierten Klasse und übte Doppelkonsonanten – leider nicht besonders erfolgreich. Ich überlegte, wie ich ihr Feedback geben konnte, ohne sie zu frustrieren. Da sah ich, dass sie „Sonne" richtig geschrieben hatte, aber „sonnig" nur mit einem „n". Ich zeigte ihr diesen Widerspruch: Es könnte doch nur eine von beiden Schreibungen richtig sein. Das leuchtete ihr ein, und wir kamen ins Gespräch. Dabei entdeckte ich, dass sie den Zusammenhang von Vokalklang und Doppelkonsonant (vgl. Kapitel 4, Seite 215) nicht kannte und den Unterschied von langen und kurzen Vokalen auch nicht hörte. Für mich war klar: Die nächsten Sitzungen beginnen wir mit Hörübungen.

Trennen Sie Kritik an der Sache von Kritik an der Arbeitshaltung

Weil gutes Rechtschreibtraining gleichzeitig an den Inhalten und an der Aufmerksamkeit arbeitet, ist es wichtig, dass Sie auf beiden Ebenen Rückmeldungen geben. Dabei sollten Sie möglichst sauber trennen, wo es gerade gut oder weniger gut läuft:

- Fällt Ihr Kind aus Konzentrationsmangel in alte Schreibschemata zurück, ist ein kritisches Feedback zu seiner Aufmerksamkeit angebracht und eine Arbeitspause angeraten.
- Arbeitet es hingegen konzentriert und macht Fehler aufgrund einer problematischen Rechtschreibstrategie, dann gehört das Feedback

auf die Inhaltsseite. Führen Sie ein klärendes Rechtschreibgespräch oder machen mit einer leichteren Übung weiter.

Wenn Sie mit Verständnis und Geduld an den Lernprozessen Ihres Kindes teilnehmen, entwickeln Sie rasch ein Gefühl dafür, auf welcher der beiden Ebenen es bei Ihrem Kind gerade hakt. Je besser es Ihnen gelingt, das kritische Feedback auch genau dort anzusetzen, wo es hingehört, umso wirkungsvoller ist es und umso leichter kann Ihr Kind es annehmen.

Aus dem Trainingsalltag: Manchmal sind auch Niederlagen heilsam

Irina war in der siebten Klasse und erlebte das Rechtschreibtraining als notwendiges Übel. Deshalb wählte sie immer die schwersten Übungen, denn sie dachte, da wäre der Lerneffekt am größten und das Training entsprechend rasch vorbei. Ich ließ sie einige Male krachend scheitern (was ich bei anderen niemals getan hätte!), weil ich merkte, dass ihre Motivation davon nicht bedroht war. So erkannte sie, dass der Weg zu ihrem Ziel anders verlaufen musste, als sie anfangs gedacht hatte. Erst als ihr das klar wurde, war sie offen für meine Ratschläge.

Die zweischneidige Wirkung von Belohnung und Bestrafung

Der Einsatz von Lohn und Strafe hat in der Erziehung eine lange und unrühmliche Tradition. Dabei wird Bestrafung heute zu Recht allgemein abgelehnt – und zwar nicht nur weil sie ethisch problematisch ist, sondern obendrein auch, weil sie sich als wenig wirksam erwiesen hat: Viele Studien haben gezeigt, dass Strafen ein Kind zwar dazu bewegen können, eine erwünschte Handlung auszuführen oder eine unerwünschte bleiben zu lassen. Allerdings erlischt dieser Lerneffekt sehr rasch, wenn die Strafe nicht mehr droht.

Doch auch Belohnungen sind für das Lernen nicht immer hilfreich, wie der sogenannte „Korrumpierungseffekt" (vgl.: Lepper / Greene / Nisbett: „Undermining childrens intrinsic interest with extrinsic reward", siehe „Ausgewählte Literatur", Seite 258 ff.) beweist. So untersuchten Psycholog/-innen den Lernerfolg von Kindern, die für das Lösen einer Aufgabe eine Belohnung in Form von Süßigkeiten, Spielzeug oder sogar Geld erhielten. Eine andere Kindergruppe bekam für dieselbe Aufgabe lediglich ein positives Feedback. Das verblüffende Ergebnis: Die Belohnungsgruppe lernte nur am Anfang schneller, wurde aber bald von der unbelohnten Gruppe überholt. Viele Kinder hörten sogar ganz mit dem Lernen auf, wenn sie keine Belohnung mehr dafür bekamen. Die Kinder hingegen, die nur Lob bekommen hatten, blieben länger bei der Sache, entwickelten höhere Fertigkeiten und äußerten später eine größere Selbstzufriedenheit. Dieses Phänomen ist unter dem Namen Korrumpierungseffekt bekannt geworden und durch zahlreiche ähnliche Experimente bestätigt worden.

Der Korrumpierungseffekt zeigt, dass Belohnung ein zweischneidiges Schwert sein kann. Daher sollten Sie Ihr Kind nicht mit Versprechungen oder gar Strafandrohungen zum Rechtschreibtraining bewegen. Moderne therapeutische Ansätze raten stattdessen dazu, auf Selbstbelohnung zu setzen: Nichts belohnt schließlich so sehr, wie mit sich selbst zufrieden oder auf sich selbst stolz zu sein und diese Zufriedenheit und den Stolz auch in den Augen des Coaches gespiegelt zu sehen. Loben Sie Ihr Kind deshalb, wenn Sie mit seiner Konzentration oder seiner Arbeit zufrieden sind. Und wenn Sie ihm darüber hinaus auch ab und an mal ein Eis am Wochenende versprechen, so kann das die Motivation durchaus verstärken. Achten Sie aber darauf, dass der kleine Zusatzgenuss nicht zur „Bezahlung" wird, denn das würde unweigerlich den Korrumpierungseffekt auslösen.

Die Domino-Methode: eine einfache Möglichkeit für positives und negatives Feedback

Sollte die erlernte Hilflosigkeit tief sitzen und Ihr Kind ständig versuchen, aus dem Training auszubrechen, liefert die Domino-Methode eine einfache Möglichkeit der indirekten „Belohnung" und „Strafe". Das funktioniert so:

- Stellen Sie zehn Dominosteine auf den Tisch und erklären Sie Ihrem Kind, dass Sie immer, wenn es versucht, von der Rechtschreibung abzulenken, einen Dominostein umwerfen.
- Stehen am Ende des Trainings noch Dominosteine, gibt es am Abend die Lieblingsnudeln oder am Wochenende ein Eis oder etwas Ähnliches. Wenn nicht, dann nicht.

Der Vorteil dieses Vorgehens liegt darin, dass die umgeworfenen Dominosteine ein echtes negatives Feedback und damit eine verhaltensformende Rückmeldung darstellen. Aber die negative Konsequenz ist noch abwendbar: Ihr Kind hat weiterhin die Chance auf seine Belohnung und kann motiviert bleiben, sie sich zu verdienen. Auch sieht es anhand der Dominosteine, wie oft seine alten Vermeidungsreaktionen auftreten und wann es langsam eng wird mit dem Eis.

Mit zunehmendem Training verringern Sie die Anzahl der Dominosteine und steigern damit langsam den Trainingseffekt. Setzen Sie das Domino-System aber nur dort ein, wo Ihr Kind die Situation auch selbst in der Hand hat, also etwa bei Ablenkungs- oder Ausbruchsversuchen, niemals aber bei Fehlerzahlen! Denn Ihr Kind macht keinen Fehler freiwillig, und in dem Bereich sollten Sie nicht noch zusätzlichen Erfolgsdruck aufbauen.

Spickzettel: Begleite ich das Lernen meines Kindes richtig?

Je mehr Aussagen auf Sie zutreffen, umso besser sind Sie in Ihrer Rolle als Rechtschreib-Coach angekommen. Die anderen Aussagen zeigen Ihnen, wo Sie noch an sich selbst arbeiten können.

- ☐ Unsere Trainingsatmosphäre ist konzentriert und vertrauensvoll.
- ☐ Zum Anfang des Trainings treffen wir einige Absprachen und dann geht es los.
- ☐ Bei Problemen wendet sich mein Kind an mich und sucht meinen Rat.
- ☐ Ich gebe häufiger Antworten auf Fragen meines Kindes, als selbst Fragen zu stellen.
- ☐ Ich melde nicht nur Fehler zurück, sondern auch richtige Schreibungen und äußere Freude darüber.
- ☐ Bei der Auswertung ist mein Kind aufmerksam und reagiert auf Fehler herausgefordert, nicht deprimiert.
- ☐ Auch ich kann Fehler aushalten und verstehe bisweilen, wie sie zustande gekommen sind.
- ☐ Wenn es noch zu Ablenkungen kommt, habe ich Wege gefunden, entspannt, aber zielsicher zum Training zurückzuleiten.
- ☐ Oft weiß ich intuitiv, was in meinem Kind gerade vorgeht.

Meine Auswertung der Lernbegleitung meins Kindes:

Schritt 5: das Training langfristig begleiten

Wenn das Rechtschreibtraining Ihrem Kind etwas bringen soll, so sollten Sie beide sich darauf einstellen, dass Sie eine längere Zeit gemeinsam arbeiten müssen. Das ist völlig normal, doch sollten Sie als Coach wissen, dass es in so einem Training einige typische Phasen gibt. Sie zeigen Ihnen an, wie es um den Lernstand Ihres Kindes steht und wie weit es sich bereits entwickelt hat. Diese Phasen bieten Ihnen eine Orientierung.

Die fünf Phasen erfolgreichen Trainings.

Die fünf Phasen des Rechtschreibtrainings

Ein typischer Lernweg

Thomas' Lernfortschritt war tendenziell eher groß und dennoch dauerte es mehrere Wochen, bis sich die Erfolge auch in messbar weniger Fehlern niederschlugen, und etliche Monate, bis Mutter und Sohn seltener gemeinsam übten. Zu dieser Zeit schrieb Thomas noch keineswegs fehlerfrei, aber er hatte den Anschluss an das Rechtschreibniveau seiner Klasse wiedererlangt und an Konzentrationsfähigkeit gewonnen, sodass er die weiteren Schritte zunehmend eigenverantwortlich gehen konnte.

Bis zu diesem Zeitpunkt hatte das Training bereits vielfach seinen Charakter geändert. Die Zeit, die sich beide anfangs für Gespräche genommen hatten, zahlte sich später doppelt aus, weil Thomas in dieser Phase begriffen hatte, was in seiner Lernbiografie anders gelaufen war als bei seiner Schwester. Dieses Wissen nahm ihm eine gehörige Portion Selbstzweifel und ließ ihn, wenn schon nicht mit Elan, so doch mit Zuversicht ins Training starten. Da er darüber hinaus Kampfgeist und Erfolgshunger vom Basketball kannte und obendrein gern las, waren seine Voraussetzungen günstig.

Leider stellte sich heraus, dass Thomas' Schwierigkeiten sehr grundlegend waren und praktisch alle Bereiche der Rechtschreibung betrafen. Um daher eine solide Erfahrungsgrundlage zu schaffen, verwendeten die beiden lange Zeit vorrangig induktive, ganzheitliche Methoden und schrieben viele Laufdiktate. Der Rückschlag mit der s-Schreibung (Seite 97) blieb ihnen eine Lehre, nicht allzu rasch in die Einzelregeln zu wechseln, sondern dem sicheren, routinierten Schreiben viel Zeit einzuräumen.

Nach einigen Wochen war es aber auch Thomas' Wunsch, häufiger die Methoden zu wechseln, regelmäßig Arbeitsblätter und Internetübungen zu lösen und die dazugehörigen Regeln mit der Mutter zu besprechen. Sie achtete dabei auf methodische Vielfalt und hatte die typischen Verläufe, wie Rechtschreibung erworben wird (vgl. Kapitel 4), im Blick. So sorgte sie dafür, dass Thomas immer auf dem richtigen Schwierigkeitsniveau übte und die Schwierigkeit sich langsam steigerte. Dazwischen wechselten die beiden immer wieder zu freien Schreibübungen und Laufdiktaten zurück, um die erworbenen analytischen Routinen in den ganzheitlichen Schreibprozess einzubauen. Später versuchten sie sich ab und zu auch an orthografisch passenden Diktaten.

Mit der Zeit änderte sich die Zusammenarbeit der beiden: War es am Anfang unumgänglich gewesen, dass die Mutter die gesamte Trainingszeit neben Thomas saß, um für ihn da zu sein, so zog es Thomas später oft vor, nach einer kurzen Absprache zu Anfang lieber allein zu arbeiten und die Mutter erst zur Auswertung wieder herbeizurufen. Damit verschob sich auch die Rolle, die sie als Coach spielte: War sie zu Anfang eher Moderatorin und Animateurin gewesen, die auch mal energisch eingreifen und General spielen musste, so wurde sie im Laufe der Zeit immer mehr zur Gesprächspartnerin, mit der Thomas seine Gedanken teilte, Regeln erarbeitete und Strategien besprach.

Zum Ende der gemeinsamen Arbeit war das Rechtschreibgespräch zur häufigsten Arbeitsmethode geworden. Oft schrieben die beiden während des Trainings gar nicht mehr, sondern sahen stattdessen die Texte durch, die Thomas während des Tages in der Schule geschrieben hatte – eine Sache, die anfangs für ihn völlig undenkbar gewesen wäre! Seit er aber gelernt hatte, sich für seine Rechtschreibfehler nicht mehr zu schämen, sondern sie vielmehr als Aufgabe zu betrachten, erlebte er sie nicht mehr

> wie früher als Blamage, sondern entwickelte sogar einen gewissen Stolz, wenn er falsche Schreibungen in seinen eigenen Texten selbst aufspürte – hieß das doch, dass sein nächster Kompetenzschritt schon in Vorbereitung war.

Thomas' Lernweg ist insofern typisch, als sich darin die Phasen der Trainingsentwicklung niederschlagen, die die meisten Teams aus Kind und Coach ähnlich durchlaufen - wenngleich in ganz unterschiedlicher Geschwindigkeit. Auch bei Ihnen und Ihrem Kind könnte sich das Training etwa wie folgt entwickeln:

Phase 1: **Motivation aufbauen**
Sorgen Sie zuerst dafür, dass Ihr Kind das Training mit positiven Erfahrungen verknüpft, Erfolge erlebt und Freude beim Üben empfindet. Denn der schönste Trainingsweg nützt nur etwas, wenn Ihr Kind auch den Antrieb hat, ihn zu gehen.

Für Kinder mit starken Motivationsproblemen bilden Sprachspiele und Konzentrationsübungen einen ungezwungenen Einstieg ins Training. Nutzen Sie in den ersten Sitzungen ruhig die gesamte Zeit für Sprachspiele und gemeinsame Gespräche. Vereinbaren Sie nach geraumer Zeit erste ganzheitliche Übungen, die Ihr Kind selbst aussuchen darf. Besonders gut eignen sich Abschreibübungen, da sie leicht anwendbar sind und wenig Fehler verursachen. Sie können den Fokus auch bewusst auf die Schönschrift legen, statt auf die Rechtschreibung, falls das besser zu ersten Erfolgserlebnissen führt. Mit einem behutsamen Übergang zum Laufdiktat steigern Sie langsam den Schwierigkeitsgrad, ohne die nächsten Erfolgserlebnisse zu gefährden.

> ## Aus dem Trainingsalltag:
> ## Ben ist nur scheinbar hochmotiviert
> Ben fiel mir im Förderkurs der fünften Klassen auf, weil er sich immer die schwierigsten Aufgaben heraussuchte. Zunächst glaubte ich, er sei einfach unerhört motiviert. Mit der Zeit erkannte ich aber, dass das nur seine besondere Form der Misserfolgsabwehr war: Viele Kinder mit Versagensängsten suchen sich extrem schwierige Aufgaben, denn dann ist der Erfolg beim Gelingen um so größer, aber es ist auch keine Schande zu scheitern. Bens vermeintliche Motivation war also eher ein emotionaler Selbstschutz.

Phase 2: **Aufmerksamkeit lenken, Konzentrationsfähigkeit üben**

Ist die Motivation Ihres Kindes gesichert, sollten Sie vor allem die Aufmerksamkeit auf die Schreibung der Wörter lenken und die Konzentrationsfähigkeit trainieren. Die besten Methoden für diesen Schritt sind durchgängig induktiv und darauf ausgerichtet, dass Ihr Kind möglichst viele korrekte Schriftbilder bewusst wahrnimmt und sich so eine breite und solide Erfahrungsgrundlage schafft. Ausgezeichnet eignen sich Laufdiktate (Kapitel 3, Seite 148) dafür, da Sie diese je nach Laufweg unterschiedlich anspruchsvoll gestalten können. Richtig durchgeführt gewährleisten sie dennoch, dass Ihr Kind wenig Fehler macht und viele Erfolgserlebnisse sammelt.

Je geringer die Konzentrationsspanne Ihres Kindes ist, umso kürzer, aber auch um so häufiger sollten Sie trainieren. Setzen Sie außerdem auch immer wieder Sprach- und Bewegungsspiele ein und achten Sie auf genügend Pausen.

Phase 3: Trainingsvielfalt steigern

Haben Sie das gemeinsame Rechtschreibtraining einmal etabliert, sind zwar noch nicht alle Probleme gelöst, aber die größten Schwierigkeiten liegen hinter Ihnen. Denn wenn Ihr Kind regelmäßig und konzentriert Rechtschreibung übt, sind baldige Verbesserungen beinahe unausweichlich: Die ersten Lernfortschritte drehen die Misserfolgs- in eine Erfolgsspirale, und das Lernen beginnt, sich selbst anzuheizen.

Viele Kinder fangen in dieser Phase an, selbst Wünsche zu äußern, wie das Training gestaltet werden sollte. Sofern dabei keine methodische Monokultur entsteht und Ihr Kind sich keine übertrieben schwierigen Aufgaben stellt, sollten Sie diesen Wünschen ruhig folgen.

Auf dem Trainingsweg vom Ganzheitlichen zum Analytischen markiert die Frage „Warum wird das eigentlich so geschrieben?" einen Wendepunkt. Nun wird es sinnvoll, dass Sie gemeinsam in die Regeln der Rechtschreibung eintauchen (Kapitel 4) und häufiger analytische und deduktive Methoden verwenden.

Für einen Einstieg eignen sich Rechtschreibgespräche, mit denen Sie gemeinsam fragliche Schreibweisen untersuchen, Rechtschreibproben anwenden und passende Einsetzübungen in Arbeitsheften oder im Internet wählen.

Kehren Sie aber regelmäßig auch zu den ganzheitlichen Methoden zurück. Beim freien Schreiben oder einem Diktat verbinden sich die trainierten Einzelfertigkeiten zu einer übergreifenden Schreibkompetenz – und es entstehen Aha-Erlebnisse! Dieser Einbauschritt ist wichtig, da Ihr Kind sonst zum Arbeitsblatt-Profi wird, aber im Aufsatz versagt.

Phase 4: Systematik steigern

Sind Sie an einem Punkt angekommen, an dem sich induktive und deduktive Methoden in etwa die Waage halten, können Sie beginnen, sich mit den typischen Lernwegen der Orthografie zu beschäftigen (vgl. Kapitel 4). Denn der Aufbau unseres Rechtschreibsystems folgt einer gewissen inneren Logik und legt damit eine bestimmte Entwicklungsreihenfolge fest. Sie zu verstehen und zu verwenden setzt ein wenig grammatisches Wissen voraus. Die Rechtschreib-Regeln können Sie zusammen mit Ihrem Kind in Kapitel 4 nachschlagen.

Die Beschäftigung mit der Systematik ist für ein erfolgreiches Rechtschreibtraining aber nicht zwingend erforderlich. Verzweifeln Sie nicht, wenn Ihnen grammatische Fragen fremd sind und Sie wenig Lust haben, sich in die Grundgedanken unserer Rechtschreibung einzuarbeiten. Allerdings kann das Training bei Ihrem Kind wesentlich besser wirken, wenn Sie nicht nur die Regeln besprechen, sondern dabei auch die Gründe dahinter verstehen. Und was Sie Ihrem Kind vormachen, schaut es sich sehr wahrscheinlich bei Ihnen ab.

Phase 5: **Verantwortung abgeben**

Je selbstständiger Ihr Kind im Laufe des Trainings wird, umso stärker können (und sollten!) Sie sich zurückziehen. Eigenverantwortung ist nicht nur ein Ziel, sondern auch ein Bedürfnis nach Autonomie (vgl. Kapitel 2, Seite 74 ff.). Im Idealfall nutzen Sie die gemeinsamen Zeiten nur noch für Vor- und Nachbesprechungen, während Ihr Kind die vereinbarten Übungen allein löst. Eine Kontrolle, ob Ihr Kind auch wirklich ordentlich trainiert, sollte zu diesem Zeitpunkt nicht mehr erforderlich sein.

Mit zunehmender Trainingserfahrung kann auch der Wochenplan flexibler gestaltet werden, sodass Ihr Kind beispielsweise seltener, dafür aber länger trainiert. Diese Entwicklung sollten Sie nicht zu sehr beschleunigen, denn häufige Lernerfahrungen wirken nachhaltiger. Dennoch muss mit der Zeit auch Ausdauer trainiert werden, wenn Ihr Kind irgendwann einen ganzen Schulaufsatz in guter Rechtschreibung meistern soll.

Beachten Sie, dass je nach Charakter, Motivation und Vorlieben auch ganz andere Wege möglich sind: Vielleicht ist Ihr Kind stark analytisch veranlagt und möchte unbedingt Regeln lernen. Vielleicht hat es ein ausgeprägtes Autonomiebedürfnis und will partout nicht auf Ihre Vorschläge eingehen. In diesen Fällen ist es fast immer richtig, den typischen Weg zu verlassen und den Wünschen Ihres Kindes zu folgen. Denn solange die Motivation stimmt und Ihr Kind sich voller Aufmerksamkeit ins Training stürzt, ist die Methode zweitrangig.

Aus dem Trainingsalltag: Der Weg kann auch ganz anders verlaufen

Bei Nils kam die Motivation zum Schluss

Nils' Eltern fragten mich einmal zwischen Tür und Angel, was sie denn gegen die schwachen Rechtschreibleistungen ihres damals dreizehnjährigen Sohnes tun könnten. Ich empfahl ihnen Laufdiktate, aber sie taten etwas, das ich ihnen nie empfohlen hätte: Sie verdonnerten Nils zu täglich einem Laufdiktat – gegen alles Murren und Sträuben! Der Erfolg stellte sich wider Erwarten dennoch ein, und mit den ersten Fortschritten ebbte auch Nils' Widerstand ab. Dennoch würde ich Eltern niemals raten, es auf diese harte Tour zu versuchen. Immerhin: Nils wurde besser, und das merkte er selbst.

Sanja lernt die Rechtschreibung über das Lateinische

Sanja begann in der achten Klasse mit Latein, weil sie Ärztin werden und das Latinum machen wollte. Im Deutschunterricht fiel mir ihr neuer Wissensstand dadurch auf, dass Sanja plötzlich die Grammatik verstand und sicher Wortarten, Satzglieder und Nebensätze bestimmte. Dies veränderte auch ihre Rechtschreibwahrnehmung: Ohne zusätzliches Training mauserte sich die Qualität ihrer Texte – orthografisch wie inhaltlich! Entgegen dem typischen Lernweg kam sie von der deduktiven Grammatik zur induktiven Rechtschreibung.

Trainingsgeschwindigkeit und Lernerfolg

Auf die Frage, wie schnell Sie mit dem Rechtschreibtraining vorangehen können und wie viel Zeit Sie für welche Phase einplanen sollten, gibt es leider keine allgemeingültige Antwort. Denn vor allem Ihr Kind und seine Motivation bestimmen die Dauer des Trainingsprogramms.

Manche Kinder sind hochmotiviert, überspringen die erste Phase und durchqueren die zweite im Sturm - aber in der dritten bleiben sie plötzlich stecken und kommen nur schleppend voran. Andere Kinder scheinen beim Thema Aufmerksamkeit zu stagnieren - und plötzlich schießen ihre Leistungen durch die Decke! Bei anderen sitzt die erlernte Hilflosigkeit so tief, dass sie Monate brauchen, bis das Training überhaupt in Gang kommt. Und wieder andere lernen so gleichmäßig, als stiegen sie eine Treppe hoch ... Kinder sind immer individuell und etwas Besonderes, und das wirkt sich auch auf das Rechtschreibtraining mit Ihrem Kind aus.

Immerhin aber gibt es folgende Faktoren, die die Dauer des Trainings beeinflussen:

Alter zum Trainingsbeginn

Frühe Lernerfahrungen sind immer die prägendsten - nicht nur, weil die Lernfähigkeit mit zunehmendem Alter nachlässt, sondern auch, weil jede fehlerhafte Schreibung das falsche Lernschema festigt. Deshalb ist es ein großer Unterschied, ob Sie zwei oder fünf Jahre Rechtschreibschwierigkeiten ausgleichen müssen.

Motivation und Konzentrationsfähigkeit

Kinder, die mit großer Motivation das Training beginnen, haben die erste Phase bald hinter sich. Gelingt es ihnen dann auch noch, ihre Aufmerksamkeit zu bündeln, sind sie nach wenigen Sitzungen dort, wo andere erst nach vielen Monaten Arbeit landen.

Tiefe der Misserfolgsspirale

Je nach Persönlichkeit und Biografie erleben Kinder ihre eigenen Rechtschreibschwierigkeiten als unterschiedlich belastend und rutschen daher unterschiedlich tief in den Teufelskreis des Rechtschreibversagens. Wer viele Fehler macht, aber trotzdem weitgehend sorglos schreibt, muss zwar genauso viele Schreibschemata umlernen, wird dabei aber weniger von Versagensängsten geplagt und hat deshalb gute Chancen auf raschere

Lernfortschritte. Bei Kindern, die hingegen große Angst vor dem Misserfolg haben, brauchen Sie als Coach besonders viel Geduld in Phase 1.

Beziehung zur Rechtschreibung
Vielleser sind nicht zwangsläufig gute Rechtschreiber. Gleichwohl bildet jeder Text eine eigene Lernerfahrung. Ist es Ihrem Kind in Phase 2 gelungen, einen Teil seiner Aufmerksamkeit auf die Schreibung der Wörter zu lenken, findet es deren Regelmäßigkeiten bald auch beim Lesen wieder – ganz gleich, ob bewusst oder unbewusst. Aus diesem Grund machen Kinder, die viel und gern lesen, häufig raschere Fortschritte in Phase 3 als Kinder, die andere Hobbys bevorzugen.

Lernertypen
Menschen unterscheiden sich auch danach, welche Wahrnehmungskanäle sie bevorzugen: Die Lernpsychologie unterscheidet deshalb bisweilen zwischen eher visuellen Lernertypen, bei denen der Sehsinn sehr dominant ist, und eher akustischen Lernertypen, die stark über das Hören lernen. Meistens haben visuelle Lernertypen mit der Rechtschreibung am wenigsten Probleme. Von deren Wahrnehmungsstrategien können sich akustisch orientierte Lernertypen gut eine Scheibe abschneiden, indem sie lernen, die Wortbilder aufmerksamer zu betrachten und sich im Laufdiktat lieber das Gesehene als den Klang einzuprägen.

Auch die Frage, ob Ihr Kind lieber induktiv-ganzheitlich oder lieber deduktiv-analytisch arbeitet, macht einen Unterschied – besonders für Ihre Methodenauswahl (siehe Klassifizierung der Methoden in Kapitel 3). Wer gern und nachhaltig an Beispielen lernt, wird mit induktiven Übungen schneller vorankommen. Häufig sind das die eher musisch begabten Kinder. Wer hingegen Dinge gern begreift und Zusammenhänge durchschaut (und deshalb z. B. oft auch Spaß an Mathematik und Naturwissenschaften hat), profitiert mehr von deduktiven und analytischen Übungen.

Spickzettel: Die Selbsteinschätzung Ihres Kindes

Was kann es schon? Was fällt ihm leicht? Was braucht es noch? Gehen Sie zusammen mit Ihrem Kind die folgenden Aussagen durch und lassen Sie es die zutreffenden ankreuzen. Könnte Ihr Kind alle folgenden Aussagen markieren, wäre es ein idealer Rechtschreiblerner. Doch auch wenn es nur bei einigen ein Kreuzchen macht, sieht es, wo seine Stärken liegen und wo es noch etwas tun muss.

1. Motivation
☐ Ich möchte gern richtig schreiben können.
☐ Ich weiß, dass ich dafür üben muss, und bin bereit loszulegen.
☐ Ich habe mir vorgenommen, täglich einen Schritt zu tun und nächstes Jahr deutlich besser zu sein als heute.
☐ Ich freue mich darauf, in der Rechtschreibung sicherer zu werden.
☐ Ich schreibe gern und mag meine Handschrift.

Meine Auswertung der Motivation meines Kindes:

2. Aufmerksamkeit

☐ Ich kann mich gut auf die Übungen konzentrieren, wenn ich es mir vornehme.

☐ Ich schaue mir die Schreibung von Wörtern ganz bewusst an und versuche, sie mir einzuprägen.

☐ Ich wundere mich manchmal über die Schreibung von Wörtern und suche dann nach Erklärungen.

☐ Ich setze mich mit meinen eigenen Rechtschreibfehlern auseinander und versuche, mir die richtige Schreibung zu merken.

Meine Auswertung der Aufmerksamkeit meines Kindes:

....

3. Schreibschemata

☐ Ich entwickle so langsam ein Gefühl für die richtige Schreibung.

☐ Ich kenne in der Rechtschreibung sowohl meine Stärken als auch meine Schwächen.

☐ Ich kenne Faustregeln und Prüfstrategien für Fälle, in denen ich unsicher bin.

☐ Ich weiß, mit welchen Rechtschreibmethoden ich welche Fähigkeiten trainieren kann.

☐ Mich interessiert Rechtschreibung, und ich wüsste gern mehr darüber.

Meine Auswertung der Motivation meines Kindes:

....

Spickzettel: So wird Ihr Rechtschreibtraining zum Dauerbrenner

Ich habe
- ☐ die Motivation meines Kindes im Blick und bestärke es regelmäßig in seinen Zielen,
- ☐ einen übersichtlichen Trainingsplan, eine entspannte Arbeitsatmosphäre und einige lieb gewordene Rituale entwickelt,
- ☐ die beständige Arbeit an der Konzentrationsfähigkeit und die Aufmerksamkeitslenkung auf dem Schirm,
- ☐ eine Mischung aus ganzheitlichen und analytischen Übungsmethoden parat, aus denen ich ein abwechslungsreiches Training zusammenstelle,
- ☐ einen Blick für die Besonderheiten meines Kindes und seine aktuellen Bedürfnisse,
- ☐ einen Blick für meine eigene Rolle als Rechtschreib-Coach und die daraus erwachsenden Stärken und Schwächen,
- ☐ eine ungefähre Vorstellung, welche Rechtschreibbereiche mein Kind schon recht sicher beherrscht und welche noch nicht.

Auswertung meiner Coaching-Aufgaben:

Das Trainingstagebuch

In langfristigen Projekten wie dem Rechtschreibtraining verliert man manchmal den Weg aus den Augen - nach vorn wie nach hinten! Deshalb ist es für die langfristige Motivation überaus hilfreich, wenn die Trainingseinheiten dokumentiert werden. Bitten Sie Ihr Kind, Tagebuch über jede Trainingseinheit zu führen. Nutzen Sie dazu die folgende Kopiervorlage oder denken Sie sich gemeinsam eine eigene Vorlage aus. Wichtig ist, dass Ihr Kind darauf festhält, woran und mit welchen Methoden es gearbeitet hat und wie gut es gelaufen ist. Mit der Zeit sehen Sie, welche Methoden wie erfolgreich und motivierend für Ihr Kind sind.

Die Checkliste zum Trainingstagebuch

Inhaltlicher Schwerpunkt: Datum: _____
- ☐ Laute und Buchstaben
- ☐ Getrennt- und Zusammenschreibung Beginn: _____ Uhr
- ☐ Groß- und Kleinschreibung
- ☐ Zeichensetzung Ende: _____ Uhr

Verwendete Methode(n): Besonderheiten/Notizen:

Trainingserfolg	trifft voll zu				trifft gar nicht zu
Das Training heute ist gut gelaufen.	☐	☐	☐	☐	☐
Ich konnte mich gut konzentrieren.	☐	☐	☐	☐	☐
Ich habe etwas dazugelernt.	☐	☐	☐	☐	☐
Ich bin mit mir zufrieden.	☐	☐	☐	☐	☐

Meine Ideen fürs nächste Training:

Kapitel 3

Die Methoden im Überblick

Es gibt drei Gedanken, die Sie bei der Methodenauswahl und der Festlegung Ihres Trainingsplan berücksichtigen können: Erstens sind da fünf Anforderungen einer Übung an Ihr Kind, die für Sie als Coach wichtig werden und die sich stark auf den positiven Verlauf des Lernprozesses auswirken. Zweitens gibt es vier Methodengruppen, mit denen Sie Ihr Training gezielt ganzheitlich oder analytisch, induktiv oder deduktiv gestalten können - je nach dem aktuellem Lernstand und dem Trainingsbedarf Ihres Kindes. Drittens sind es die 16 einzelnen Methoden selbst, die Ihnen eine Vielzahl an Übungsvarianten bieten, von denen jede einzelne Vor- wie Nachteile hat.

1. Gedanke: die fünf Anforderungen an die Trainingsmethoden

Gutes Rechtschreibtraining muss viele unterschiedliche Anforderungen erfüllen, um gleichzeitig effektiv zu sein und Ihr Kind dennoch dauerhaft zu motivieren. Die wichtigsten fünf davon sind die folgenden:

1. **Natürlichkeit**: Das Training sollte dem „Ernstfall" so nahe wie möglich kommen. Rechtschreibübungen sollten also möglichst dicht am natürlichen Schreibprozess liegen.
2. **Berücksichtigung des Lernstandes**: Rechtschreibfähigkeiten erwirbt man Schritt für Schritt. Das Training sollte daher möglichst genau zum nächsten Lernschritt Ihres Kindes passen.

3. **Konzentration auf Einzelprobleme**: Um die Aufmerksamkeit zu bündeln, sollten im Training nicht unendlich viele Schwierigkeiten gleichzeitig lauern. Wenn Ihr Kind sich auf eine Aufgabe fokussieren kann, lernt es tiefer.
4. **Rasches Feedback**: Training ist immer auch Versuch und Irrtum. Damit daraus gutes Lernen wird, braucht Ihr Kind möglichst unmittelbare Rückmeldungen, was gut lief und was nicht.
5. **Kreativität**: Stumpfer Drill vertreibt die Aufmerksamkeit und behindert das Lernen. Anregende und interessante Aufgaben steigern die Motivation und erhöhen den Lerneffekt.

Es gibt leider keine Trainingsmethode, die all diese Anforderungen gleichzeitig erfüllt, sondern jede hat ihre eigenen Stärken und Schwächen.

Ein Beispiel einer analytischen Trainingsmethode:
„Die Einsetzübung"
Nehmen Sie etwa eine klassische Einsetzübung (analytische Methode) aus dem Arbeitsheft Ihres Kindes: Diese Methode erlaubt die volle Konzentration auf ein einziges Rechtschreibproblem. Deshalb können Sie sie genau dann einsetzen, wenn sie zum Lernstand Ihres Kindes passt. Einsetzübungen sind außerdem schnell korrigiert und ermöglichen Ihnen folglich, dass Sie Ihrem Kind eine rasche Rückmeldung geben. Andererseits sind sie ziemlich abstrakt und weit von der natürlichen Schreibsituation entfernt. Außerdem finden viele Kinder sie langweilig und uninteressant.

Ein Beispiel einer ganzheitlichen Trainingsmethode:
„Das freie Schreiben"
Genau umgekehrt liegt die Sache bei einer spannenden Aufgabe aus dem freien Schreiben (ganzheitliche Methode): Sie entspricht maximal dem natürlichen Schreibprozess und verlangt viel Kreativität. Dafür benötigt sie aber sämtliche Rechtschreibkenntnisse auf einmal und kann Ihr Kind orthografisch überfordern. Außerdem ist es schwieriger, ein rasches Feedback zu geben, ohne ständig den Schreibfluss zu unterbrechen.

Weil jede Methode ihre eigenen Stärken und Schwächen hat, beginnen die nachfolgenden Beschreibungen der Rechtschreibmethoden immer mit einem Überblick, welche Anforderungen von ihr gut bzw. weniger gut erfüllt werden. Das sieht für die beiden besprochenen Methoden Einsetzübung und Aufgabe des freien Schreibens z. B. folgendermaßen aus:

	Einsetzübung	Freies Schreiben
Natürlichkeit	+	+ + + +
Berücksichtigung des Lernstandes	+ + +	+
Konzentration auf Einzelprobleme	+ + + +	+
Rasches Feedback	+ +	+
Kreativität	+	+ + + +

Dabei steht ein Plus für „trifft kaum zu", vier Plus bedeuten „trifft voll zu". Die Kunst einer klugen Trainingsgestaltung besteht darin, die Methoden so auszuwählen, dass die Vorteile den aktuellen Bedürfnissen Ihres Kindes entsprechen und die Nachteile nicht so sehr ins Gewicht fallen.

2. Gedanke: die vier Gruppen von Trainingsmethoden

Trainingsmethoden lassen sich in vier Kategorien einteilen. Wenn Sie diese für Ihre tägliche Arbeit als Rechtschreib-Coach im Hinterkopf haben, fällt Ihnen die Auswahl der richtigen Methoden für Ihr Kind viel leichter.

Ganzheitlich oder analytisch?

1. **Ganzheitliche Trainingsmethoden** entsprechen dem Übungsspiel im Basketball. Sie nehmen die Rechtschreibung in ihrer vollen Komplexität in den Blick und erlauben damit sehr natürliche und motivierende Trainingssituationen. Sie bergen aber auch das Risiko,

dass sehr viele Fehler gemacht werden, weil sie komplex sind und noch nicht ohne Aufmerksamkeit funktionieren. Diesem Problem begegnen ganzheitliche Methoden durch diverse Hilfestellungen, indem sie die Komplexität der Aufgabe verringern, dafür aber an Natürlichkeit einbüßen.
2. **Analytische Methoden** nehmen Einzelprobleme in den Blick – so wie beim Basketballtraining die Abspiel- und Korbwurfübungen. Sie erlauben Ihnen eine hohe Systematik im Lernstoff, eine präzise Abstimmung auf den individuellen Lernstand Ihres Kindes und eine gezielte Erfahrungssteuerung. Kinder erleben sie aber häufig als trocken und künstlich. Damit analytisch gelernte Fertigkeiten ihre Wirkung entfalten, müssen Sie sie durch ganzheitliche Methoden ins Schreiben integrieren – wie im Basketball der eingeübte Korbwurf ins Spiel.

Induktiv oder deduktiv?

3. **Induktive Übungen** zielen immer auf unmittelbare Wahrnehmungs- und Schreiberfahrungen ab und kümmern sich wenig um die zugrunde liegenden Regeln. Sie sind leicht anwendbar und setzen wenig Wissen voraus. Außerdem erlauben sie sehr natürliche, abwechslungsreiche und kreative Aufgaben. Viele, aber nicht alle induktiven Methoden sind auch ganzheitlich.
4. **Deduktive Methoden** setzen demgegenüber auf die Anwendung von Wissen – sei es über gezielte Anwendung von Regeln, Rechtschreibgespräche oder Eselsbrücken. Deduktive Methoden ermöglichen eine hohe Systematik und können die Effizienz des Trainings wesentlich steigern. Sie erkaufen sich diese Vorteile aber mit eher künstlichen Trainingssituationen und deutlich höheren Anforderungen an das grammatische Wissen.

3. Gedanke: die vielen einzelnen Trainingsmethoden richtig einschätzen

Insgesamt stelle ich Ihnen 16 verschiedene Methoden für das Rechtschreibtraining vor. Mit dieser Auswahl mache ich in meiner schulischen Arbeit sehr gute Erfahrungen und kann sie auch für Ihr Coaching zu Hause empfehlen. Falls Sie weitere Methoden kennen oder gemeinsam mit Ihrem Kind neue erfinden möchten, um Ihr Training noch abwechslungsreicher zu gestalten und die Motivation Ihres Kindes immer wieder neu zu sichern, nur zu!

Welche Trainingsmethode Sie wann verwenden sollten, hängt von der aktuellen Lernsituation, den Vorlieben sowie den Bedürfnissen Ihres Kindes ab. Als Faustregel gilt: Sorgen Sie für eine gesunde Mischung, aber legen Sie den Schwerpunkt auf das, was Ihr Kind sich wünscht.

Von den Regeln der deutschen Rechtschreibung

Um sich selbst einen Überblick über die deutsche Rechtschreibung zu verschaffen, habe ich in Kapitel 4 „Unsere Rechtschreibung: Regeln verstehen, Lernwege planen" (Seite 209 ff.) diejenigen Rechtschreibregeln des Deutschen ausgewählt und kompakt zusammengefasst, die nach meinen Erfahrungen am besten weiterhelfen. Es gibt Ihnen einen guten Überblick über das komplexe Regelwerk. Diese Aufzählung ist nicht vollständig, denn sie setzt bewusst Schwerpunkte, die ich in meiner langjährigen Lehrtätigkeit im Fach Deutsch an weiterführenden Schulen herausgearbeitet habe. Hilfreich sind dort zudem die zusätzlichen Erläuterungen aus meiner Berufspraxis „Aus dem Trainingsalltag", die zusammenfassenden „Proben" sowie die vereinfachenden „Faustregeln" zu jeder Rechtschreibregel. Auch entferne ich mich - in dem einen oder anderen Fall - von den sprachlichen Begrifflichkeiten in anderen Dudenwerken und folge hier der Benennung, die sich an den Bezeichnungen in Schulbüchern unterschiedlicher Verlage und meiner eigenen Lehrmethodik orientiert.

Sie können dieses Kapitel natürlich für Ihr Training zusammen mit Ihrem Kind nutzen. Dazu eignen sich besonders die Methoden in Kapitel 3, Analytische Übungen: Einzelfertigkeiten trainieren" (Seite 168 ff.). Finden Sie auch hierbei gemeinsam mit Ihrem Kind heraus, wie Sie beide vorgehen möchten.

Und noch ein Wort zu Ihren eigenen Rechtschreibfertigkeiten. Nein, Sie müssen nicht perfekt sein. Jeder Mensch macht Rechtschreibfehler. Eltern - und auch wir Lehrer - sind nicht vollkommen. Das ist normal und für das Eltern-Coaching manchmal sogar sehr hilfreich. Sollten Sie also feststellen, dass Sie nicht - oder nicht mehr - alle in Kapitel 4 genannten Regeln beherrschen, ist das nicht schlimm. Denn so sind Ihr Kind und Sie auf dem besten Weg, sich gemeinsam einer neuen Herausforderung zu stellen, die Sie beide positiv fordern wird. Fragen Sie Ihr Kind, wie es die jeweiligen Lerninhalte und Regeln versteht und nähern sie sich gemeinsam schrittweise dem großen Ziel.

Wenn Sie zusammen mit Ihrem Kind üben und Ihnen unterläuft dabei selbst ein Fehler, rate ich Ihnen offen damit umzugehen. Bekennen Sie sich zu Ihrer Wissenslücke und gehen sie gemeinsam auf Forschungsreise. Ein guter Coach muss nicht alles wissen - er muss nur wissen, wie er ein Problem lösen kann. Und wenn Sie einmal gar nicht weiterkommen, verabreden Sie einfach, dass sich Ihr Kind diese Frage notiert und seine Lehrkräfte in der Schule danach fragt. Das geht immer und liefert Ihnen einen tollen Start für die nächste Trainingsrunde.

Spickzettel: Die richtige Methode wählen

- ☐ Die Wünsche Ihres Kindes haben Priorität, denn wenn es selbst etwas will, ist das lernpsychologisch immer ein Vorteil! Nur wenn es immer dieselbe Methode wählt, sollten Sie etwas Abwechslung vereinbaren.
- ☐ Ohne Motivation geht gar nichts. Ist Ihr Kind eher unmotiviert, verwenden Sie Übungen, die es interessant findet und bei denen es Erfolge erlebt.
- ☐ Ausgewogenes Training mischt ganzheitliche und analytische Übungen: Was im freien Text noch nicht funktioniert, wird im Rechtschreibgespräch untersucht, mit analytischen Übungen bearbeitet und für die nächste ganzheitliche Übung im Hinterkopf behalten.
- ☐ Rasche Erfolgsrückmeldung ist vor allem bei analytischen Übungen wichtig. Bei Übungen zum freien Schreiben dürfen Sie sich ruhig Zeit lassen.
- ☐ Die Berücksichtigung des Lernstandes hängt vor allem am Material: Lassen Sie Ihr Kind wählen, aber gehen Sie einige Stufen zurück, wenn Sie sehen, dass die Übung zu anspruchsvoll ist und noch zu viele Fehler verursacht.
- ☐ Induktiv orientierte Kinder wünschen sich viel Natürlichkeit, deduktiv orientierte viel Systematik. Vereinbaren Sie, dass nach zwei oder drei Wunschübungen Ihres Kindes eine folgt, die ihm weniger liegt.

Auswertung meiner Methodenwahl:

3. Gedanke: die vielen einzelnen Trainingsmethoden richtig einschätzen

Die 16 Methoden für das Rechtschreibetraining im Überblick

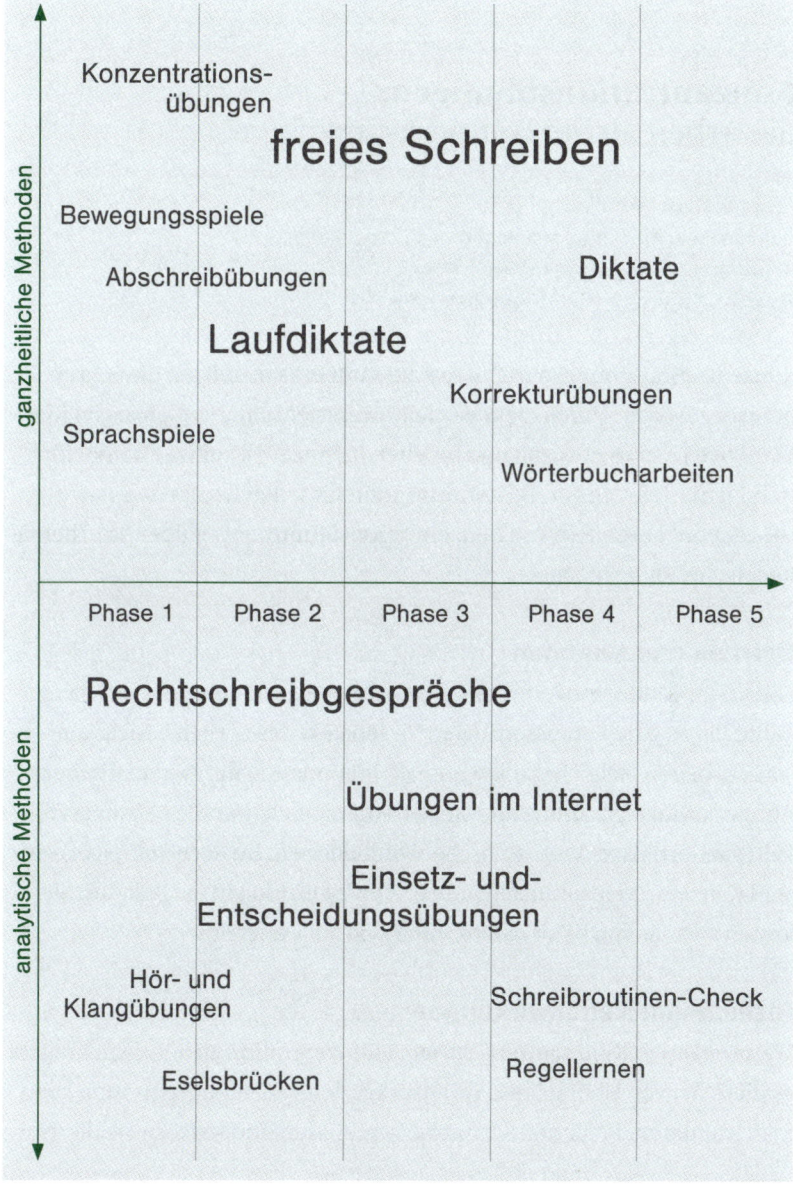

Aufmerksamkeits- und Motivationsübungen: solide Grundlagen schaffen

Konzentrationsübungen:
die Arbeit an der Aufmerksamkeit

Lernweg: **induktiv**
Natürlichkeit: + / Berücksichtigung des Lernstandes: + + /
Konzentration auf Einzelprobleme: + + /
Rasches Feedback: + + / Kreativität: + + +

Konzentrationsübungen trainieren die Aufmerksamkeit auf die Schreibung der Wörter. Durch diese vertiefte Wahrnehmung stoßen Sie im Kind induktive Lernprozesse an und bereiten in ihm ein intuitives Gefühl für richtige Schreibung vor. Da Konzentration für jeden Lernprozess wichtig ist, geht der Lerneffekt von Konzentrationsübungen weit über das Thema Rechtschreibung hinaus.

Stärken und Chancen
Sobald Ihr Kind seine Aufmerksamkeit fokussieren und dauerhaft halten kann, hat es gute Voraussetzungen für jede Art des Lernens. Nicht umsonst arbeiten viele Therapien und Meditationsstile mit systematischem Aufmerksamkeitstraining und steigern damit nicht nur die Leistungsfähigkeit, sondern auch das psychische Wohlbefinden. Im Rechtschreiberwerb sind Konzentrationsübungen immer eine Investition in die Zukunft: Sie kosten zwar anfangs Zeit, aber zahlen sich auf Dauer aus.

Risiken und Nebenwirkungen
Wenn es Ihrem Kind schwerfällt, seine Konzentration zu bündeln, braucht es diese Art von Übung umso dringender, denn auch Konzentration kann man trainieren. Beginnen Sie mit kurzen Phasen und steigern Sie die Trai-

ningslänge langsam. Machen Sie Ihrem Kind unterschiedliche Angebote und gehen Sie auf seine Wünsche ein.

Was sollten Sie beim Training beachten?
- Konzentrationsübungen eignen sich gut für kurze Phasen am Anfang und am Ende des Trainings sowie für den kleinen Übungssnack zwischendurch. Kurz und häufig ist effektiver als lang und selten.
- Dagegen sind sie nicht geeignet, wenn bei Ihrem Kind arbeitsbedingt die Aufmerksamkeit nachlässt. Schließlich erholt man sich auch vom Jogging nicht, indem man einen Sprint läuft. Nutzen Sie hier besser Bewegungspausen oder Entspannungsübungen.
- Bei Konzentrationsübungen sollte der spielerische Charakter nicht zu kurz kommen. Erlaubt ist alles, was Spaß macht. Positive Emotionen sorgen für einen ordentlichen Aufmerksamkeitsschub.
- Wenn Ihr Kind durch Kompetenz motiviert wird und Spaß an Wettkämpfen hat, können Sie Konzentrationsübungen zu kleinen Herausforderungen machen. Stoppen Sie z. B. die Lösungszeit und notieren Sie die täglichen Bestzeiten. Achten Sie aber darauf, dass die Lösungssorgfalt nicht leidet und Ihr Kind den Wettbewerb nicht als Stress empfindet.

Welche Varianten gibt es?
Konzentrationsübungen müssen nicht zwingend mit dem Schreiben zu tun haben, um positiv zu wirken. Dennoch sind sie am effizientesten, wenn sie Ihr Kind herausfordern, seine Aufmerksamkeit auf die Schreibung der Wörter zu lenken.

Auch die Konzentration auf das Layout von Texten (Schriftart, Schriftfarbe, grafische Elemente) lenkt den Blick auf die Rechtschreibung. Vielen Kindern macht es Spaß, bekannte Schriftzüge (z. B. Firmenlogos oder Bandnamen) vor dem inneren Auge zu sehen, sie zu beschreiben und anschließend mit dem Original zu vergleichen.

Wenn Ihr Kind Schwierigkeiten hat, körperlich zur Ruhe zu kommen, helfen Koordinationsübungen, bei denen es darum geht, mehrere Bewegungen gleichzeitig auszuführen. Beispiele finden Sie auf Seite 142.

Wo finden Sie weiteres Übungsmaterial?

Die meisten Konzentrationsübungen brauchen keine speziellen Materialien, sondern nur Ideen. Wenn Sie jedoch Diktat- und Übungstexte als Ausgangsmaterial verwenden, entlastet das im Voraus spätere Arbeitsphasen mit demselben Text.

Konzentrationsübungen speziell zum Thema Schreiben finden sich nur vereinzelt. Dafür widmen sich viele Websites und Sachbücher der allgemeinen Konzentrationssteigerung und bieten verschiedenste Übungsanregungen. Das Schüler-Journal „Learnattack" betreibt unter der Adresse https://learnattack.de/journal/konzentration-steigern-2/ einen Blog, der sich speziell an Schüler/-innen richtet und neben Übungen viel Wissenswertes zum Thema Konzentration und Lernen präsentiert.

Beispielübungen

Texte nach Vorgaben markieren (leicht)

Geben Sie Ihrem Kind einen Text aus der Zeitung oder einem Diktatheft und vereinbaren Sie eine der folgenden Aufgaben (steigende Schwierigkeit):
- Markiere alle Vorkommen des Buchstaben *d*.
- Markiere jedes *h*, außer in *ch* und in *sch*.
- Unterstreiche alle Artikel.
- Markiere jedes *ie* grün und jedes einfache *i* blau.
- Unterstreiche alle Substantive, vor denen ein Adjektiv steht, das sie näher bestimmt.

Wörter nach Vorgaben suchen (leicht bis schwer)

Stellen Sie Ihrem Kind die Aufgabe, ein oder mehrere Wörter aus dem Gedächtnis zu nennen (und aufzuschreiben), die bestimmte Eigenschaften haben, z. B.:

- Finde ein Wort mit *mm* (zunehmend schwer: *pp*, *aa*, *bb*, *zz*).
- Finde ein Wort mit zwei *ie* (zunehmend schwer: zwei *tz*, drei *h*, drei *rr*).
- Finde ein Wort, das mit demselben Buchstaben beginnt und endet.
- Finde ein Wort, das vier *e* enthält (zunehmend schwer: vier *a*, drei *p*, drei *x*).
- Finde ein Wort, in dem in jeder Silbe ein *e* vorkommt (zunehmend schwer: *r*, *k*, *v*).

Wörter vor dem inneren Auge sehen (mittelschwer)

Fordern Sie Ihr Kind auf, sich ein bestimmtes Wort im Schriftbild vorzustellen, und stellen Sie dazu Fragen:

- Wie viele Buchstaben hat das Wort *Tisch* (zunehmend schwer: *Papier, strecken, Schneemann, Kindergeburtstag*)?
- An der wievielten Stelle befindet sich ein *e* in dem Wort *Besen* (zunehmend schwer: *Zeigen, Pflege, verlieren, Wiesenblume, Seenplatte*)?
- Wie viele Buchstaben mit geschlossenen Schwüngen (so wie in *g* oder *d* oder *o*) kommen in dem Wort *Sand* vor und welche sind das (zunehmend schwer: *Fenster, Sahne, erzählen, Nachmittag, Küchenschrank*)?
- Welche Buchstaben ragen in dem Wort *Topf* nach unten über die Grundlinie hinaus? (zunehmend schwer: *Übung, Bagger, Doping, Doppeldecker*)?

Reimwörter finden (schwerer)

Lassen Sie Ihr Kind Reimwörter zu einem von Ihnen vorgegebenen Wort finden. Fragen Sie ggf. zusätzlich, ob die Reimsilbe gleich oder anders geschrieben wird als das Ausgangswort.
Welche Wörter reimen sich auf das Wort *Hase* (zunehmend schwerer, wenn Sie zusätzlich nach der Schreibung fragen: *fliegen, viel, Luchs, gähnen, froh*)?

Sprachspiele: das Handlungsfeld für Kreative

Lernweg: **induktiv**
Natürlichkeit: + / Berücksichtigung des Lernstandes: + + /
Konzentration auf Einzelprobleme: + / Rasches Feedback: + + /
Kreativität: + + + +

Sprachspiele wecken das Interesse an Sprache, entwickeln eine ungezwungene, spielerische Einstellung zur Rechtschreibung und steigern damit die Motivation. Einige Spiele fördern schon ihrer Natur nach die orthografische Genauigkeit - so etwa das klassische Kreuzworträtsel. Andere sind freier und benötigen daher etwas Betreuung.

Stärken und Chancen

Das Spiel ist die natürlichste und entspannteste Art des Lernens, weckt positive Emotionen und schafft angenehme Erinnerungen - all das, was rechtschreibschwache Kinder nicht mit dem Schreiben verbinden. Sprachspiele sind daher ausgezeichnet geeignet, fehlende Motivation anzukurbeln oder überschießende geistige Energie zu entladen. Das macht sie außerdem zu einem guten Schlussakkord des Trainings und steigert die Bereitschaft, zuvor das eher langweilige Arbeitsblatt zu beenden.

Risiken und Nebenwirkungen

Bisweilen wird der Spielspaß zum Bumerang, und Ihr Kind konzentriert sich im Eifer des Gefechts nur noch auf die kreative Lösung der Aufgabe statt auf die Rechtschreibung. In solchen Fällen dämpfen Sie den überschießenden Spieltrieb etwas und lenken die Aufmerksamkeit auf das gemeinsame Ziel zurück.

Was sollten Sie beim Training beachten?

- Setzen Sie Sprachspiele dort ein, wo ein Motivationsschub oder eine Auflockerung nötig sind. Dafür können Sie auch mal eine etwas höhere Fehlerrate in Kauf nehmen. Wägen Sie ab, was Ihr Kind gerade mehr braucht, die Genauigkeit oder die Motivation.
- Wenn Sie ein Sprachspiel als Einstieg nutzen, planen Sie Zeit ein, um nach Spielende wieder Ruhe und Konzentration in die Arbeit zu bekommen.
- Sprachspiele lassen sich leicht in den Alltag integrieren, auch außerhalb Ihrer festen Übungstermine: Verdrehen Sie Buchstaben in Werbeslogans, suchen Sie Reimwörter zu Hinweisschildern oder machen Sie aus den Buchstaben eines Kfz-Kennzeichens einen kleinen Satz. Seien Sie aber nicht zu ehrgeizig, wenn Ihr Kind sich auch mal mit etwas anderem als mit Buchstaben beschäftigen möchte.

Welche Varianten gibt es?

Die folgenden Beispiele sind allenfalls ein Ausschnitt aus den zahllosen Möglichkeiten, mit Sprache zu spielen. Mit etwas Fantasie finden Sie gemeinsam rasch zum eigenen Lieblingsspiel.

- **Kreuzwort- und Schreibrätsel:** Viele Zeitschriften drucken Kreuzworträtsel und andere Denkspiele ab, bei denen Wörter orthografisch korrekt in Lücken eingefügt werden müssen. Ihr Vorteil ist, dass sie Spaß machen und nur bei korrekter Rechtschreibung funktionieren.
- **Rhetorische Stilmittel:** Das Meiste, was Redner und Dichter als sprachlichen Schmuck verwenden, ist im Grunde ein Sprachspiel:

1. **Anagramm:** Bilden Sie aus den Buchstaben eines Wortes ein neues (Fantasie-)Wort.
2. **Akronym:** Bilden Sie aus Wörtern und Wortgruppen Kurzwörter (wie bei *Kriminalpolizei = Kripo, unbekanntes Flugobjekt = Ufo*), und umgekehrt für Abkürzungen und Kurzwörter neue Bedeutungen (z. B. *EDV = Ende der Vernunft* oder *TOP = Tee ohne Pause*).
3. **Alliteration:** Bilden Sie Wortfolgen oder Sätze, in denen möglichst viele Wörter mit demselben Laut anfangen (z. B. *frisch, fromm, fröhlich, frei; Otto mag Omas und Opas Ohren*).
4. **Reim:** Bilden Sie einen Satz, in dem möglichst viele Wortenden sich aufeinander reimen (z. b. *locker vom Hocker, du Rocker und Zocker; Wir werden die langen Schlangen ohne Zangen fangen*).

- **Textpuzzle:** Zerschneiden Sie einen beliebigen Text – z. B. aus der Zeitung oder einer Produktverpackung – in Wortgruppen und setzen Sie ihn auf möglichst kuriose Weise wieder zusammen. Das Ergebnis kann als Abschreibübung dienen.
- **Kommentarspiel:** Mit Klebezetteln werden kleine Bemerkungen an alle Gegenstände der Umgebung geheftet: An der Wohnzimmerlampe steht „Erleuchtung", am Fernseher klebt „Vor Gebrauch schütteln" und am Zimmer der Schwester „Vorsicht, bissiger Leopard!"
- **Gefüllte Kalbsbrust:** Ein Wort wird von oben nach unten auf ein Blatt Papier geschrieben und am rechten Rand erneut von unten nach oben. Jede Zeile hat nun genau einen Anfangs- und einen Endbuchstaben (s. u.). Finden Sie nun für jede Zeile ein passendes Wort. Die Schwierigkeit erhöht sich, wenn man die Buchstabenanzahl für jede Zeile festlegt.
- **Wortschlangen:** Ein Ausgangswort wird durch Anhängen immer weiterer Wörter immer länger. Jedes Zwischenergebnis wird aufgeschrieben. Erlaubt sind nur Lösungen, deren Sinn man noch erklären kann: Der Rattenpelzmantelreinigungsdienstraumschlüssel ist derjenige Schlüssel, der den Dienstraum für die Reinigung von Rattenpelzmänteln aufschließt. Raten Sie mal, wie der Anhänger an diesem Schlüssel heißt ...

Wo finden Sie weiteres Übungsmaterial?

Kreuzworträtsel und sprachliche Knobeleien finden Sie in vielen Zeitschriften. Sie sind zur Übung der Sprachfertigkeit ausgezeichnet geeignet. Auch die Übungsbücher der Bildungsverlage lockern ihr Trainingsangebot regelmäßig mit sprachlichen Spielen auf, deren Umfang in den Publikationen für jüngere Schüler/-innen besonders groß ausfällt.

Eine schier unerschöpfliche Menge unterschiedlichster Spielanregungen findet sich im Internet unter dem Suchbegriff „Sprachspiel", wobei sich jedoch nur ein Teil gezielt auf die Förderung der Schreibfähigkeit bezieht. Das ist in dem Buch „Die besten 50 Schreibspiele" von Birgit Ebbert bewusst anders, wo die Schreibaufgaben mit orthografischen Zielen verbunden werden.

Ein literarischer Klassiker unter den Sprachspielbüchern ist Franz Fühmanns „Die dampfenden Hälse der Pferde im Turm zu Babel". Ihm entstammt das berühmte Wort mit den sechzehn „e" ...

Beispielübungen

Textpuzzle (leicht)

Kopiere die folgenden Sätze auf ein Blatt Papier. Zerschneide sie anschließend in zusammenhängende Wortgruppen und lege daraus neue Sätze. Schreibe sie anschließend ab.

- Die ganze Klasse wusste Bescheid, obwohl angeblich niemand etwas verraten hatte.
- Du solltest jeden Tag spazieren gehen, weil du frische Luft brauchst.
- Er wird schon noch verstehen, was du ihm erklärt hast.
- Lisa wollte auf alle Fälle herkommen, wenn sie es zeitlich schafft.
- Frag ihn doch, wie er das meint und warum er es so ausdrückt.
- Max hat sich riesig erschreckt, als plötzlich die Hupe losging.
- Sie freuten sich auf morgen, weil gutes Wetter werden soll.

- Ich habe schließlich nur ausgesprochen, was alle gedacht haben.
- Nimm einen Regenschirm mit, weil es regnen könnte.
- Wer hätte denn ahnen können, was das gestern alles zu bedeuten hatte.

Wortschlange (mittelschwer)

Erweitere das folgende Wort Zeile für Zeile, sodass ein immer komplizierteres Nomen entsteht. Erkläre dabei in jeder Zeile die Bedeutung des Wortes.

Decke	[ein Gegenstand aus Stoff]
Kuscheldecke	[eine Decke, die zum Kuscheln da ist]
Kuscheldeckenfarbe	[die Farbe der Kuscheldecke]
Kuscheldeckenlieblingsfarbe	[die Lieblingsfarbe für Kuscheldecken] usw.

Blindes Galgenraten (mittelschwer)

Spielen Sie den Klassiker „Galgenraten" einmal, ohne das Lösungswort aufzuschreiben, sondern nur über die innere Vorstellung. Nennen Sie nur die Anzahl der Buchstaben des Ratewortes und lassen Sie sich Buchstabenvorschläge machen. Von jedem erratenen Buchstaben wird die Position zurückgemeldet, und langsam entsteht vor dem inneren Auge das gesamte Wort. Je länger es ist, umso schwieriger ist die Aufgabe.

Gefüllte Kalbsbrust (schwer)

In der folgenden Tabelle steht das Wort *Spielplatz* in der ersten Spalte und umgedreht noch einmal in der letzten. Ergänze die Tabelle so, dass in jeder Zeile ein Wort mit den vorgegebenen Anfangs- und Endbuchstaben entsteht.

S						Z
P						T
I						A
E						L
L						P
P						L
L						E
A						I
T						P
Z						S

Lösung auf Seite 203

Bewegungsspiele:
fehlende Konzentration wieder herstellen

> Lernweg: **induktiv**
> Natürlichkeit: + + / Berücksichtigung des Lernstandes: + + /
> Konzentration auf Einzelprobleme: - /
> Rasches Feedback: + + + / Kreativität: + + +

Bewegung verbessert das Lernen. Unzählige Experimente haben nachgewiesen, dass Lernen in Bewegung besser, tiefer und nachhaltiger funktioniert. Schon die alten Griechen wussten das und bauten in ihre philosophischen Schulen Wandelgänge statt Klassenzimmer. Die Reformpädagogik des 19. und 20. Jahrhunderts hat es ihnen nachgemacht und die Kinder aus der Schulbank befreit. Nutzen Sie den positiven Einfluss von Bewegung gezielt für Ihre Trainingspausen.

Stärken und Chancen
Bewegungsspiele und Bewegungspausen bringen den Lernprozess voran, sobald es irgendwo stockt. Sie frischen den Geist auf, sorgen für Sauerstoff im Blut und stellen verbrauchte Konzentrationsressourcen wieder her. Wer das Training regelmäßig mit Bewegungsspielen durchmischt, ermöglicht dem Kind ein effizienteres Lernen und steigert sein Wohlbefinden.

Risiken und Nebenwirkungen
Viele Kinder haben kein Problem, sich auszutoben, aber es fällt ihnen schwer, danach wieder zum konzentrierten Training zurückzufinden. Deshalb geben viele Eltern und Lehrer/-innen die Bewegungspause bald wieder auf, weil sie sich um die Einhaltung der Übungszeit sorgen. Besser ist es, zu Hause die Trainingsuhr während der Bewegungspause anzuhalten und auch für den Wiedereinstieg in die Arbeit bewusst etwas Zeit einzuplanen.

Was sollten Sie beim Training beachten?
- Gönnen Sie Ihrem Kind so viel Bewegung, wie es sich wünscht. Aber lassen Sie die Pause nicht auf Kosten der Trainingszeit gehen.
- Warten Sie nicht, bis Ihr Kind selbst nach einer Bewegungspause fragt. Sobald Sie merken, dass seine Konzentration nachlässt, ist es Zeit.
- Um zurück zum Training zu kommen, helfen Meditationsübungen (s. u.). Signalisiert Ihr Kind, dass es sich wieder konzentrieren kann, geht es weiter.

Welche Varianten gibt es?
- **Körperliche Verausgabung:** Liegestütze, Kniebeugen, Sit-ups und Sprints – es gibt unzählige Möglichkeiten, den Puls für einige Minuten hochzutreiben und dabei den Kopf freizupusten. Gerade sportbegeisterte Kinder schätzen kraft- und energiebetonte Übungen.
- **Balance- und Koordinationsübungen:** Stärker geistig fordernd, aber nicht weniger effektiv, ist alles, was die körperliche Geschicklichkeit fördert. Viele Yoga-Übungen schulen die Balance und stärken dabei die gesamte innere Muskulatur. Andere Bewegungsspiele fördern eher die Koordination von rechter und linker Körperhälfte. Formübungen aus asiatischen Kampfsportarten geben feste, präzise Bewegungsabläufe vor und fördern die Konzentration.
- **Meditationsübungen:** Kurios, aber wahr: Auch die rein geistige Bewegung fördert das Lernen. Atemübungen, autogenes Training und Körperscans wirken ähnlich positiv wie ausgiebige Bewegung – und bei ausreichend Übung sogar besser. Mit kleinen Hand- und Nackenmassagen lösen Sie körperliche Verspannungen und geistige Blockaden.

Wo finden Sie weiteres Übungsmaterial?
Die reichhaltigste Quelle für Bewegungsspiele ist das Internet – allerdings auch die chaotischste. Suchen Sie mit Begriffen wie „Bewegungsspiele" oder „Bewegungspausen" und probieren Sie nach Herzenslust aus, was Ihrem Kind gefällt.

Beispielübungen

Schreibkrämpfe lösen (sehr leicht)

Nehmen Sie eine saubere Küchenbürste und bürsten Sie die Handinnenfläche der Schreibhand Ihres Kindes in kräftigen, kreisenden Bewegungen aus. Beginnen Sie nur nicht zu sanft, sonst wird es leicht kitzelig. Steigern sie den Druck so lange, wie es für Ihr Kind noch angenehm ist.

Handmassage (etwas schwieriger)

Streichen Sie die Schreibhand Ihres Kindes (Handfläche nach oben) mit den Daumen von der Handwurzel in langsamen, fließenden Bewegungen in Richtung Daumen und Finger aus. Erhöhen Sie den Druck so weit, wie es für Ihr Kind noch angenehm bleibt. Kneten Sie den gesamten Handballen durch – auch mithilfe der Knöchel Ihrer Faust. Sie werden staunen, wie viel Druck Ihr Kind immer noch als wohlig empfindet. Nach einigen Minuten ist die andere Hand dran.

Handkoordination (mittelschwer)

Die rechte Hand macht eine Zeigegeste mit ausgestrecktem Zeigefinger, die linke macht gleichzeitig das Zeichen für „alles paletti" (Zeigefinger und Daumen bilden einen Kreis, alle anderen Finger sind entspannt und leicht gerundet). Nun wechseln die Seiten: die linke Hand macht die Zeigegeste, die rechte das Okay-Zeichen. Und wieder zurück. Und wieder zurück. Und schneller ...

> **Die Baumpose** (schwer)

Sie stehen entspannt und gerade auf beiden Füßen. Nun den linken Fuß anziehen und die Fußsohle oberhalb des Knies an den rechten Oberschenkel stemmen. Anschließend die Arme wie eine Baumkrone offen nach oben ausstrecken und ruhig stehen. Zu einfach? Dann langsam den Blick höher gleiten lassen, bis Sie direkt nach oben schauen. Immer noch zu leicht? Wiegen Sie sich wie eine Baumkrone nach links und rechts. Noch immer keine Herausforderung? Dann schließen Sie die Augen ...

Ganzheitliche Übungen: schreiben in (fast) allen Facetten

Abschreibübungen: der gefahrlose Einstieg

> Lernweg: **induktiv**
> Natürlichkeit: + + + / Berücksichtigung des Lernstandes: + + /
> Konzentration auf Einzelprobleme: + / Rasches Feedback: + / Kreativität: +

Abschreiben wird in der Schule oft ausgerechnet dort praktiziert, wo es am wenigsten nützt: bei der Sicherung von Merksätzen, Definitionen oder Lernergebnissen im Arbeitsheft. Dabei liegt die große Stärke des Abschreibens in der Übernahme der Form, während der Inhalt oft gar nicht recht wahrgenommen wird. Doch was für Mathe, Geschichte und Naturwissenschaften problematisch ist, stellt für rechtschreibschwache Kinder eine echte Chance dar, weil bei diesen Übungen die Schreibung ins Zentrum der Aufmerksamkeit rückt.

Stärken und Chancen

Abschreibübungen bilden die einfachste Methode, um Wortbilder in den eigenen Schreibprozess zu übernehmen und dabei induktiv ihre Regelmäßigkeiten zu lernen. Die Aufmerksamkeit wird nicht durch zusätzliche Aufgaben abgelenkt und kann voll auf den Schreibprozess gebündelt werden. Das macht Abschreibübungen für Trainingsanfänger attraktiv – besonders wenn es Ihrem Kind noch schwerfällt, die Buchstaben sauber zu Papier zu bringen, oder wenn die Angstschwelle sehr hoch ist. Außerdem dienen Abschreibübungen als Konzentrationstraining und helfen dabei, Ruhe in die Arbeit zu bekommen. Manchmal erleben ausgerechnet nervöse Kinder den gleichmäßigen Schreibfluss als beruhigend und meditativ.

Risiken und Nebenwirkungen

Ohne Konzentration auf die Schreibung werden Abschreibübungen entweder zum inneren Diktat oder zur geistlosen Kopie. Das erstere Problem erkennt man an plötzlich auftauchenden Rechtschreibfehlern, das letztere an ausgelassenen Wörtern. Weisen Sie Ihr Kind auf die Fehler hin und/oder machen Sie eine Pause. Klagt Ihr Kind über Unterforderung, sollten Sie den Schwierigkeitsgrad steigern und zum Laufdiktat wechseln.

Was sollten Sie beim Training beachten?

- Ziel der Abschreibübung ist ein orthografisch tadelloser Text! Das gelingt nur, wenn Ihr Kind genau hinsieht und dauerhaft konzentriert bleibt. Beginnen sich die Fehler zu häufen, ist eine Pause oder ein Methodenwechsel angebracht.
- Vermeiden Sie Zeitdruck. Vereinbaren Sie eine bestimmte Übungszeit und keine bestimmte Textlänge. Andernfalls riskieren Sie, dass Ihr Kind ungenau arbeitet, um rasch fertig zu werden.
- Setzen Sie Ihrem Kind das Ziel, nicht nur richtig, sondern auch schön zu schreiben: Aus der Gestaltpsychologie wissen wir, dass sich ästheti-

sche Formen besser einprägen. Außerdem steigert eine schöne Schrift die Zufriedenheit mit der Arbeit.
- Kinder, die Angst vor Misserfolgen haben, halten lange am Abschreiben fest. Vereinbaren Sie nach einer Weile einen langsamen Übergang zum Laufdiktat, indem Sie die Textvorlage immer weiter vom Schreibtisch weg platzieren.

Welche Varianten gibt es?

- **Abschreiben als Handschriftentraining:** Manche Kinder lieben es, sich eine eigene, individuelle Handschrift auszudenken. Lassen Sie Ihr Kind mit der Form der Buchstaben experimentieren und bewusst einmal breit und gedrungen, steil und gerade oder in vollen Schwüngen schreiben. Ein Kind, das seine Handschrift mag, schenkt der Wortschreibung automatisch mehr Aufmerksamkeit.
- **Abschreiben als Textgestaltung:** Die positive Wirkung des ästhetischen Schreibens lässt sich noch steigern, indem Sie Ihr Kind den Text grafisch als Plakat oder Grußkarte gestalten lassen. Es gibt kaum einen unbeschwerteren Grund zum Schreiben, als den kreativen Blick des zukünftigen Designers zu proben.
- **Abschreibübungen am PC:** Manche Kinder schreiben lieber mit der Tastatur. Der Trainingseffekt ist dabei ähnlich, sodass Sie Ihrem Kind gern diese Freiheit lassen können. Allerdings ist Schreiben von Hand in der Schule noch unvermeidlich und sollte trainiert werden. Wechseln Sie also auch immer wieder zur Handschrift zurück.

Wo finden Sie weiteres Übungsmaterial?

Abschreibübungen sind dem Material nach anspruchsloser als jede andere Trainingsform, denn sie setzen im Grunde noch nicht einmal das Verständnis des Textes voraus. Allerdings eignen sich Texte besonders gut, die auf den aktuellen Rechtschreibschwerpunkt zugeschnitten sind. Deshalb sind Duden-Diktatsammlungen eine gute Wahl: Die Textlänge ist überschaubar, übermäßig komplexe Schreibungen fehlen und der aktuelle Übungsschwerpunkt Ihres Kindes kann vertieft werden.

Nur bedingt sinnvoll ist es, zur Vorbereitung von Tests oder Klassenarbeiten den zugehörigen Lehrbuchtext abschreiben zu lassen. Zwar trainiert Ihr Kind damit den Wortschatz, den es in der Arbeit brauchen wird, aber der Inhalt wird sich dabei kaum festigen. Denn wer Abschreibübungen wirklich konzentriert erledigt, weiß danach nur wenig vom Textinhalt.

Beispielübungen

Auswahlschreiben (sehr leicht)

Wähle dir einen Text aus deinem Deutschbuch und schreibe alle Nomen heraus. Du erkennst sie an der Großschreibung. Überlege anschließend, welche Wörter du ohne Vorlage vielleicht falsch geschrieben hättest, und unterstreiche die richtige Schreibung.

Ein Frühlingsgedicht (leicht)

Schreibe das folgende Gedicht von Eduard Mörike ab. Gestalte den Text so, dass ein Plakat entsteht, dem man die Schönheit des Frühlings schon von Weitem ansieht.

Er ist's
Frühling lässt sein blaues Band
Wieder flattern durch die Lüfte;
Süße, wohlbekannte Düfte
Streifen ahnungsvoll das Land.
Veilchen träumen schon,
Wollen balde kommen.
– Horch, von fern ein leiser Harfenton!
Frühling, ja du bist's!
Dich hab' ich vernommen!

Abschreibübung – Diktattext zu *eu*/*äu* (mittelschwer)

Schreibe den folgenden Text ab. Achte besonders auf die Schreibung von *eu* und *äu*.

Eine Landpartie
Viele Leute lieben die Stadt und interessieren sich nur wenig für das Leben auf dem Dorf. Aber wer sich einmal aufmacht, um mit Freunden das Umland zu erkunden, trifft häufig auf Überraschungen. Malerisch stehen die Häuser und andere Gebäude in der Landschaft, umgeben von Obstbäumen, wilden Sträuchern und weiten Wiesen. Von fern hört man das Läuten der Kirchenglocken, und auf den Weiden hinter den Zäunen grasen Kühe und Pferde. Aus der Scheune duftet es nach Heu und Getreide, und am Fluss werden Fische geräuchert. Scheu huschen ein paar Mäuse über den Weg, und die Hühner picken nach den verstreuten Körnern. Wer will, kehrt in der nächsten Gaststube ein, um ein Schnitzel oder ein Omelett mit Kräutern zu essen, was oft noch nicht einmal teuer ist. Und wer sich bis zum Abend Zeit nimmt, hört vielleicht sogar die Eule oder das Käuzchen rufen. Es passiert nur äußerst selten, dass man von der Landpartie zurückkommt und nichts Neues erlebt hat.

Abschreibübung aus einem Buch (schwerer)

Wähle dir ein Kapitel aus einem Buch, das du besonders magst, und schreibe die ersten drei Absätze auf ein liniertes Papier. Achte auf eine gleichmäßige, gerade Schrift und schreibe möglichst immer bis zum Zeilenende, aber niemals über den Rand.

Laufdiktat: der skalierbare Alleskönner

Lernweg: **induktiv**
Natürlichkeit: + + + / Berücksichtigung des Lernstandes: + + /
Konzentration auf Einzelprobleme: + /
Rasches Feedback: + / Kreativität: + +

Laufdiktate haben außer dem Namen fast nichts mit Diktaten gemeinsam, sondern ähneln eher den Abschreibübungen. Die Grundidee ist ganz einfach: Legen Sie den Diktattext in einigen Metern Entfernung vom Schreibplatz Ihres Kindes auf einen Tisch. Ihr Kind schreibt diesen Text ab, indem es zum Diktattext läuft, sich die ersten Wörter mitsamt ihrer Schreibung häppchenweise einprägt, sie im Gedächtnis zu seinem Arbeitsplatz trägt und dort zu Papier bringt. Ist die eingeprägte Wortgruppe aufgeschrieben, zieht es wieder los, um sich die nächsten Wörter zu holen, und immer so weiter, bis der ganze Text abgeschrieben ist.

Der eigentliche Lerneffekt des Laufdiktates geschieht weder beim Lesen noch beim Schreiben, sondern auf dem Weg dazwischen! Denn in dieser Zeit muss Ihr Kind das gesehene Schriftbild im Gedächtnis behalten. Das schult die Konzentration und die Wahrnehmung von Schreibungen – und damit exakt das, was Kinder mit guter Rechtschreibung so sicher macht!

Stärken und Chancen
Viele glauben es nicht, bevor sie es nicht selbst erlebt haben: Wer regelmäßig Laufdiktate schreibt, entwickelt langsam, aber sicher ein unbewusstes Gespür für richtige Schreibungen. Laufdiktate sind damit ein idealer Begleiter in frühen und mittleren Trainingsphasen, denn sie kommen praktisch ohne Regelkenntnisse aus und behandeln die Rechtschreibung dennoch ganzheitlich und auf allen ihren Ebenen.

Risiken und Nebenwirkungen
Die beinahe einzige Gefahr des Laufdiktates ist der Selbstbetrug: Beim Laufdiktat geht es um das Auge, nicht um das Ohr! Wer nur den Klang der

Wörter zum Schreibtisch trägt statt das Schriftbild, schreibt im Grunde ein Diktat und erbt damit dessen Risiken. Damit das Laufdiktat seine segensreiche Wirkung entfalten kann, sollte Ihr Kind unbedingt versuchen, die Buchstaben und ihre Abfolge vor dem inneren Auge zu sehen und diese Wahrnehmung aktiv zu halten.

Was sollten Sie beim Training beachten?
- Laufdiktate sind ausgezeichnet skalierbar: Je weiter Textvorlage und Schreibtisch auseinanderliegen, umso höher sind die Anforderungen an die Konzentration. Vereinbaren Sie einen Abstand, der eine Herausforderung darstellt, aber noch keine Fehler verursacht.
- Veranlassen Sie Ihr Kind, das Schriftbild wirklich vor dem inneren Auge zu sehen. Einige Wahrnehmungspsychologen empfehlen dafür sogar einen bestimmten inneren Ort: leicht oberhalb des geistigen Wahrnehmungshorizontes – so, als würde das Wort im oberen Gesichtsfeld vor Ihnen schweben.
- Setzen Sie als Trainingsziel eine bestimmte Arbeitszeit, niemals eine bestimmte Textmenge, sonst neigen Kinder dazu, sich zu große Textblöcke auf einmal merken zu wollen, um rascher fertig zu werden. Das führt zum Schreiben nach Gehör und jeder Menge Zusatzfehler.
- Laufdiktate sind wirklich anspruchsvoll, wenn man sie ernst nimmt. Prüfen Sie regelmäßig, ob Ihr Kind anfängt, wieder nach Gehör zu schreiben, denn dann tauchen plötzlich Fehler im Text auf. Sprechen Sie darüber und vereinbaren Sie notfalls kürzere Trainingszeiten oder häufigere Pausen.
- Wie bei der Abschreibübung sollte das Ergebnis des Laufdiktates nicht nur orthografisch richtig sein, sondern auch ein ästhetisch schönes Schriftbild aufweisen, was lernpsychologische Vorteile mit sich bringt und die Motivation anheizt.

Welche Varianten gibt es?
Alle Übungen, in denen Schriftbilder von A nach B getragen werden, folgen der Logik des Laufdiktats. Lassen Sie Ihr Kind in der gesamten Wohnung

nach Wörtern mit *ß* oder *ck* suchen und am Arbeitsplatz sammeln. Möglich ist auch, nur bestimmte Textteile der Vorlage aufzuschreiben, beispielsweise alle Nominalgruppen, falls Sie sich gerade mit Groß- und Kleinschreibung beschäftigen. Um den Blick zu schulen und dabei das Gehör auszuschalten, können Sie auch zeitweise fremdsprachliche Schriftzeichen für ein Laufdiktat verwenden, was Kinder oft spannend und motivierend finden.

Wo finden Sie weiteres Übungsmaterial?
Ähnlich wie die Abschreibübungen sind Laufdiktate dem Material nach sehr anspruchslos, können aber durch Nutzung von Diktattexten profitieren, weil so der Schwierigkeitsgrad überschaubar bleibt und Sie einen bestimmten Übungsschwerpunkt auswählen können. In den Sammlungen „150 Diktate" von Duden oder „10-Minuten-Training" von Klett werden die zentralen Übungswörter des Textes farbig hervorgehoben, was die Aufmerksamkeit des Kindes auf den aktuellen Schwerpunkt lenkt. Das ist für Trainingsanfänger sehr hilfreich, während Fortgeschrittene lieber auf solche Hinweise verzichten. Für sie passt die Sammlung „Diktate" des Hauschka-Verlages besser, in der auf schwierige Wörter erst am Ende des Textes hingewiesen wird.

Wie bei der Abschreibübung lassen sich auch Lehrbuchtexte für Laufdiktate verwenden. Aber glauben Sie nicht – ja hoffen Sie es nicht einmal –, dass dabei allzu viel Inhalt hängen bleibt, denn beim perfekten Laufdiktat liegt alle Konzentration auf der Schreibung, nicht auf dem Inhalt.

Auf meiner Internetseite www.orthografietrainer.net gibt es unter dem Menüpunkt „Diktattraining" eine automatisierte Übungsmöglichkeit, die der Logik des Laufdiktats folgt, eine automatische Textkorrektur beinhaltet und so das Problem des verzögerten Feedbacks umgeht. Zur Nutzung ist keine Anmeldung erforderlich.

Beispielübungen

Das Haustier (sehr leicht, Schwerpunkt: lange und kurze Vokale)

Viele Kinder wünschen sich Haustiere. Besonders beliebt sind Hunde, Katzen, Kaninchen und Meerschweinchen. Aber ein Haustier zu besitzen ist auch eine große Verantwortung. Denn jedes Tier braucht täglich Futter und eine ganz bestimmte Pflege. Zum Beispiel müssen Hunde täglich mehrmals ausgeführt werden. Und Katzen brauchen stets eine saubere Toilette, um sich wohl zu fühlen. Deshalb solltest du dir gut überlegen, ob du die Arbeit wirklich auf dich nehmen willst. Aber wenn du dich dafür entscheidest, kannst du Freunde fürs Leben gewinnen.

Das Nudelrezept
(leicht, Schwerpunkt: Groß- und Kleinschreibung von Nomen)

Nudeln mit Tomatensoße sind ein beliebtes Gericht bei Kindern und Erwachsenen. Doch weißt du auch, wie man Tomatensoße kocht? Das ist ganz einfach, denn du brauchst nur eine große Büchse Tomaten, eine Zwiebel, etwas Sahne und ein paar Gewürze. Schneide zuerst die Zwiebel in kleine Würfel und gib sie mit den Büchsentomaten in einen Topf. Gib etwas Salz und einen Löffel Zucker dazu und lass die Tomaten langsam einkochen. Inzwischen werden auch die Nudeln in Salzwasser zubereitet. Wenn die Tomaten zu einem dicken Brei verkocht sind, gib zwei Tassen Sahne dazu und verrühre alles kräftig. Nun kannst du mit Salz, Pfeffer und Kräutern abschmecken und die Soße zusammen mit Käse und Nudeln anrichten. Deine Familie und deine Freunde werden begeistert sein.

Das Maifest (mittelschwer, Schwerpunkt *ei /ai*)

Wenn im Mai die Bäume wieder grünen und die Sonne scheint, möchte jeder gern im Freien sein. In vielen Breiten ist es nun Zeit für das Maifest. Dann strömen die Menschen auf den Wiesen und in den Hainen zusammen, um ausgelassen miteinander zu feiern. Reihen von Tischen und Stühlen stehen bereit, die Festwiese ist prächtig geschmückt und bis ins kleinste Detail vorbereitet. Reisende Musiker mit Gitarre, Geige und anderen Saiteninstrumenten spielen zum Tanz auf und bald schon wiegen sich die Paare im Reigen der Musik. Leckere Speisen, die in den Tagen zuvor zubereitet wurden, schmücken die Festtafel: Feine Maiskuchen und Zimtplätzchen stehen neben Teigtaschen und eingelegten Gemüsen. Natürlich dürfen auch ein Laib Brot und anderes Backwerk aus Getreide nicht fehlen. Und wenn dann die Feier bei heiteren Gesprächen und einem Glas Wein ausklingt, freuen sich alle schon auf einen weiteren Frühlingstag.

Die Cineastin
(schwer, Schwerpunkt: Kommasetzung in Adverbialsätzen)

Wenn eine Sache wirklich Mayas Leidenschaft ist, dann ist es das Kino. Denn seit sie denken kann, hat sie, sofern es irgendwie möglich war, keinen neuen Spielfilm verpasst. Lange bevor die neuesten Streifen in die Kinos kommen, weiß sie längst alles über Inhalt und Besetzung, weil sie regelmäßig Filmzeitschriften liest und sich im Internet schlaumacht. Doch obwohl ihr das Lesen über Filme großen Spaß macht, ist es doch das Größte, wenn sie zur Premiere ins Kino gehen kann, um endlich wirklich zu sehen, was sie zuvor nur gelesen hat.

Bevor ein richtiger Kinoabend für Maya starten kann, muss sie sich natürlich mit Chips und Getränken ausstatten. Sobald sie dann den Kinosaal betritt, umgibt sie ein Zauber, den sie schwer beschreiben kann. Ob dann ein spannender Abenteuerfilm, eine Komödie oder eine Liebesromanze läuft, ist ihr fast egal, wenn nur die Schauspieler gut sind und der Regisseur sein Handwerk versteht. Und falls der Film ein Flop ist, hat sie immer noch Zeit, um sich in den gemütlichen Kinosesseln zu räkeln und zu entspannen. Aber das passiert Maya heute längst nicht mehr so oft wie früher, weil sie die Filme sorgfältig aussucht und schon immer im Voraus weiß, wenn eine neue Produktion die Kritiker nicht überzeugt hat.

Diktat: der problematische Klassiker

Lernweg: **induktiv**
Natürlichkeit: + + + / Berücksichtigung des Lernstandes: + + /
Konzentration auf Einzelprobleme: + / Rasches Feedback: + / Kreativität: +

Beim Diktat schreiben Kinder nach Gehör das auf, was ihnen von Lehrkräften oder Rechtschreib-Coaches vorgelesen wird. Dafür sollten sie bereits über orthografische Grundlagen verfügen, um nicht überfordert zu werden und sich am Ende mehr falsche als richtige Schreibungen anzugewöhnen. Deshalb ist das Diktat - ganz im Gegensatz zu seiner kleinen Schwester, dem Laufdiktat - etwas für fortgeschrittene Lernende.

Stärken und Chancen

Diktate fordern Rechtschreibfähigkeiten auf allen Ebenen und nehmen dem Trainierenden nur die inhaltliche Textplanung ab. Wer bereits die meisten Rechtschreibregeln beherrscht, kann im Diktat ihr Zusammenspiel erproben und so die erworbenen Schreibroutinen in den eigenen Schreibfluss einbauen, muss sich aber noch nicht um Wortwahl und Satzbau kümmern.

Risiken und Nebenwirkungen

Die große Stärke des Diktats – seine hohe Komplexität – stellt für Trainingseinsteiger sein größtes Risiko dar: Wer noch keine sicheren Schreibroutinen besitzt, nutzt sehr wahrscheinlich die alten, fehlerhaften Schemata, die sich dadurch schlimmstenfalls noch verfestigen. Außerdem können Diktate Wörter enthalten, die nicht zum Wortschatz Ihres Kindes gehören, und damit sogar schwerer sein als freie Texte. Setzen Sie deshalb nur dann auf Diktate, wenn die Grundlagen sitzen!

Was sollten Sie beim Training beachten?

- Machen Sie das Diktat bewusst zur Königsdisziplin des Rechtschreibtrainings, die Ihr Kind dann wählen darf, wenn es sich selbst herausfordern und Ihnen zeigen möchte, was es gelernt hat. So wird das ungeliebte Diktat zum erstrebenswerten Fernziel.
- Sprechen Sie den Diktattext mit natürlicher Betonung und überschaubaren Sinnabschnitten: Je kürzer der Abschnitt, umso leichter fällt Ihrem Kind die Niederschrift.
- Wenn Sie sehen, dass die Fehlerdichte zunimmt, ist das ein Zeichen, dass die Konzentration Ihres Kindes nachlässt. Legen Sie eine Pause ein.
- Obwohl ein unmittelbares Feedback wichtig ist, sind Kinder schnell frustriert, wenn man sie schon beim Schreiben auf Fehler hinweist. Vereinbaren Sie eine Vorgehensweise, mit der Sie beide einverstanden sind.
- Lassen Sie sich nicht von Altersangaben wie „Diktate für die 2.-4. Klasse" verunsichern, obwohl Ihr Kind bereits deutlich älter ist. Fehlende Rechtschreibroutinen interessieren sich nicht dafür, wann sie hätten erworben werden sollen, sondern nur dafür, dass sie erworben werden. Thematisieren Sie diesen Punkt im Gespräch, um Schamgefühlen bei Ihrem Kind vorzubeugen.

Welche Varianten gibt es?

Die Schwierigkeit von Diktaten lässt sich herabsetzen, indem Sie zusätzliche Hilfen vereinbaren: Satzzeichen und Großbuchstaben lassen sich mitsprechen, auf besonders komplexe Schreibungen können Sie hinweisen. Auch das gemeinsame Lesen des Textes vor dem Diktat, vielleicht verbunden mit einer Konzentrationsübung (Seite 130) oder einem Rechtschreibgespräch (Seite 168), kann das Training einfacher machen.

Eine Sonderform des Diktates entsteht, wenn der Text von CD oder MP3-Player kommt. Ihr Kind kann so jeden Abschnitt beliebig oft anhören, erlebt aber auch immer nur dieselbe Sprachmelodie, was einige als ermüdend empfinden. Manche Kinder sprechen einen Text gern selbst in die Diktier-App des Smartphones und diktieren sich damit ihre Texte selbst.

Wo finden Sie weiteres Übungsmaterial?

Für Diktate eignet sich im Grunde jeder Text, den Ihr Kind inhaltlich versteht – vom Lieblingsroman bis zum Schulbuchkapitel. Allerdings unterscheiden sich Texte ganz erheblich in ihrem Schwierigkeitsgrad und nicht immer erkennt man alle Stolperfallen auf den ersten Blick. Deshalb sind Diktatsammlungen, geordnet nach Rechtschreibthemen und Altersgruppen, ein guter Kompromiss zwischen Natürlichkeit und Komplexität. Im Internet finden sich mehrere Websites, die Diktattexte von unterschiedlicher, aber meist brauchbarer Qualität frei anbieten. Die Diktatsammlungen der renommierten Bildungsverlage sind in der Regel noch intensiver erprobt, fachdidaktisch durchdacht und sorgfältig redaktionell betreut. Die Diktatsammlung „150 Diktate" von Duden gibt es in zwei verschiedenen Schwierigkeitsstufen. Jedes Diktat hat einen Übungsschwerpunkt, zu dem ein Merkkasten die entsprechenden Regeln erläutert. Zugehörige Schlüsselwörter im Text sind farbig hervorgehoben. Ähnlich aufgebaut sind die Diktate im „10-Minuten-Training" von Klett oder die Sammlung „Diktate" des Hauschka-Verlages. Die „222 Diktate" von Pons bieten ein besonders breites, aber dafür weniger tiefes Übungsspektrum.

Beispielübungen

Leben im Wasser (sehr leicht, Schwerpunkt: s-Laute)

Wir Menschen können im Wasser nicht atmen. Aber andere Lebewesen leben ausschließlich in Flüssen, Seen und Meeren. So gibt es Tausende Arten von Fischen, Insekten, Krebsen und anderen Organismen, die auf das Wasser angewiesen sind. Sie alle haben gelernt, auch unter Wasser zu atmen, zu essen und sich fortzubewegen. Tatsächlich gibt es viel mehr Arten von Wassertieren als Landlebewesen, und die meisten davon sind noch recht wenig untersucht. Aber unser Wissen über das Leben im Wasser wächst ständig, und fast täglich erfahren wir mehr über diese interessante Welt.

In der Kletterhalle (leicht, Schwerpunkt: doppelte Konsonanten)

Klettern macht nicht allen Spaß. Für Ole und Willi hingegen ist es der Renner. Jeden Mittwoch verabreden sie sich in der Kletterhalle und verbringen den ganzen Nachmittag dort. Ole klettert schon seit vielen Jahren. Deshalb steigt er oft sehr schnell die steilen Wände hinauf. Willi braucht meist länger. Aber auch bei ihm geht es mittlerweile sehr flott, denn er hat viel von seinem Freund gelernt. Alles kommt auf einen sicheren Tritt und einen festen Griff an. Wenn die stimmen, kann man schnelle Fortschritte machen. Nach einer Weile sind Willi und Ole geschafft. Die Arme brennen und die Finger wollen nur noch Ruhe. Dennoch sind beide voll zufrieden, denn sie haben sich verbessert. Bei Wasser und Limonade spannen sie aus und reden über ihre Erlebnisse. Der nächste Mittwoch ist schon fest eingeplant.

Marco räumt auf (mittelschwer, Schwerpunkt: Groß- und Kleinschreibung von Nomen mit Mengenangaben)

Meistens hat Marco wenig Lust, sein Zimmer aufzuräumen. Aber heute war es selbst ihm zu viel. Auf dem Boden war einfach kein Platz mehr, denn zu viele Spielsachen lagen überall verstreut herum. Einige Schubladen voller Bausteine waren gänzlich ausgekippt und nur wenige Fächer waren unberührt. Dazwischen hatte sich so manches Kleidungsstück verirrt, sodass das gesamte Zimmer wie ein einziges Chaos wirkte. Da half kein Zögern: Marco holte sich ein paar Tüten und begann, die vielen herumliegenden Spielzeuge zu sortieren. Manche Tüten waren rasch gefüllt und ihr Inhalt landete zurück in den Schubladen. Einige Beutel füllten sich nur langsam, und er brauchte viel Zeit, bis alle Einzelteile zusammengesucht waren. Aber mit etwas Geduld und viel Elan war nach zwei Stunden jedes Spielzeug wieder an seinem angestammten Ort. Marco musste zugeben, dass die ganze Aktion ihm auch etwas Spaß bereitet hatte, auch wenn es viel Arbeit gewesen war.

Die Abstimmung (schwer, Schwerpunkt: Kommasetzung bei Objektsätzen, die Konjunktion „dass")

Letzte Woche kam Herr Wagner in unsere Klasse und fragte, ob wir nicht eine Klassenfahrt planen wollten. Alle waren sofort begeistert, aber niemand wusste, wo es hingehen könnte. Paul meinte, dass wir unbedingt in eine große Stadt fahren sollten, aber viele fanden das eher anstrengend. Mara sagte, dass es in der Natur viel schöner sei. Allerdings müsse man dafür sorgen, dass es in der Nähe eine Badestelle gebe. Für Ben hingegen war es vor allem wichtig, dass es möglichst weit weg gehen sollte. Bald schon sprachen alle durcheinander, und es war so laut, dass man sein eigenes Wort nicht mehr hören konnte. Herr Wagner rief zur Ruhe und schlug vor, dass wir eine Abstimmung durchführen sollten. Johanna wurde zur Leiterin erklärt und überlegte sich, wie die Wahl ablaufen sollte. Sie sammelte alle Vorschläge an der Tafel und entschied, dass jeder zwei Stimmen habe. Eine halbe Stunde später stand fest, dass die Naturliebhaber in der Klasse die Oberhand behalten hatten, denn die meisten hatten sich für Maras Vorschlag entschieden. Als Herr Wagner Paul fragte, ob das Wahlergebnis auch für ihn in Ordnung sei, zuckte der nur die Schultern und meinte, dass er ja zur Not in die nächste Großstadt schwimmen könne.

Freies Schreiben: das risikoreiche Fernziel

Lernweg: **induktiv**
Natürlichkeit: + + + + / Berücksichtigung des Lernstandes: + /
Konzentration auf Einzelprobleme: + /
Rasches Feedback: + / Kreativität: + + + +

Freies Schreiben ist wesentlich mehr als nur eine Übungsmethode: Es ist das eigentliche Ziel des Trainings! Wer es fehlerfrei beherrscht, hat es geschafft und hat die Mühen des Rechtschreiberwerbs hinter sich. Für die Orthografie ist freies Schreiben das, was im Basketballtraining das Spiel ist: Der Moment, an dem alle einzelnen Kenntnisse und Fertigkeiten zusammenfließen und in ihrer Verbindung funktionieren müssen. Das ist schwierig und deshalb wichtig zu üben.

Stärken und Chancen

Freies Schreiben ist die natürlichste aller Trainingsmethoden, denn es unterscheidet sich praktisch nicht mehr vom normalen Schreibprozess im Alltag oder in der Schule: Ihr Kind muss alle Anforderungen des Schreibens gleichzeitig bewerkstelligen und ihnen viel Aufmerksamkeit widmen. Im freien Schreiben sieht man daher genau, welche Fähigkeiten bereits zuverlässig sitzen und wo Ihr Kind noch Fehler macht, wenn es nicht die volle Aufmerksamkeit auf die Rechtschreibung lenken kann. Da das

Verfassen eigener Texte in der Schule eine große Rolle spielt, sollte freies Schreiben in jedes Rechtschreibtraining einbezogen werden.

Risiken und Nebenwirkungen
Im freien Schreiben ist die Rechtschreibung ein Teilaspekt unter vielen und muss folglich mit einem Minimum an Aufmerksamkeit auskommen. Deshalb fallen Kinder oft in ihre alten, fehlerhaften Schreibmuster zurück, selbst wenn sie eine Rechtschreibregel auf dem Arbeitsblatt bereits sicher beherrschen. Freies Schreiben ist deshalb ein zweischneidiges Schwert: Einerseits muss die Komplexität des Schreibprozesses geübt werden, andererseits ist diese Übung nur dann förderlich, wenn die neuen Fertigkeiten auch angewendet werden. Werten Sie deshalb frei geschriebene Texte immer sorgfältig gemeinsam aus und nutzen Sie die aufgetretenen Fehler für Rechtschreibgespräche und Korrekturübungen.

Was sollten Sie beim Training beachten?
- Vereinbaren Sie einen möglichst realistischen und motivierenden Schreibanlass, um den Vorteil der Natürlichkeit auch wirklich zu nutzen.
- Vergewissern Sie sich, dass Ihr Kind die Rechtschreibung als zentrale Aufgabe im Blick behält. Die Auswahl einer spannenden Abenteuer- oder Gespenstergeschichte kann leicht nach hinten losgehen, wenn ihr Inhalt plötzlich die gesamte Aufmerksamkeit fesselt.
- Wählen Sie Schreibanlässe, die ihrer Länge nach zum Lernstand Ihres Kindes passen. Ein kreativer Geburtstagswunsch an die Freundin oder eine fiktive Urlaubskarte aus der Antarktis genügen oftmals schon. Die Kriminalerzählung kann warten, bis Ihr Kind die nötige Konzentration für mehrere Seiten Text aufbringt.
- Halten Sie Rechtschreibfehler aus, die Ihr Kind während des Schreibens macht (es sei denn, Sie haben gemeinsam etwas anderes vereinbart). Zu viele Unterbrechungen hemmen den Schreibfluss und behindern so den Zweck des freien Schreibens.
- Beenden Sie freie Schreibphasen immer mit einer (Selbst-)Korrektur und einem Rechtschreibgespräch über die aufgetretenen Fehler, um die

methodischen Nachteile auszugleichen. Vergessen Sie nicht, den Text Ihres Kindes auch inhaltlich zu würdigen.

Welche Varianten gibt es?
Inhaltlich ist das freie Schreiben so bunt wie die Welt selbst, und der Fantasie sind keine Grenzen gesetzt. Allerdings bietet es sich an, Schreibanlässe zu wählen, die auch für den Schulunterricht relevant sind, um beispielsweise für die Deutscharbeit zu üben. Stellen Sie aber sicher, dass dadurch nicht die Motivation in Mitleidenschaft gezogen wird: Ein gern geschriebener schulfremder Text kann sinnvoller sein als eine lustlos verfasste Erörterung.

Um die Rechtschreibung zu entlasten, bieten sich verschiedene Methoden des halbfreien Schreibens an, bei denen der Zieltext in Teilen bereits vorliegt. Beispielsweise lassen sich Textvorlagen umschreiben, eine Kurzgeschichte aus einer anderen Perspektive erzählen, Märchen in Zeitungsberichte verwandeln oder Stichpunkte zu Texten ausformulieren. Möchte Ihr Kind einen gänzlich freien Text schreiben, kann ein planendes Rechtschreibgespräch einen Großteil des Wortschatzes im Voraus klären.

Wo finden Sie weiteres Übungsmaterial?
Kurze, variable Schreibanlässe finden sich überall im Alltag: Vom Memo-Zettel über eine Nachricht an die Schwester bis zum Tagebucheintrag. Anlässe für halbfreie Schreibtexte liefert darüber hinaus das Rechtschreibtraining selbst – etwa, wenn Sie die Inhalte eines (Lauf-)Diktattextes nach dem Durcharbeiten noch einmal als Freitextübung verwenden und so den zugehörigen Wortschatz doppelt üben.

Wenn Sie Rechtschreib- und Aufsatztraining verbinden wollen, finden Sie pädagogisch durchdachte und auf die Klassenstufen abgestimmte Publikationen von allen größeren Bildungsverlagen. Die beiden Publikationen „150 Aufsatzübungen" des Dudenverlages sind auf die unterschiedlichen Textsorten der Grund- und Sekundarschule abgestimmt und liefern neben Aufgaben zum freien auch viele Möglichkeiten zum halbfreien Schreiben. Klett bietet in seiner „10-Minuten"-Reihe auch eine Veröffentlichung zum

Texteschreiben, sowie für jüngere Kinder den Trainingsband „200 Aufsatz-Übungen". Der Hauschka-Verlag bietet für jede Klassenstufe der Grundschule eine eigene Veröffentlichung mit Aufsatz-Übungen.

Wenn Ihr Kind erzählerische Neigungen hat, sind möglicherweise Übungen des kreativen Schreibens eine gute Option. Einstiegsmaterial finden Sie im Internet. Sollte das kreative Schreiben Ihr Kind besonders motivieren, lohnt ein Blick in Hanns-Josef Ortheils „Mit dem Schreiben anfangen", das systematischer in das kreative Schreiben einführt. Mario Leis hat ein Übungsbuch „Kreatives Schreiben" für den Unterricht veröffentlicht.

Beispielübungen

Der Einkaufszettel – eine Wortliste schreiben (sehr leicht)

Schreibe einen Einkaufszettel für das nächste Wochenende. Notiere alle Lebensmittel und Einkaufsartikel, die deine Familie braucht, und zusätzlich alles, was du dir wünschst.

Die Nachricht an die Eltern – eine Notiz verfassen (leicht)

Am Mittwochnachmittag ruft Hanna bei Nele an und schlägt ihr vor, gemeinsam für die Mathearbeit am nächsten Tag zu lernen. Nele soll auch gern zum Abendbrot bleiben und kann danach von Hannas Vater zurückgefahren werden. Nele willigt ein, aber bevor sie losfährt, schreibt sie ihren Eltern eine Notiz, in der sie die Situation erklärt. Schreibe diese Notiz.

Die Gräfin Dragomirow – eine Beschreibung (mittelschwer)

Winter 1911. Du reist allein im Balkan-Express nach Transsylvanien. Ein Mitreisender erzählt dir, dass die Gräfin Dragomirow im Nachbarabteil sitze. Man erzählt sich seltsame Geschichten über diese alte Dame, die immer nur nachts das Abteil verlässt und tagsüber zu schlafen scheint. Eines Abends begegnest du ihr durch Zufall im Gang. Beschreibe sie und deine Gefühle bei dieser Begegnung!

Nutella, mit oder ohne Butter? – eine Erörterung (schwer)

„Was? Du machst Butter unter die Nutella?", ruft Julia angeekelt. „Du etwa nicht?", fragt Moritz verwundert, „Das schmeckt doch sonst gar nicht!" Und schon bricht beim Frühstück auf dem Wandertag der 8b ein Streit aus. Zurück in der Schule fordert die Deutschlehrerin Frau Wendt die Klasse auf, ihre persönliche Meinung zu dem wichtigen Problem „Nutella – mit oder ohne Butter?" ausführlich und begründet niederzuschreiben. Verfasse auch du eine Erörterung, in der du Vor- und Nachteile beider Möglichkeiten darstellst und zuletzt zu einer begründeten eigenen Meinung kommst. Schreibe ernsthaft – aber ohne das Thema allzu ernst zu nehmen.

Korrekturübungen:
den orthografischen Blick trainieren

Lernweg: **induktiv**
Natürlichkeit: + + / Berücksichtigung des Lernstandes: + + + /
Konzentration auf Einzelprobleme: + + + / Rasches Feedback: + /
Kreativität: +

Die besten Rechtschreibfehler sind die, die man nicht macht – klar. Aber die zweitbesten sind die, die man selbst entdeckt! Wenn Ihr Kind im Laufe des Rechtschreibtrainings neue Schreib- und Wahrnehmungsschemata aufbaut, trainieren Korrekturübungen die Fähigkeit, eine erwartete Schreibung mit dem tatsächlichen Schriftbild zu vergleichen und so neue und alte Routinen gegenüberzustellen. Fehler, die man bereits selbst bemerkt, haben eine gute Chance, bald ganz zu verschwinden.

Stärken und Chancen

Korrekturübungen stärken die Konzentration auf die Schreibung sowie die Wahrnehmung korrekter und fehlerhafter Schriftbilder. Sie trainieren damit das, was rechtschreibschwache Kinder meist nicht gut können. Da Korrekturübungen normalerweise eigene Texte betreffen, arbeitet Ihr Kind zudem genau an seinem eigenen Lernstand, was die Trainingseffizienz steigert. Jeder gefundene Fehler ist außerdem ein Beweis, dass es mit dem Training vorangeht, was wiederum die Motivation steigert.

Risiken und Nebenwirkungen

Lange Zeit warnten Pädagogen und Deutschdidaktiker vor der Beschäftigung mit fehlerhaften Texten, weil sie befürchteten, dass Kinder sich die falschen Wortbilder einprägen und festigen. Diese Sorge ist nicht unberechtigt, auch wenn sich gezeigt hat, dass gut entwickelte Wahrnehmungsschemata sehr robust auf gelegentliche Falschschreibungen reagieren. Wenn Ihr Kind noch viele und unterschiedliche Fehler macht, sollten Sie Korrekturübungen deshalb mit großer Vorsicht und mit geeigneten Hilfsmitteln verwenden.

Was sollten Sie beim Training beachten?

- Korrekturübungen werden umso wichtiger, je weiter das Training voranschreitet. Wenn Sie viel mit ganzheitlichen Methoden arbeiten, also viele zusammenhängende Texte entstehen, sollte eine gemeinsame Korrekturphase fest zur Trainingsplanung gehören.
- Korrekturübungen bieten ausgezeichnete Anlässe für Rechtschreibgespräche, in denen Sie nicht nur die korrekte Schreibung, sondern auch mögliche Gründe für die Falschschreibung besprechen sollten.
- Selbstkorrekturen werden effizienter, wenn zwischen Niederschrift und Korrektur etwas Zeit vergeht - günstigstenfalls eine halbe bis eine Stunde. Direkt nach dem Schreiben sehen Kinder ihre eigenen Fehler nicht. Einen Tag später hingegen haben sich die Fehler schon im Schlaf gefestigt.
- Eine positive Langzeitwirkung entfalten Korrekturen, wenn Sie ein Fehlerheft anlegen und die Fehler geordnet nach Rechtschreibthemen sammeln (s. u.). Diese Sammlung kann dann immer mal wieder selbst als Diktier- oder Abschreibübung dienen. Besprechen Sie aber unbedingt den Sinn des Fehlerheftes, damit ihr Kind es nicht als „gesammelte Niederlagen" erlebt.
- Die Kunst eines einfühlsamen Trainings-Coaches erweist sich nirgends so sehr wie in dem Taktgefühl, Fehler deutlich benennen und ansprechen zu können, ohne damit zu verletzen. Hier ist also auch Ihre eigene Lernfähigkeit gefragt.

Welche Varianten gibt es?

Fehler in eigenen Texten nicht zu sehen, ist der Normalfall - sonst hätte man sie ja nicht gemacht! Sie können Ihrem Kind die Entdeckung von Fehlern erleichtern, indem Sie mit helfenden Hinweisen seinen Blick lenken, beispielsweise folgende:

- Melden Sie zurück, wie viele Fehler im Text zu finden sind, eventuell mit genauerer Nennung der Fehlerart, aber ohne den Ort zu bezeichnen (schwer!).

- Markieren Sie die Zeilen, in denen ein Fehler steckt, eventuell mit Hinweis auf die Fehlerart (mittelschwer).
- Markieren Sie die fehlerhaften Wörter, aber ohne direkte Kennzeichnung des Fehlers (leicht).

Auch Fremdkorrekturen haben einen hohen Übungswert. Wenn Ihr Kind die Texte anderer Kinder oder Erwachsener korrigiert, erlebt es zusätzlich zum Übungseffekt das Gefühl, mit Rechtschreibfehlern nicht allein zu sein. Die Texte von Geschwistern oder Freunden sind dafür ideal. Manchmal bilden Kinder fruchtbare Korrekturpartnerschaften und lernen aneinander.

Eine anspruchsvolle und dennoch ungefährliche Variante der Korrekturübung ist es, wenn Sie in einen korrekten Text am PC nur eine kleine Handvoll Fehler einbauen, die Ihr Kind dann suchen kann. Der Trainingseffekt liegt dabei nicht nur im Finden der Fehler, sondern auch in der intensiven Wahrnehmung der korrekten Schreibungen, welche ja ebenfalls genau auf mögliche Fehler abgeklopft werden müssen.

Wo finden Sie weiteres Übungsmaterial?

Das Risiko, sich falsche Schriftbilder einzuprägen (s. o.), hat dafür gesorgt, dass Bildungsverlage nur äußerst zögerlich bereit sind, Texte mit Rechtschreibfehlern abzudrucken. In den einschlägigen Übungsheften tauchen sie eingestreut auf und sind dann mit dicken Warnungen markiert.

Die mit Abstand wichtigste Materialgrundlage für Korrekturübungen sind die eigenen Texte Ihres Kindes, die niemals unbesprochen bleiben sollten. Wenn Ihnen das nicht ausreicht und Texte von Freunden oder Geschwistern nicht verfügbar sind, finden Sie fehlerhafte Texte überall, wo im Internet gechattet wird. Füttern Sie eine Suchmaschine mit einem erfundenen technischen Problem („DVD kopieren Fehler", „Programm X kann nicht installiert werden", „USB funktioniert nicht" usw.) und kopieren Sie die oft fehlerstrotzenden Forumsbeiträge in ein Textdokument, schon ist ein anspruchsvolles Arbeitsmaterial fertig.

Beispielübungen

Falsche Tiernamen (sehr leicht)

Die folgenden Bezeichnungen für Tiere sind allesamt falsch geschrieben. Unterstreiche die Fehler und schreibe die Namen korrekt auf.

Fogel	Hunt	Amaise	Fich
......	......	......	......
Haße	Merschwein	Ganz	Girafe
......	......	......	......
Kuu	Hirch	Elefand	Hun
......	......	......	......
Ferd	Zepra		
......	......		

Lösung auf Seite 203

Anlegen eines Fehlerheftes (leicht)

Erstelle ein Fehlerheft, in dem du Rechtschreibfehler aus Klassenarbeiten und Übungsstunden sammelst. So weißt du immer, wo du noch Übungsbedarf hast, und kannst gezielt richtige Schreibungen trainieren.

Teile dein Heft in vier etwa gleich große Bereiche ein, und zwar für die folgenden Fehlerarten.

- Laute und Buchstaben
- Getrennt- und Zusammenschreibung
- Groß- und Kleinschreibung
- Komma- und Zeichensetzung

Schreibe die Wörter, Wortgruppen oder Sätze, in denen der Fehler aufgetreten ist, immer richtig in dein Fehlerheft und markiere die Stelle grün, an der der Fehler aufgetreten ist. Präge dir die richtige Schreibung ein und lass dich regelmäßig abfragen, ob du sie noch weißt.

Ein Internet-Chat (mittelschwer)

Die folgenden Sätze stammen aus einem WhatsApp-Chat. Korrigiere alle Rechtschreibfehler.

- habe gerade die zusage für das Praktikum bekommen!!! – Wow super Das freut Mich für dich!!!!
- morgen sehen wir uns oder? – Klar wird Zeit
- wann arbeitest du mogen – erst 17:30
- super ich hol dich ab – Ich freu mcih

Lösung auf Seite 204

Suche nach dem Kommafehler (schwer)

Im folgenden Text findet sich genau ein Kommafehler. Finde ihn.

Der Physiker und Nobelpreisträger Albert Einstein gilt für viele Menschen als das Sinnbild eines Genies. Seit vielen Jahrzehnten hält sich dabei das Gerücht, dass Einstein als Schüler eher schlechte Noten gehabt habe. Manche behaupten sogar, er sei einmal sitzengeblieben. Aber das ist wie so oft bei Gerüchten einfach ein Missverständnis. In der Schweiz, in der Einstein zur Schule ging war nämlich die Note „Fünf" die beste Bewertung, die man bekommen konnte. Und so verwundert es nicht, dass es auf Einsteins Zeugnis vor Fünfen nur so wimmelte.

Lösung auf Seite 204

Analytische Übungen: Einzelfertigkeiten trainieren

Rechtschreibgespräche: der ständige Begleiter

Lernweg: **induktiv**
Natürlichkeit: + + / Berücksichtigung des Lernstandes: + + + /
Konzentration auf Einzelprobleme: + + + /
Rasches Feedback: + + + / Kreativität: + +

Rechtschreibgespräche sind das Rückgrat des gesamten häuslichen Trainings. Sie schaffen Verständnis zwischen Ihnen und Ihrem Kind, dienen der Vereinbarung von Tages- und Fernzielen, verdeutlichen Lösungswege und Schreibstrategien und ermöglichen die Reflexion von Erfolgen und Sorgen. Solang Sie in die Rechtschreibgespräche mit Verständnis und Geduld hineingehen, werden Sie bald Ihren eigenen Stil finden.

Rechtschreibgespräche gehen – im Gegensatz zum Regellernen – immer von einem konkreten Wort aus. Sie besprechen dabei mit Ihrem Kind, warum es so oder so geschrieben wird, welche Gedanken dahinterstehen, wie man sich die Schreibung herleiten kann und wo Stolperfallen liegen. Im günstigsten Fall führen sie zu einem entspannten Gedankenaustausch über richtige und problematische Schreibungen – und nebenbei zu einer Menge bewusster und unbewusster Rechtschreiberfahrungen.

Stärken und Chancen
Rechtschreibgespräche steigern messbar die orthografische Kompetenz von rechtschreibschwächeren Kindern, die bei der klassischen Regelvermittlung besonders häufig abgehängt wurden. Das gelingt, weil Sie die Aufmerksamkeit Ihres Kindes auf ein aktuelles orthografisches Problem lenken und Sie gemeinsam darüber reden und Lösungsstrategien entwickeln.

Risiken und Nebenwirkungen
Wie bei allen Gesprächen besteht auch hier das Risiko des Missverständnisses. Viele Kinder reagieren auf die ersten Gesprächsangebote misstrauisch, weil sie aus der Schule eine Art von „Gesprächen" kennen, in denen immer die Lehrkraft recht hat. Eine tragfähige, vertrauensvolle Beziehung zwischen den Gesprächspartnern ist deshalb unabdingbar, damit das Rechtschreibgespräch positiv wirkt.

Was sollten Sie beim Training beachten?
- Rechtschreibgespräche begleiten das Training, bündeln die Aufmerksamkeit und schärfen die Wahrnehmung. Sobald Sie die Gründe für eine Schreibung erklären, durchdenken Sie sie selbst und geben Ihrem Kind die Möglichkeit, zu reagieren.

- Halten Sie keinen Fachvortrag, sondern suchen Sie die Mitte zwischen eigenen Erklärungen und dem Verständnis für die Gedanken Ihres Kindes. In einem guten Gespräch halten sich Sprechen und Zuhören die Waage.
- Das wichtigste Thema des Rechtschreibgesprächs ist immer die Schreibung eines konkreten Wortes: Warum wird es großgeschrieben? Wo könnten Stolperfallen liegen? Was spricht für den Doppelkonsonanten usw.
- Ziel des Rechtschreibgesprächs ist nicht, dass Ihr Kind die zugrunde liegenden Regeln kennt, sondern dass es Lösungsstrategien für ein aktuelles Schreibproblem entwickelt. Die Verallgemeinerung des Beispiels zu einer allgemeinen Regel ist sinnvoll, aber zweitrangig.
- Rechtschreibgespräche sind kein Ratespiel. Wenn Sie ein Missverständnis bemerken, reden Sie Klartext. Verdeutlichen Sie sich, woher Sie selbst wissen, dass ein Fehler vorliegt, und lassen Sie ihr Kind an Ihren eigenen Lösungswegen teilhaben. Gehen Sie als gutes Beispiel voran – das schaut Ihr Kind sich am ehesten ab!

Welche Varianten gibt es?

Rechtschreibgespräche sind so vielfältig wie ihre Anlässe und können gerade zwischen Eltern und Kindern sehr individuell werden. Finden Sie mit Ihrem Kind eine Art und einen Rhythmus, mit dem Sie sich beide wohl fühlen.

Um Ausgewogenheit in das Rechtschreibgespräch zu bekommen, sollen die Gesprächsanteile zwischen Ihnen und Ihrem Kind zwar ausgeglichen, aber nicht ständig gleich groß sein. In manchen Phasen übernehmen Sie bewusst die Führung, machen Dinge vor oder erläutern die Vorgehensweise. An anderer Stelle räumen Sie Ihrem Kind die Zeit ein, von seinen Gedanken und Schreibstrategien zu erzählen.

Mit dem Rechtschreibgespräch verwandt ist das sogenannte laute Denken, bei dem die Kinder aufgefordert werden, ihre aktuellen Lernhandlungen fortlaufend zu kommentieren. Auch wenn dabei eher Monologe als Gespräche entstehen, kann das laute Denken Ihnen und

Ihrem Kind die Entscheidungswege des jeweils anderen verständlich machen und somit ähnlich gut wirken wie das Rechtschreibgespräch.

Wo finden Sie weiteres Übungsmaterial?

Gesprächsgrundlage des Rechtschreibgesprächs ist immer das aktuelle Problem, und weiteres Material ist nicht erforderlich. Hilfreich ist es allerdings, sich Beispiele für Rechtschreibgespräche von Deutschlehrkräften sowie Pädagoginnen und Pädagogen anzusehen, von denen einige als Video im Internet zu finden sind. Gute Beispiele für den Einstieg sind etwa die Videos von Beate Leßmann, die das Rechtschreibgespräch als Methode entscheidend geprägt hat. Nutzen Sie diese und andere Vorlagen zur Inspiration dafür, was alles möglich ist und was man ausprobieren könnte.

Beispielübungen

Ein Rechtschreibgespräch über ein einfaches Wort (leicht)

Untersuchen Sie gemeinsam mit Ihrem Kind das Wort *lesen*. Besprechen Sie dabei insbesondere die folgenden Fragen:

- Wie kann man das Wort sprechen oder singen?
- Wie kann man das Wort mitklatschen?
- Aus welchen Einzelteilen (Silben) besteht das Wort?
- Welche Vokale hat das Wort?
- Wie hören sich die beiden *e* in den Wortteilen an?
- Welches *e* ist länger gesprochen?
- Welches *e* ist betont?
- Welche Konsonanten hat das Wort?
- Welche anderen Wörter kennst du, in denen der Wortstamm von *lesen* vorkommt?

Ein Rechtschreibgespräch über ein komplexeres Wort
(mittelschwer)

Untersuchen Sie gemeinsam mit Ihrem Kind das Wort *Ernährung*.
Beachten Sie dabei insbesondere die folgenden Fragen:
- Welche Auffälligkeiten finden sich in dem Wort?
- Wo könnten Fehler auftreten und woran liegt das?
- Wie kann man sich die richtige Schreibung erklären?
- Wie ist das Wort aufgebaut?
- Was ist der Stamm des Wortes?
- In welchen Wörtern kommt der Wortstamm ebenfalls vor?
- Welche Wörter sind ähnlich aufgebaut?
- Welche Wörter haben die gleiche Vorsilbe?
- Welche Wörter haben die gleiche Nachsilbe?

Ein Rechtschreibgespräch über einen komplexeren Satz
(schwer)

Untersuchen Sie gemeinsam mit Ihrem Kind den Satz: *Ich finde, dass sie recht hat.* Beachten Sie insbesondere die folgenden Fragen:
- In welchen Situationen könnte man den Satz verwenden?
- Wie ist der Satz aufgebaut?
- An welchen Stellen könnten Fehler auftreten und woran liegt das?
- Wie kann man sich die richtige Schreibung erklären?
- In welche Teile zerteilt das Komma den Satz und was bedeuten die Einzelteile?
- Wie sind die beiden Teile aufeinander bezogen?
- Aus welchen Bausteinen bestehen die beiden Satzteile?
- Wo finden sich Verben in den beiden Satzteilen?
- Was bedeutet das *dass* und welche Funktion hat es für die beiden Sätze?

Einsetz- und Entscheidungsübungen:
Probleme gezielt anpacken

> Lernweg: **induktiv / deduktiv**
> Natürlichkeit: + / Berücksichtigung des Lernstandes: + + + /
> Konzentration auf Einzelprobleme: + + + / Rasches Feedback: + + /
> Kreativität: +

Jeder kennt sie, manche Kinder mögen sie, andere finden sie zu langweilig: Einsetz- und Entscheidungsübungen bilden in der Schule den Schwerpunkt des Rechtschreiblernens. In jedem Arbeits- und Begleitheft zum Deutschbuch sind sie in großer Zahl zu finden. Der Variantenreichtum ist groß, die Grundidee aber fast immer dieselbe: Ein Wort, ein Satz oder ein kleiner Text enthält ein bestimmtes Rechtschreibproblem, das durch Einsetzen von Buchstaben, Satzzeichen oder Wörtern gelöst werden soll.

Stärken und Chancen

Einsetz- und Entscheidungsübungen erlauben sehr systematische und inhaltlich klar umgrenzte Trainingseinheiten. Ihr Kind kann sich ganz auf ein einzelnes oder wenige nah verwandte Rechtschreibprobleme konzentrieren. Durch die fest umrissene Problemstellung können Sie die Schwierigkeit der Aufgabe leicht einschätzen und einfach korrigieren.

Risiken und Nebenwirkungen

Einsetz- und Entscheidungsübungen sind maximal analytisch, weil sie die Komplexität des Schreibens auf sehr wenige Einzelprobleme verringern. Das führt oft dazu, dass Kinder die Übungsblätter richtig ausfüllen, das scheinbar Gelernte aber nicht in ihren eigenen Schreibprozess übernehmen, sondern weiterhin die alten Fehler machen. Deshalb sollten Sie besonders bei jüngeren Kindern Einsetzübungen immer durch ganzheitlichere Methoden ergänzen, sonst bleibt das erarbeitete Wissen unverbunden und wird nicht abgerufen.

Was sollten Sie beim Training beachten?

- Einsetz- und Entscheidungsübungen sind methodisch eher anspruchslos und können auch von jüngeren Kindern in Eigenverantwortung bearbeitet werden, sofern sie die Aufgabenstellung verstanden haben.
- Die leichte Bearbeitung verführt allerdings manchmal dazu, unkonzentriert und oberflächlich zu arbeiten. Sprechen Sie das Problem an und ermutigen Sie Ihr Kind, lieber zweimal nachzudenken, bevor es seine Entscheidungen trifft.
- Werden Einsetz- und Entscheidungsübungen in bewusster Mischung mit ganzheitlichen Methoden eingesetzt - etwa mit (Lauf-)Diktaten zum gleichen orthografischen Schwerpunkt -, dann ergänzen sich die Vorteile beider Methoden und die Nachteile gleichen sich teilweise aus.
- Die meisten im Handel erhältlichen Übungshefte machen Angaben zur typischen Klassenstufe. Lesen Sie diese Hinweise eher als Angabe zum Schwierigkeitsgrad. Wie auch bei den Diktaten gilt: Der sicherste Trainingsweg führt vom Leichten zum Schweren und kümmert sich ansonsten wenig um Altersangaben.

Welche Varianten gibt es?

Die Vielfalt und der Variantenreichtum innerhalb der Einsetz- und Entscheidungsübungen sind groß, betreffen aber mehr die äußere Gestaltung der Übung als die Funktionsweise. Alles, was Ihrem Kind Lust auf die Arbeit macht, ist passend, sofern der Schwierigkeitsgrad stimmt und die Übung nicht zum Ratespiel wird.

Eine wichtige methodische Frage unterteilt die Einsetz- und Entscheidungsübungen in zwei unterschiedliche Gruppen: Welche Rolle soll die bewusste Regelkenntnis spielen? Manche Übungsaufgaben führen gezielt die verwendeten Rechtschreibregeln ein und präsentieren erst danach die Übungssätze. Andere verlangen lediglich eine passende Lösung und setzen damit mehr auf den induktiven Lernweg. Was für Ihr Kind günstiger ist, hängt davon ab, ob es lieber induktiv oder lieber deduktiv lernt. Kinder profitieren von der deduktiven Regelkenntnis umso mehr, je älter und trainingserfahrener sie sind.

Wo finden Sie weiteres Übungsmaterial?

Alle größeren Bildungsverlage bieten umfassende, gut strukturierte und nach Klassen- (bzw. Schwierigkeitsstufen) geordnete Arbeits- und Übungshefte an. Die Publikationen des Duden- und des Klett-Verlages setzen dabei konsequent auf den deduktiven Weg und leiten jede Übungsgruppe mit einem Überblick über die zugrunde liegenden Rechtschreibregeln ein. Die Duden-Arbeitshefte „Jetzt werde ich Deutsch-Champion" für die Grundschule sowie „Wissen, Üben, Testen: Deutsch" für die frühe Mittelstufe bieten zusätzlich zu den variantenreichen Übungen kleine, wiederholende Tests zum Abschluss jeder Einheit an. Die Reihe „Rechtschreibung im Griff" verlagert die Abschlusstests ins Internet. Für häufige, aber kurze Übungsphasen bieten ferner die nach Klassenstufen geordneten Duden-Hefte „Deutsch in 15 Minuten - Rechtschreibung" sowie das „10-Minuten-Training" eine gute Arbeitsgrundlage. Cornelsen bietet eine vielfältige Auswahl an Rechtschreibübungen in der Reihe „Gezielt fördern", die es für je eine Doppeljahrgangsstufe gibt.

Auch im Internet finden sich viele brauchbare Arbeitsblätter zu verschiedensten orthografischen Einzelthemen. Allerdings muss man in der Regel selbst dafür sorgen, alle thematischen Schwerpunkte abzudecken.

Wer ein wenig Zusatzaufwand nicht scheut, baut sich seine Einsetzübung mit wenigen Klicks am PC selbst zusammen: Mit der Suche-Ersetze-Funktion der Textverarbeitungsprogramme können Sie rasch alle s-Laute eines Textes durch Unterstriche ersetzen und schon kann Ihr Kind mit dem Training beginnen.

Beispielübungen

Harte oder weiche Konsonanten? (sehr leicht)

Entscheide, welcher der Buchstaben jeweils hinter dem Wort in die Wortlücke gehört.

sie__en (b/p), Boo__ (d/t), Ti__er (g/k), Stem__el (b/p), Va__er (d/t),

ba__en (d/t), su__er (b/p), San__ (d/t), Lo__al (g/k),

Lie__er (d/t), we__en (g/k), Ra__e (b/p), lus__ig (d/t), Par__ (g/k)

Lösung auf Seite 204

v oder f? Setze den richtigen Buchstaben ein (leicht)

Peter spielt wunderbar __löte.

Letzte Woche waren wir __erreist.

In den Bäumen zwitscherten die __ögel.

Bald geht es mit dem __ahrrad auf Klassen__ahrt.

Ich wünsche dir __iel __reude.

Hast du einen __orschlag, wie wir den O__en heizen können?

Ich __ürchte, ich habe meinen Sti__t __erloren.

Schon bald waren alle __ertig mit den Au__gaben.

Lösung auf Seite 204

Wörter mit Dehnungs-h (mittelschwer)

Finde zu jedem Wort ein Reimwort, das ebenfalls mit Dehnungs-h geschrieben wird. Schau im Wörterbuch nach, wenn du dir unsicher bist.

Mohn	Pfahl	kehren	Ahnung
....	....	....	....
Röhre	fühlen	lahm	gähnen
....	....	....	....
zählen	kahl		
....	....		

Lösung auf Seite 205

Kommasetzung (schwer)

In den folgenden Sätzen fehlen die Kommas. Setze sie ein.

Niemand weiß wohin er wollte als er gestern heimgefahren ist.

Ich habe das Kind ein kleines blondes Mädchen dort hinten gesehen als ich vorbeiging.

Was hast du davon so herumzuschreien wenn du doch nicht bekommst was du willst?

Sie war sicher dass er gestern da gewesen war obwohl sie keine Beweise hatte.

Peter der noch ganz aufgeregt war wollte ihr sofort hinterherrennen aber Ben hielt ihn zurück.

Die Fremde sah mich mit einem Blick an der mich beunruhigte.

Ich habe mich schon den ganzen Tag darauf gefreut dich zu sehen.

Das sind doch Geschichten die du dir nur ausdenkst um dich wichtig zu machen.

Habe ich dir schon Vera meine Schwägerin vorgestellt die auch bei uns im Haus wohnt?

Ich bin nicht sicher ob er mich verstanden hat weil er sich so hilfesuchend umgesehen hat.

Lösungen für alle Beispielübungen auf Seite 205

Üben im Internet:
der Vorteil des blitzschnellen Feedbacks

> Lernweg: **induktiv / deduktiv**
> Natürlichkeit: + / Berücksichtigung des Lernstandes: + + + /
> Konzentration auf Einzelprobleme: + + + / Rasches Feedback: + + + + /
> Kreativität: +

Die perfekte Rechtschreibprüfung beherrschen Computer noch lange nicht, und das wird sich auch so schnell nicht ändern. Dagegen lassen sich Einsetz- und Entscheidungsübungen für Websites sehr leicht programmieren und ermöglichen damit für Trainierende ein blitzschnelles, immer korrektes Feedback und damit eine hohe Trainingseffizienz.

Stärken und Chancen

Das Online-Training bringt zwei wesentliche Vorzüge, die den Trainingserfolg positiv beeinflussen:

1. Programmgesteuerte Übungen liefern nach jeder Entscheidung eine sofortige Rückmeldung, sodass richtige Lösungen unmittelbar verstärkt und fehlerhafte sofort abgeschwächt werden.
2. Die großen Nutzerzahlen im Internet erlauben eine sehr präzise Einschätzung des Schwierigkeitsgrades jeder Übung, sodass sich sehr einfach natürliche Trainingspläne vom Leichten zum Schweren umsetzen lassen.

Risiken und Nebenwirkungen

Digitale Einsetz- und Entscheidungsübungen teilen auch die Schwächen mit ihren Geschwistern im Arbeitsheft: Wer nur online übt, entwickelt eine abstrakte Rechtschreibkenntnis, die sich nicht automatisch auf den natürlichen Schreibprozess auswirkt, sondern mit ganzheitlichen Methoden ergänzt werden muss. Außerdem ist die Rückmeldung des Computers zwar untrüglich, hat aber auch keinerlei Sinn für die Gefühle der Übenden; wenn Ihr Kind frustriert ist, bleibt es damit allein. Deshalb dürfen Online-

Übungen zwar einen festen, aber gerade bei jüngeren Kindern nicht den wichtigsten Platz im Training einnehmen!

Was sollten Sie beim Training beachten?
- Online-Training macht vielen Kindern Spaß, weil die meisten Programme einen spielerischen Trainingsablauf bieten. Vereinbaren Sie aber auf jeden Fall einen regelmäßigen Wechsel.
- Ob eine Online-Übung für Ihr Kind bereits geeignet ist, erkennen Sie leicht an seiner Motivation und der Fehleranzahl. Brechen Sie das Training ab oder wechseln Sie zu leichteren Übungen, wenn Ihr Kind deutliche Zeichen von Frustration zeigt.
- Auch digitale Übungen können hinterher im Rechtschreibgespräch ausgewertet werden und verlieren dadurch viele ihrer Nachteile. Vielleicht hat Ihr Kind nach der Besprechung sogar Lust, die Übung erneut zu versuchen und das neue Wissen sofort anzuwenden.

Welche Varianten gibt es?
Genau wie die schulischen Übungshefte nehmen sich viele Online-Übungen fest umgrenzte orthografische Probleme vor, die mit einer bestimmten Menge an Übungssätzen trainiert werden. Darüber hinaus ist es im Online-Bereich besonders leicht, Aufgaben zu durchmischen und so in rascher Folge ganz unterschiedliche Rechtschreibprobleme zu bearbeiten, wodurch das Training ganzheitlicher wird. Wechseln Sie themenspezifische Einzelübungen und freie Trainings miteinander ab, so wird das Training mal tiefer, mal breiter.

Wo finden Sie weiteres Übungsmaterial?
Es gibt unzählige Webseiten, die kleinere oder größere Übungsmöglichkeiten anbieten. Viele kommerzielle Anbieter gehen mit ihren Angeboten weit über den Bereich Rechtschreibung hinaus, lassen sich das teils aber auch als Abo ordentlich bezahlen.

Vollständig kostenlos ist die Website www.orthografietrainer.net. Sie bringt eine Reihe von Vorteilen mit, die aktuell von keinem anderen Betreiber angeboten werden, darunter insbesondere

- eine große Übungsauswahl – sowohl thematisch als auch nach Schwierigkeit geordnet,
- die Möglichkeit zum freien Training mit gemischten Rechtschreibproblemen,
- Rechtschreibtests, die vollautomatisch passende Übungsaufgaben vorschlagen,
- einen Trainingsablauf, der lernpsychologischen Ansprüchen genügt und detailliert wissenschaftlich dokumentiert ist,
- viele Auswertungsmöglichkeiten zu den Einzelübungen wie zur langfristigen Lernentwicklung.

Zur Verwendung des Angebotes müssen Sie sich nicht anmelden und können sofort loslegen. Um die Lernentwicklung Ihres Kindes dauerhaft verfolgen zu können, ist allerdings eine kostenlose Registrierung sinnvoll.

Neben orthografietrainer.net gibt es eine Reihe weiterer Angebote mit unterschiedlichen Stärken und Schwächen. Die Website www.grundschulstoff.de bietet neben anderen Themen auch ein wohlsortiertes Angebot an Rechtschreib- und Grammatikübungen – allerdings nicht zur Online-Arbeit, sondern zum Download von Arbeitsblättern. Sie verliert damit jedoch die großen Vorteile des Online-Trainings.

Auf den Websites https://learningapps.org und https://www.learningsnacks.de ist das anders, denn hier wird direkt im Browser gearbeitet. Dafür ist die Anzahl an Rechtschreibübungen eher klein und unsystematisch. Dennoch lohnt ein Besuch, denn in den Übungen steckt viel Liebe zum Detail.

Beispielübungen

Übung zum Dehnungs-h (leicht)

Rufe die Website www.orthografietrainer.net auf, klicke oben auf den Reiter „Übung" und in der Übungsauswahl auf „Laute und Buchstaben". Wähle in den „sehr leichten Übungen" die Nummer 47 („Dehnungs-h nach langen Vokalen") und bearbeite die Übungssätze, indem du auf das Wort mit der Buchstabenlücke klickst und die richtige Wahl triffst.

Gemischte Übung zur Groß- und Kleinschreibung (mittelschwer)

Rufe die Website www.orthografietrainer.net auf, klicke oben auf den Reiter „Übung" und in der Übungsauswahl auf „Neues freies Training". Wähle als Thema „Groß- und Kleinschreibung" und als Anfangs- und Zielstufe die Stufen 3 und 6. Bearbeite nach der Bestätigung der Angaben die Übungssätze, indem du auf die Wörter klickst, die großgeschrieben werden müssen. Am Ziel bist du, wenn du auf Stufe 6 drei richtige Antworten geliefert hast.

Übung zur Kommasetzung in Objektsätzen mit *dass* (schwer)

Rufe die Website www.orthografietrainer.net auf, klicke oben auf den Reiter „Übung" und in der Übungsauswahl auf „Kommasetzung". Wähle in den „schweren Übungen" die Nummer 102 „Objektsätze mit *dass*" und bearbeite die Übungssätze, indem du auf das Wort klickst, hinter dem ein Komma stehen muss. Überarbeite auch die Schreibung von *das(s)*, indem du auf das Wort klickst und die richtige Schreibung auswählst.

Schreibroutinen-Check:
Wissen ins System einbauen

Lernweg: **deduktiv**
Natürlichkeit: + / Berücksichtigung des Lernstandes: + + /
Konzentration auf Einzelprobleme: + + + / Rasches Feedback: + + /
Kreativität: +

Beim Schreibroutinen-Check hält man nach jedem geschriebenen Wort bewusst inne und überprüft es anhand einer Reihe von Rechtschreibregeln, bevor es weitergeht. Das verlangsamt den Schreibprozess zwar erheblich, kann aber eine entscheidende Brücke zwischen Wissen und Können schlagen, über welche die deduktiven Kenntnisse langsam zur induktiven Routine werden.

Stärken und Chancen

Wer sich angewöhnt, Wörter bereits während des Schreibens zu prüfen, festigt nicht nur sein Rechtschreibwissen, sondern weist ihm auch einen festen Platz im Schreibprozess zu. Das ist zwar anstrengend – und während der Klassenarbeit geradezu unmöglich –, aber der Schreibroutinen-Check ist auch nicht für die Klassenarbeit gedacht. Er bezweckt vielmehr, die Aufmerksamkeit immer wieder auf die verschiedenen Regeln zu lenken und den Rest den induktiven Fähigkeiten des Gehirns zu überlassen.

Risiken und Nebenwirkungen

Schreibroutinen-Checks erfordern viel Konzentration und setzen ein sicheres Rechtschreibwissen voraus. Sie eignen sich daher für ältere, trainingserfahrene Kinder. Um sie ohne Überforderung auch bei jüngeren einzusetzen, sollten zunächst nur eine oder wenige zusammengehörige Rechtschreibregeln systematisch abgearbeitet werden. Wenn Sie merken, dass Ihr Kind verunsichert ist oder Fehler macht, sollten Sie lieber eine andere Übungsmethode wählen und den Schreibroutinen-Check erst später anwenden.

Was sollten Sie beim Training beachten?

- Vereinbaren Sie mit Ihrem Kind eine überschaubare Anzahl von Prüfroutinen (mehr als fünf sind kaum zu handhaben), die während des Schreibens ständig zum Einsatz kommen sollen, z. B.: „Wie lang ist der betonte Vokal?", „Wird die Vokallänge bzw. -kürze markiert?", „Könnte das Wort ein Nomen sein?", „Könnte es Fremdwortschreibung erfordern?" usw.
- Schreiben Sie die vereinbarten Prüfroutinen als Liste auf ein gesondertes Blatt Papier, das gut sichtbar neben dem Text liegt, der überprüft wird.
- Beginnen Sie nun mit einem freien Text oder einem Diktat und unterbrechen Sie die Niederschrift bei allen Wörtern, deren Schreibung nicht selbstverständlich ist (also nicht bei jedem Artikel, Hilfsverb oder Pronomen). Arbeiten Sie die Liste vollständig ab, bevor es mit dem nächsten Wort weitergeht.
- Ermuntern Sie Ihr Kind, die Prüfroutinen „laut denkend" vorzunehmen, also auszusprechen, was es während der Bearbeitung denkt. So lernen Sie seine inneren Strategien kennen.
- Wird die Methode sorgfältig angewendet, erfordert sie ein erhebliches Maß an Konzentration. Trainieren Sie deshalb nicht zu lange und sorgen Sie für Erholungspausen.
- Ist Ihr Kind im Schreibroutinen-Check geübt, können Sie sich auch größere Wortgruppen vornehmen. Fernziel ist es, mit immer weniger, aber dafür immer gezielteren Unterbrechungen auszukommen.

Welche Varianten gibt es?

Schreibroutinen-Checks eignen sich auch als Methode der gezielten Selbstkorrektur. Besonders leicht ist das bei Einsetz- und Entscheidungsübungen, da hier meist nur eine kleine Regelanzahl gleichzeitig beachtet werden muss. Bei der Selbstkorrektur freier Texte oder Diktate ist es sinnvoll, den gesamten Text jeweils im Hinblick auf eine Regel durchzusehen, danach ein zweites Mal mit einer zweiten Regel usw.

Wo finden Sie weiteres Übungsmaterial?

Grundlage der Prüfroutinen sind entweder Regeln, die Sie im gemeinsamen Training gerade besprochen haben, oder ausgewählte Bereiche von Faustregelsammlungen. Wichtig ist, dass Ihr Kind bei jeder Prüfroutine weiß, worauf es zu achten hat. Ist das der Fall, benötigen Sie kein weiteres Material.

Beispielübungen

Wortschreibungen prüfen – Aufgabe mit zwei Checks (leicht)

Lass dir die folgenden Übungswörter diktieren. Prüfe in jedem Wort die folgenden Fragen:

1. Könnte ein Doppelkonsonant vorkommen, der zeigt, dass der betonte Vokal kurz ist?
2. Könnte ein Doppelvokal vorkommen, der zeigt, dass der betonte Vokal lang ist?

Haar, Matte, Beet, Falle, All, Bett, Moor, Schall, Aal, Kamm, Karre, Koppel, See, Tonne, Saal, Beere, Teller, Teer, Zoo, Herr, Boot, Koffer, Muffel.

Ein Diktat – Aufgabe mit drei Checks (mittelschwer)

Schreibe den folgenden Text als Diktat. Prüfe nach jedem Wort die folgenden drei Checks:

1. Sind alle Konsonanten richtig geschrieben oder gibt es eine Ausnahmeschreibung?
2. Treten Doppelkonsonanten, *ck*, *tz* oder ein Dehnungs-h auf?
3. Ist das Wort ein Nomen, das großgeschrieben werden muss?

Der berühmte italienische Dichter Dante war nicht nur ein großer Poet, sondern auch ein Mensch voller Moral. Eines Tages wurde er von einem reichen Fürsten zum Essen eingeladen und erschien in sehr einfacher Kleidung. Der Fürst beachtete ihn aber mit keinem Blick. Voller Verwunderung erfuhr der Dichter von einem Freund, dass daran seine schmucklose Kleidung schuld gewesen sei. Beim nächsten Mal präsentierte sich Dante in reich verzierten Kleidern und plötzlich zeigte auch der Fürst sein Interesse. Dante aber setzte sich zu Tisch und begann, Speisen und Getränke auf seinen Rock zu schütten. Dabei rief er: „Esst, ihr Kleider, esst! Denn ihr seid es, die dem Fürsten wichtig sind, nicht ich!"

Ein Beitrag für die Schulhomepage – freies Schreiben mit vier Checks (schwer)

Wähle dir eine Veranstaltung, die vor Kurzem in deiner Schule stattgefunden hat, und schreibe einen Artikel darüber für die Schülerzeitung oder die Homepage der Schule. Beschreibe den Ablauf, die Stimmung und alle Details, die für die Leserinnen und Leser interessant sein könnten. Prüfe nach jedem Wort die folgenden vier Sachverhalte:

1. Treten Doppelkonsonanten, *ck*, *tz* oder ein Dehnungs-h auf?
2. Ist das Wort ein Nomen, das großgeschrieben werden muss?
3. Muss das Wort mit dem vorherigen oder dem folgenden zusammengeschrieben werden?
4. Beginnt oder beendet das Wort einen Nebensatz und fordert folglich ein Komma?

Regellernen:
das Material des Rechtschreibgespräches

Lernweg: **deduktiv**
Natürlichkeit: + / Berücksichtigung des Lernstandes: + + /
Konzentration auf Einzelprobleme: + + + + / Rasches Feedback: + + /
Kreativität: +

Obwohl heute bekannt ist, dass Rechtschreibung weniger über die Regeln als über Beispiele gelernt wird, ist Regellernen sinnvoll. Denn Regelkenntnisse haben einen mittelbaren Einfluss auf die Rechtschreibfähigkeit.

Stärken und Chancen
Die deutschen Rechtschreibregeln bilden ein System, das zwar komplex ist, aber doch eine gewisse innere Schlüssigkeit aufweist. Die Kenntnis dieses Systems hilft Ihnen und Ihrem Kind, die Aufmerksamkeit zu lenken und im Zweifelsfall auch begründete Entscheidungen zu treffen. Wenn Sie die Regeln kennen, können Sie gute Rechtschreibgespräche führen.

Risiken und Nebenwirkungen
Wer die Regeln paukt, wird nicht zwangsläufig besser schreiben. Regeln helfen nur, wenn das Sprachgefühl bereits gelernt hat, bei falschen Schreibungen zu stutzen. Außerdem ist die deutsche Rechtschreibung alles andere als einfach, sondern setzt viel grammatisches Verständnis voraus, das man sich erst erarbeiten muss. Deshalb sollte man mit rechtschreibschwachen und/oder demotivierten Kindern unbedingt an anderer Stelle einsteigen und erst einmal Schreiblust und Konzentrationsfähigkeit fördern.

Was sollten Sie beim Training beachten?
- Regeln sollten nie isoliert, sondern immer in Kombination mit anderen Übungsmethoden gelernt werden – z. B. mit Einsetz- und Entscheidungsübungen (vgl. Seite 204), die die Schule liefert.

- Lebendig wird Regelwissen erst, wenn es über ganzheitliche Methoden in den Schreibprozess eingebunden oder in Rechtschreibgesprächen hinzugezogen wird, um Probleme zu lösen.
- Wichtiger als Regelpräzision ist Regelverständnis. Deshalb sind Faustregeln und Eselsbrücken häufig wirkungsvoller als präzise Festlegungen, die auch den letzten Ausnahmefall abdecken.
- Erarbeiten Sie Regeln nur in kleinen Portionen, die Ihr Kind in der Übung sicher anwenden kann.
- Je lieber Ihr Kind deduktiv arbeitet, umso tiefer können Sie in die Regeln eintauchen. Gerade kleine Mathe- und Computercracks profitieren bisweilen überraschend stark von Rechtschreibregeln. Ob das bei Ihrem Kind der Fall ist, sehen sie leicht an seinen persönlichen Vorlieben: Wer sich für Regeln interessiert, verwendet sie auch meist richtig.

Welche Varianten gibt es?

Der Normalfall des Regellernens besteht darin, eine bestimmte Regel herauszusuchen, sie an einigen Beispielen zu erläutern und anschließend in passenden Übungen anzuwenden. So gehen die meisten Deutschbücher und Übungshefte vor.

Gerade induktiv orientierte Kinder schätzen aber auch den umgekehrten Weg, der den Forschergeist anregt: Dabei wird anhand einer großen Menge von Anwendungsbeispielen versucht, auf die dahinter liegende Regel zu schließen. Das führt zwar ohne Hilfe selten zu sinnvollen Ergebnissen, vertieft aber die Wahrnehmung richtiger Schreibungen und die Auseinandersetzung mit der Schrift. Außerdem schafft es einen guten Ansatzpunkt für Rechtschreibgespräche und damit für die Bildung persönlicher Lösungsstrategien.

Wo finden Sie weiteres Übungsmaterial?

Wer sein Regelwissen verbessern will, muss zuerst entscheiden, welche Regeln er eigentlich lernen möchte. Tatsächlich gibt es sehr verschiedene Regelsammlungen, die ganz unterschiedlichen Ansprüchen genügen:

Das amtliche Regelwerk der deutschen Rechtschreibung ist die offizielle Grundlage, an der sich alle anderen Regelsammlungen orientieren. Es versucht zwar, auch für Laien verständlich zu sein, stellt aber hohe Ansprüche an die grammatischen Kenntnisse. Im Gegenzug ist es sehr systematisch und inhaltlich präzise. Die jeweils aktuelle Fassung finden Sie als PDF auf der Website des Rechtschreibrates (www.rechtschreibrat.com).

Die Dudenregeln am Anfang des Rechtschreibdudens sind eine Interpretation des amtlichen Regelwerks und versuchen, die komplexen Paragraphen zu kürzen und verständlicher aufzubereiten. Auch sie geben den Anspruch auf Präzision nicht auf, rücken aber zugunsten der Verständlichkeit einen Schritt von der sprachwissenschaftlichen Systematik ab.

Regelsammlungen in Schulbüchern und Übungsheften sowie Faustregelsammlungen im Internet und auf Lernplakaten erheben nicht den Anspruch auf Vollständigkeit, sondern wollen die wichtigsten Zusammenhänge der Rechtschreibung leicht verständlich zusammenfassen. Sie schließen dabei immer einen Kompromiss zwischen Überblick und Präzision. Eine Variante, die sich in der Alltagsschule bewährt hat, finden Sie in Kapitel 4 in diesem Buch.

Beispielübungen

Das Dehnungs-h (sehr leicht)

Lies dir die Faustregeln zum Dehnungs-h durch (Seite 212) und schreibe dir auf, vor welchen Konsonanten das echte Dehnungs-h vorkommen kann. Finde zu jedem Anwendungsfall ein eigenes Beispiel.

Nomen erkennen und großschreiben (leicht)

Nomen werden im Deutschen großgeschrieben. Erarbeite dir anhand der Regeln auf Seite 236 ff. einen Überblick, an welchen Merkmalen man Nomen erkennt. Schreibe zu jedem Beispiel ein ähnliches eigenes Beispiel auf.

Die Schreibung nach langen und kurzen Vokalen (mittelschwer)

Lies dir die Regeln der deutschen Silbengesetze (Seite 236 ff.) durch und beantworte die folgenden Fragen:

1. Wie viele Konsonanten sind nach langen Vokalen typisch und wie viele nach kurzen?
2. Welche Möglichkeiten gibt es im Deutschen, die Länge von Vokalen zu markieren?
3. Finde zu jeder Möglichkeit aus Aufgabe 2 drei eigene Beispiele.

Die Kommasetzung bei Infinitiven (schwer)

Erkläre anhand der Hinweise auf Seite 252 in eigenen Worten, was Infinitivgruppen sind und unter welchen Bedingungen man sie mit Kommas vom Hauptsatz abgrenzt. Finde zu jeder Bedingung mindestens drei eigene Beispielsätze.

Üben für Spezial- und Sonderfälle

Hör- und Klangübungen:
die Voraussetzung für Regelanwendung schaffen

> Lernweg: **deduktiv**
> Natürlichkeit: + + / Berücksichtigung des Lernstandes: + + /
> Konzentration auf Einzelprobleme: + + + + / Rasches Feedback: + + + /
> Kreativität: +

Zur Unterstützung der Rechtschreibfertigkeiten ist es sinnvoll, dass Kinder üben, einige klangliche Eigenschaften von Wörtern und Silben herauszuhören. Dazu zählt besonders das Erkennen langer und kurzer Vokale sowie betonter und unbetonter Silben. Sollte Ihr Kind darüber hinaus Schwierigkeiten haben, Laute richtig zu erkennen, obwohl es bereits mindestens die Grundschule besucht, empfiehlt es sich, seine Hörfähigkeit testen zu lassen und gegebenenfalls professionelle Hilfe in Anspruch zu nehmen.

Stärken und Chancen
Einige Grundregeln der deutschen Rechtschreibung basieren auf den klanglichen Eigenschaften von Wörtern, insbesondere auf den sogenannten Silbengesetzen (vgl. Seite 213). Deshalb kann es für Schreibentscheidungen sehr sinnvoll sein, sicher zwischen betonten und unbetonten Silben sowie zwischen langen und kurzen Vokalen zu unterscheiden, weil daraus Konsequenzen für die Schreibung der Wörter folgen.

Risiken und Nebenwirkungen
Jeder (wirklich jeder!), der die deutsche Sprache als Muttersprache beherrscht, kann unbewusst zwischen betonten und unbetonten Silben sowie zwischen langen und kurzen Vokalen unterscheiden. Aussprachefehler in diesen Bereichen treten auch in Extremfällen (Übermüdung,

Rauschzustände usw.) so gut wie nie auf. Um so verblüffender ist es, wie schwer es Kindern und Erwachsenen fallen kann, sich diese unbewussten Kenntnisse bewusst zu machen. Oft müssen Kinder lange üben, bis sie den Dreh heraushaben. Doch mit Aufmerksamkeit, vielen Beispielen und Feedback fällt der Groschen irgendwann!

Was sollten Sie beim Training beachten?

- Silbenbetonungen und Vokallängen lernt man am besten induktiv: Geben Sie ein Beispiel vor und lassen Sie Ihr Kind entscheiden. Geben Sie anschließend sofort Feedback, ob die Entscheidung richtig war oder nicht. Das kann am Anfang geradezu wie ein Ratespiel wirken, führt aber rasch zu Erfolgen.
- Hör- und Klangübungen passen gut an den Anfang des Trainings, sollten aber nicht allzu lange dauern: Täglich ein Dutzend Wörter genügt, um Sicherheit zu gewinnen.
- Falls Sie selbst Schwierigkeiten haben, Betonungs- und Längenunterschiede sicher zu erkennen, fehlt Ihnen nicht das Hörvermögen, sondern nur die bewusste Zuordnung. Lernen Sie einfach mit Ihrem Kind mit und orientieren Sie sich bis dahin an den deutschen Silbengesetzen (Seite 213/214), um sich und Ihrem Kind Feedback zu geben.
- Wenn Sie selbst Vokallängen und Betonungen sicher unterscheiden können, ist es ein gutes zusätzliches Feedback, das Übungswort einmal bewusst falsch vorzusprechen (s. u.). Diese Abweichungen helfen Ihrem Kind zu entdecken, auf welche klangliche Eigenschaft es eigentlich ankommt.

Welche Varianten gibt es?

Hör- und Klangübungen kann man im Dialog oder auf dem Papier durchführen. Sprechen Sie bei der Dialog-Variante das Übungswort vor, und lassen Sie Ihr Kind entscheiden, welche Silbe betont und welcher Vokal lang oder kurz ist.

In der schriftlichen Variante arbeiten Sie mit Texten oder Einzelwörtern, bei denen Akzentzeichen die betonten Silben markieren und unterschiedliche Farben die langen und kurzen Vokale. Hat Ihr Kind allerdings bereits die Silbengesetze entdeckt, kann es leicht aus der Schreibung der Wörter auf die Vokallänge schließen und damit „schummeln": Es schließt dann einfach aus dem Doppel-s auf den kurzen Vokal, statt umgekehrt. Wechseln Sie deshalb gelegentlich zur Dialog-Variante.

Manche Kinder haben großen Spaß daran, Vokallängen und Betonungen zur Übung bewusst falsch zu machen und damit fremd klingende Wörter zu erzeugen (also *Maate* statt *Matte* oder *géheim* statt *gehéim*). Solche Spiele vertiefen das Hörtraining und verdeutlichen den klanglichen Unterschied. Eine versehentliche Gewöhnung an die falsche Aussprache ist praktisch unmöglich, sodass Sie nach Herzenslust experimentieren können.

Wo finden Sie weiteres Übungsmaterial?

Übungs- und Arbeitsbücher zur Rechtschreibung (vgl. das Kapitel Ausgewählte Literatur, ab Seite 258) enthalten immer auch Hör- und Klangübungen, insbesondere zum Thema „Vokallänge". Meist finden Sie die Übungen unter den Stichwörtern „lange und kurze Vokale" bzw. „Dehnung und Schärfung". Weitere, ähnlich aufgebaute Übungen finden Sie im Internet unter denselben Stichwörtern. Besonders wenn Sie selbst in der Entscheidung unsicher sind, sind Videos zum Aussprachetraining langer und kurzer Vokale eine Hilfe.

Beispielübungen

Silben erkennen (sehr leicht)

Sprich die Wörter aus der Tabelle unten laut aus und klatsche ihren Rhythmus mit. Teile sie anschließend in Silben ein, indem du einen senkrechten Strich an der Silbengrenze ziehst.

Betonte und unbetonte Silben unterscheiden (mittelschwer)

In jedem Wort aus mehreren Silben ist eine Silbe stärker betont als die anderen. Unterstreiche in den Wörtern der folgenden Tabelle die betonte Silbe.

Lange und kurze Vokale unterscheiden (schwer)

Entscheide, ob der Vokal der betonten Silbe in den Tabellenwörtern lang oder kurz ausgesprochen wird.

Rabe	Besen	beliebt	Wolle
Kanne	Hebel	Kinder	Tore
fangen	Keller	wieder	Koffer
Belag	Nebel	Miete	Boot
Wagnis	bellen	Winter	kommen
fallen	wegen	verlieren	poltern
fassen	Wetter	sieben	Kohle
sagen	besetzt	Hilfe	Belohnung
Gabel	Wesen	verliebt	rollen
Pfanne	Segel	Rinder	vorher
bangen	Teller	Lieder	hoffen
Verlag	Regen	siegen	Moos
tragen	heller	mildern	trommeln
knallen	legen	schmieren	Holger
klasse	besser	liegen	Sohle
schlagen	gehetzt	zittern	Betonung

Wunder	täglich	völlig	müssen
Versuch	zählen	Geröll	Schüssel
Tulpe	kämpfen	Töle	Grüße
mutig	Kälte	möglich	genügend
Rummel	Lähmung	Lösung	füttern
super	Zähne	nötig	Füller
Schussel	fällen	können	kühlen
verpufft	Fässer	hölzern	blühen
Zunder	Käse	Hölle	müffeln
fluchen	wählen	möchten	Rüssel
Puls	dämpfen	Höhle	Füße
Wunde	Erkältung	höflich	begnügen
Kuppel	Wälder	lösen	kümmern
rufen	zähmen	Störung	Hülle
Puzzle	hässlich	Vögel	wühlen
Duft	kämmen	zögern	fühlen

Lösungen auf Seite 206/207

Wörterbucharbeit: wissen, wo es steht

Lernweg: **deduktiv**
Natürlichkeit: + / Berücksichtigung des Lernstandes: + + /
Konzentration auf Einzelprobleme: + + + + / Rasches Feedback: + + + /
Kreativität: + +

In der Mittel- und Oberstufe erkennt man Jugendliche mit guten Rechtschreibkenntnissen daran, dass sie in der Klassenarbeit gelegentlich zum Rechtschreibduden greifen und ein Wort nachschlagen. Denn gute Rechtschreibkenntnis heißt nicht, alles zu wissen, sondern zu wissen, an welchen Stellen man besser noch einmal nachschaut. Da Wörterbucharbeit auch die Wahrnehmung von Wörtern trainiert, geht ihr Lerneffekt deutlich über das nachgeschlagene Wort hinaus.

Stärken und Chancen
Wörterbucharbeit leistet Hilfe zur Selbsthilfe, die man im Alltag gut gebrauchen kann. Wer ein Wort nachschlägt, braucht schon eine ungefähre Vorstellung seiner Schreibung, sonst wäre die Suche unmöglich. Deshalb ist Wörterbucharbeit eine Art Hypothesentest: Kommt nach dem Vokal ein *h* oder nicht? Und wo muss ich folglich suchen? Das Wörterbuch leistet damit automatisch eine Rückmeldung zur vermuteten Schreibung. Auch die Zeit bis zum Auffinden ist nicht verschenkt, da während der Suche Dutzende von Schreibungen wahrgenommen werden und so zum Erfahrungsschatz Ihres Kindes beitragen.

Risiken und Nebenwirkungen
Wörterbucharbeit ist etwas für spätere Trainingsphasen, denn sie wird gerade von jüngeren Kindern oft als ermüdend empfunden. Sollte das bei Ihrem Kind der Fall sein, verschieben Sie die Methode auf später oder steuern Sie mit bewusst kurz gehaltenen Trainingsphasen gegen. Wörterbucharbeit sollte bei Mittelstufenschüler/-innen zwar gelegentlich geübt werden, aber intensives Training ist nicht erforderlich.

Was sollten Sie beim Training beachten?
- Bevor es losgeht, sollte das Alphabet sicher sitzen – am besten nicht nur vom Anfang, sondern auch von einigen mittleren Buchstaben aus, um schnell zum gesuchten Buchstaben zu kommen.
- Fangen Sie das Training mit leichten Wörtern an, deren Schreibung unkompliziert ist. So schaffen Sie Erfolgserlebnisse.
- Wenn Ihr Kind gern schwere Fremdwörter nachschlagen möchte, wählen Sie für den Anfang möglichst solche, bei denen die Schwierigkeiten nicht gleich am Wortanfang beginnen: Wer die „Philosophie" unter dem Buchstaben „F" sucht, kann lange suchen ...

- Wird Ihr Kind nicht fündig, weil es an falscher Stelle sucht, besprechen Sie mögliche Alternativen. Aber stellen Sie sicher, dass es nicht x-mal vergeblich sucht, sonst festigt sich möglicherweise die Meinung, dass Wörterbücher nicht hilfreich sind.

Welche Varianten gibt es?

Eine typische Variante der Wörterbucharbeit ist es, Vorgänger und Nachfolger eines Suchwortes herauszuschreiben. Möglich ist es auch, eine ganze Wortfamilie zu suchen, die auf demselben Wortstamm beruht und im Wörterbuch nahe zusammensteht.

Ausnahme- und Fremdwortschreibungen sind ein lohnendes Ziel der Wörterbucharbeit. Falls jedoch schon die ersten Vermutungen über die Schreibung falsch sind, lassen sie sich nicht leicht aufspüren.

Eine Alternative mit geringerer Frustrationsgefahr ist die Suche nach korrekten Getrennt- und Zusammenschreibungen: Schreibt man „Staub saugen" oder „staubsaugen" – oder geht sogar beides?

Wo finden Sie weiteres Übungsmaterial?

Nicht immer muss Wörterbucharbeit anhand des geballten deutschen Wortschatzes erfolgen, denn das Nachschlagen im Rechtschreibduden kann für Ungeübte schon zur Geduldsprobe werden. Eine Alternative für Eilige bildet das kostenlose Online-Angebot www.duden.de.

Speziell für Grundschulkinder gibt es Wörterbücher mit deutlich geringerem Umfang und vielen Bildern, so etwa „Von A bis Zett" des Cornelsen-Verlages, das auch ein Bild-Wort-Lexikon für englische Vokabeln enthält. Unter dem Suchbegriff „Grundwortschatz" veröffentlichen die Schulbehörden der Bundesländer jahrgangsbezogene Wortlisten, die Ihnen neben der Wörterbucharbeit auch zur Einschätzung des Rechtschreibstandes Ihres Kindes dienen können.

Beispielübungen

Vorgänger und Nachfolger suchen (leicht)

Schlage die folgenden Wörter nach und schreibe jeweils den Vorgänger und den Nachfolger des Wortes heraus:

- bitten
- Kasse
- süß

Wortfamilien suchen (mittelschwer)

Schlage die folgenden Wörter nach und schreibe jeweils zehn Wörter auf, die zur selben Wortfamilie gehören und nah beieinander im Wörterbuch gelistet sind.

- halb
- schreiben
- Quelle

Fremdwörter nachschlagen (schwer)

Lass dir die folgenden Fremdwörter von deinem Rechtschreib-Coach vorlesen. Schlage sie nach und schreibe ihre Bedeutungserklärung ab. Wenn du sie nicht findest, überlege dir mögliche Alternativschreibungen.

- Metapher
- Hendiadyoin
- Lithosphäre

Eselsbrücken:
der Ausweg aus den schwachen Lernschemata

> Lernweg: **induktiv**
> Natürlichkeit: + / Berücksichtigung des Lernstandes: + + + /
> Konzentration auf Einzelprobleme: + + + + / Rasches Feedback: + /
> Kreativität: + + + +

„Wer nämlich mit *h* schreibt, ist dämlich!" So falsch dieser Spruch auch ist (denn wer nämlich mit *h* schreibt, hat in Wirklichkeit einiges über die deutsche Rechtschreibung begriffen!), so wirksam ist er doch für alle, die ihn kennen und im richtigen Moment an ihn denken. Lern- und Merkhilfen - sogenannte Eselsbrücken - nutzen die Fähigkeit unseres Gehirns, sich an kuriose, ungewöhnliche oder anderweitig eindrückliche Erfahrungen zu erinnern. Sie helfen damit, fehlerhafte Routinen und schwache Lernschemata zu überwinden.

Stärken und Chancen

Wer verstanden hat, wie man Eselsbrücken baut, kann sie gezielt gegen schwache Lernschemata einsetzen und sich Schreibungen endlich richtig einprägen. Damit sind Eselsbrücken zwar kein Allheilmittel, aber eine vielseitig einsetzbare Hilfestellung, falls andere Lernmethoden versagen. Darüber hinaus kann die Brücke gar nicht verrückt genug sein und macht daher vielen Kindern großen Spaß.

Risiken und Nebenwirkungen

Eselsbrücken erfordern viel Aufwand, um sicher zu funktionieren. Das gesicherte Wissen ist außerdem sehr starr und kann nicht auf andere Fälle übertragen werden: Der Spruch zu *nämlich* erklärt weder, wie *nehmen* geschrieben wird, noch ob das *ä* in *nämlich* stimmt. Außerdem gewährleistet die Kenntnis noch lange nicht, dass Ihr Kind die Eselsbrücke auch nutzt: Viele Kinder erwischen sich dabei, das *h* doch zu schreiben, obwohl sie den Spruch kennen. Aus diesen Gründen sollten Sie Eselsbrücken wirklich nur für besondere Lernsituationen einsetzen.

Was sollten Sie beim Training beachten?

Die meisten Eselsbrücken funktionieren über das sogenannte episodische Gedächtnis: Während wir normalerweise alles, was wir lernen wollen, häufig wiederholen müssen, merken wir uns bestimmte, sehr eindrückliche Episoden unseres Lebens auch ohne Wiederholung. Deshalb erinnern wir uns an einen besonderen Feiertag viel leichter als an einen beliebigen Alltag. Eselsbrücken nutzen diese Fähigkeit aus, indem sie eine ungewöhnliche Wahrnehmung konstruieren, über die wir auf den fokussierten Lerninhalt schließen können. Das geht in etwa folgendermaßen:

- Verdeutlichen Sie sich, was genau Sie lernen wollen, und suchen Sie sich bildliche oder klangliche Assoziationen.
- Erzählen Sie sich selbst eine kleine Geschichte, in der diese Assoziationen vorkommen und zu Ihrem Lerninhalt leiten.
- Führen Sie sich diese Geschichte so genau wie möglich vor Augen, um sie tief in Ihr episodisches Gedächtnis einzuprägen.

Ein Beispiel

Thomas kann sich nicht merken, wie *„Karussell"* geschrieben wird. Irgendwo kommen Doppelkonsonanten vor, aber er weiß nie so genau, wo sie hingehören. Schließlich baut er sich folgende Eselsbrücke: Der Klang des Wortes *Karussell* erinnert ihn an die Wörter *Russe* und *gesellig*. Deshalb stellt er sich ein Karussell vor, auf dem lauter Russen sitzen, die alle lange Bärte und altrussische Kleidung tragen. Nachdem diese ungewöhnliche Truppe ihre Fahrt beendet hat, setzt sie sich in geselliger Runde bei Tee und Gebäck zusammen, um über das Erlebnis zu plaudern. Thomas merkt sich: *Karussell* hat nur ein *r*, aber zwei *ss* – genau wie *Russe*. Außerdem schreibt man es mit *ll* – genau wie *gesellig*. Die Eselsbrücke ist fertig, und Thomas kann sich die Schreibung von Karussell ab jetzt herleiten.

Welche Varianten gibt es?

Kurze Episoden, in denen ungewöhnliche Dinge passieren, sind gute Ausgangspunkte für Eselsbrücken. Einen etwas anderen Weg gehen Merkhilfen, die auf klangliche Assoziationen setzen, beispielsweise auf kleine Reime (so funktioniert etwa der *nämlich*-Spruch) oder Wortwiederholungen (z. B. *Gar nicht wird gar nicht zusammengeschrieben*).

Auf die Schreibweise von Wörtern spezialisiert sind sogenannte Merkbilder, in denen das Schriftbild des Wortes zu einer kleinen Zeichnung ausgebaut wird: Wer sich merken möchte, dass *Boot* mit Doppel-o geschrieben wird, schreibt das Wort auf und zeichnet ein Schiff so darum herum, dass die beiden *o* wie zwei Bullaugen im Rumpf des Bootes liegen.

Wo finden Sie weiteres Übungsmaterial?

Die besten Eselsbrücken sind die, die man selbst erfindet. Deshalb sind viele Merkhilfen, die dem einen nützen, für einen anderen wenig hilfreich. Im Internet finden Sie unter Begriffen wie „Eselsbrücke" oder „Mnemotechnik" viele Anregungen, von denen Sie sich inspirieren lassen können. Wenn Sie „Merkreime Rechtschreibung" im Internet suchen, kommen Sie zu verschiedenen mehr oder weniger glücklichen Versuchen, Rechtschreibregeln in Reimform zu bringen. Nützlich davon ist alles, was Ihnen und Ihrem Kind weiterhilft. Den Rest vergessen Sie getrost wieder.

Beispielübungen

Ein Merkspruch (leicht)

Präge dir den folgenden Spruch zum stimmhaften s-Laut ein:
„Hört ihr das s gesummt, ihr Lieben,
wird's einfach nur mit s geschrieben!"

Finde selbst Beispiele, in denen du den s-Laut stimmhaft (gesummt) hörst (z. B. wie in *Wiese, Rasen, lesen* usw.).

Eine Eselsbrücke zu einem Wort (mittelschwer)

Das Wort *Adresse* wird häufig falsch geschrieben (z. B. mit *dd* oder einfachem *s*). Baue eine Eselsbrücke, mit der du dir die Schreibweise herleiten kannst. Vielleicht hilft dir die Idee, dass in *Adresse* die Wörter *esse[n]* oder auch *Dress* versteckt sein könnten. Wie auch immer du die Eselsbrücke baust, stell dir die erfundene Geschichte so lebendig wie möglich vor und erzähle sie deinem Coach!

Eine Geschichte zu Wörtern mit *aa* (schwer)

Merke dir die fünf wichtigsten Wörter mit Doppel-a anhand einer Eselsbrücke:

Haar, Paar, Saal, Waage, Staat

Erfinde dazu eine Geschichte, in der jedes dieser Wörter eine wichtige Rolle spielt. Versuche, dir die Ereignisse der Geschichte so genau wie möglich vor Augen zu führen, und verknüpfe sie dabei mit dem Thema Doppel-a. Erzähl die Geschichte deinem Rechtschreib-Coach.

Lösungen der Beispielübungen

Methode Sprachspiele: gefüllte Kalbsbrust, (Seite 139)
Beispiellösung

S	C	H	M	A	L	Z
P	R	Ä	S	E	N	T
I	N	D	I	A	N	A
E	I	N	Z	A	H	L
L	E	H	R	T	Y	P
P	A	R	A	B	E	L
L	A	K	T	O	S	E
A	S	T	F	R	E	I
T	A	N	K	T	O	P
Z	E	U	G	N	I	S

Korrekturübung: Falsche Tiernamen, (Seite 166)

Fogl	Hunt	Amaise	Fich	Haße	Merschwein	Ganz
Vogel	Hund	Ameise	Fisch	Hase	Meerschwein	Gans
Girafe	Kuu	Hirch	Elefand	Hun	Ferd	Zepra
Giraffe	Kuh	Hirsch	Elefant	Huhn	Pferd	Zebra

Internet-Chat, (Seite 167), Beispiellösung
- Habe gerade die Zusage für das Praktikum bekommen! – Wow, super! Das freut mich für dich!
- Morgen sehen wir uns, oder? – Klar, wird Zeit.
- Wann arbeitest du morgen? – Erst 17:30 Uhr.
- Super, ich hol dich ab. – Ich freu mich.

Kommafehler, (Seite 168)
Der Physiker und Nobelpreisträger Albert Einstein gilt für viele Menschen als das Sinnbild eines Genies. Seit vielen Jahrzehnten hält sich dabei das Gerücht, dass Einstein als Schüler eher schlechte Noten gehabt habe. Manche behaupten sogar, er sei einmal sitzengeblieben. Aber das ist wie so oft bei Gerüchten einfach ein Missverständnis. In der Schweiz, in der Einstein zur Schule ging, war nämlich die Note „Fünf" die beste Bewertung, die man bekommen konnte. Und so verwundert es nicht, dass es auf Einsteins Zeugnis vor Fünfen nur so wimmelte.

Einsetz- und Entscheidungsübungen

Harte oder weiche Konsonanten?, (Seite 176)
sieben, Boot, Tiger, Stempel, Vater, baden, super, Sand, Lokal, Lieder, wegen, Rabe, lustig, Park

v oder f? Setze den richtigen Buchstaben ein, (Seite 176)
Peter spielt wunderbar Flöte.
Letzte Woche waren wir verreist.
In den Bäumen zwitscherten die Vögel.
Bald geht es mit dem Fahrrad auf Klassenfahrt.
Ich wünsche dir viel Freude.
Hast du einen Vorschlag, wie wir den Ofen heizen können?
Ich fürchte, ich habe meinen Stift verloren.
Schon bald waren alle fertig mit den Aufgaben.

Wörter mit Dehungs-h, (Seite 177), Beispiellösung

| Mohn | Pfahl | kehren | Ahnung | Röhre |
| Lohn | kahl | wehren | Mahnung | Möhre |

| fühlen | lahm | gähnen | zählen | kahl |
| kühlen | zahm | erwähnen | quälen | Zahl |

Kommasetzung, (Seite 178)

Niemand weiß, wohin er wollte, als er gestern heimgefahren ist.

Ich habe das Kind, ein kleines blondes Mädchen, dort hinten gesehen, als ich vorbeiging.

Was hast du davon, so herumzuschreien, wenn du doch nicht bekommst, was du willst?

Sie war sicher, dass er gestern da gewesen war, obwohl sie keine Beweise hatte.

Peter, der noch ganz aufgeregt war, wollte ihr sofort hinterherrennen, aber Ben hielt ihn zurück.

Die Fremde sah mich mit einem Blick an, der mich beunruhigte.

Ich habe mich schon den ganzen Tag darauf gefreut, dich zu sehen.

Das sind doch Geschichten, die du dir nur ausdenkst, um dich wichtig zu machen.

Habe ich dir schon Vera, meine Schwägerin, vorgestellt, die auch bei uns im Haus wohnt?

Ich bin nicht sicher, ob er mich verstanden hat, weil er sich so hilfesuchend umgesehen hat.

Hör- und Klangübungen, (Seite 195)

Fettdruck = betonte Silbe, (l) = betonte Silbe ist lang,
(k) = betonte Silbe ist kurz

Ra|be (l)	**Be**|sen (l)	be|**liebt** (l)	**Wol**|le (k)
Kan|ne (k)	**He**|bel (l)	**Kin**|der (k)	**To**|re (l)
fan|gen (k)	**Kel**|ler (k)	**wie**|der (l)	**Kof**|fer (k)
Be|**lag** (l)	**Ne**|bel (l)	**Mie**|te (l)	**Boot** (l)
Wag|nis (l)	**bel**|len (k)	**Win**|ter (k)	**kom**|men (k)
fal|len (k)	**we**|gen (l)	ver|**lie**|ren (l)	**pol**|tern (k)
fas|sen (k)	**Wet**|ter (k)	**sie**|ben (l)	**Koh**|le (l)
sa|gen (l)	be|**setzt** (k)	**Hil**|fe (k)	Be|**loh**|nung (l)
Ga|bel (l)	**We**|sen (l)	ver|**liebt** (l)	**rol**|len (k)
Pfan|ne (k)	**Se**|gel (l)	**Rin**|der (k)	**vor**|her (l)
ban|gen (k)	**Tel**|ler (k)	**Lie**|der (l)	**hof**|fen (k)
Ver|**lag** (l)	**Re**|gen (l)	**sie**|gen (l)	**Moos** (l)
tra|gen (l)	**hel**|ler (k)	**mil**|dern (k)	**trom**|meln (k)
knal|len (k)	**le**|gen (l)	**schmie**|ren (l)	**Hol**|ger (k)
klas|se (k)	**bes**|ser (k)	**lie**|gen (l)	**Soh**|le (l)
schla|gen (l)	ge|**hetzt** (k)	**zit**|tern (k)	Be|**to**|nung (l)

Wun|der (k)	**täg**|lich (l)	**völ**|lig (k)	**müs**|sen (k)
Ver|**such** (l)	**zäh**|len (l)	Ge|**röll** (k)	**Schüs**|sel (k)
Tul|pe (k)	**käm**|pfen (k)	**Tö**|le (l)	**Grü**|ße (l)
mu|tig (l)	**Käl**|te (k)	**mög**|lich (l)	ge|**nü**|gend (l)
Rum|mel (k)	**Läh**|mung (l)	**Lö**|sung (l)	**füt**|tern (k)
su|per (l)	**Zäh**|ne (l)	**nö**|tig (l)	**Fül**|ler (k)
Schus|sel (k)	**fäl**|len (k)	**kön**|nen (k)	**küh**|len (l)
ver|**pufft** (k)	**Fäs**|ser (k)	**höl**|zern (k)	**blü**|hen (l)
Zun|der (k)	**Kä**|se (l)	**Höl**|le (k)	**müf**|feln (k)
flu|chen (l)	**wäh**|len (l)	**möch**|ten (k)	**Rüs**|sel (k)
Puls (k)	**dämp**|fen (k)	**Höh**|le (l)	**Fü**|ße (l)
Wun|de (k)	Er|**käl**|tung (k)	**höf**|lich (l)	be|**gnü**|gen (l)
Kup|pel (k)	**Wäl**|der (k)	**lö**|sen (l)	**küm**|mern (k)
ru|fen (l)	**zäh**|men (l)	**Stö**|rung (l)	**Hül**|le (k)
Puz|zle (k)	**häss**|lich (k)	**Vö**|gel (l)	**wüh**|len (l)
Duft (k)	**käm**|men (k)	**zö**|gern (l)	**füh**|len (l)

Teil 3
Wissen

Kapitel 4

Unsere Rechtschreibung: Regeln verstehen, Lernwege planen

Die Rechtschreibfehler Ihres Kindes entstehen niemals zufällig! Sie sind immer das Ergebnis bewusster oder unbewusster Entscheidungen und können folglich Aufschluss darüber geben, welche Schreibstrategien Ihr Kind anwendet, welche Schemata es beherrscht und welche ihm noch fehlen.

Gleichzeitig sind auch die Rechtschreibregeln keine willkürlichen Festlegungen, sondern bilden ein System, welches das Lesen erleichtert und das Textverständnis verbessert. Dieses System hat sich im Laufe vieler Jahrhunderte entwickelt und wirkt deshalb an einigen Stellen verwirrend und komplex. Doch sobald Sie seine Grundideen verstanden haben, sehen Sie nicht nur die Rechtschreibregeln mit anderen Augen, sondern können auch besser einschätzen, welche Trainingsinhalte für Ihr Kind aktuell sinnvoll sind. Denn auch der Erwerb der Rechtschreibregeln verläuft nicht zufällig.

Wenn es Ihnen wie den meisten geht, dann haben Sie die deutsche Rechtschreibung vermutlich induktiv erworben und denken beim Schreiben selten über Regeln nach. Wahrscheinlich könnten Sie deshalb nicht unbedingt spontan erklären, warum man *eislaufen* zusammenschreibt, *Fluss* mit Doppel-s und *nämlich* ohne *h*. Je weiter Sie aber mit Ihrem Kind im Training voranschreiten, umso mehr spielen solche Fragen eine Rolle und umso stärker profitiert Ihr Kind auch von deduktiven (Regel-)Kenntnissen. Nutzen Sie die folgenden Abschnitte als Einstieg in die Systematik der deutschen Rechtschreibung und ihrer typischen Lernwege. Sie werden staunen, wie viele orthografische Kenntnisse Sie haben, ohne davon zu wissen.

Wann Ihr Kind damit beginnt, Fragen zur Rechtschreibung zu stellen, oder wann es welche Lernstufe erklimmt, ist gerade bei rechtschreibschwachen Kindern kaum vorherzusagen. Manchmal brauchen Kinder sehr lange für einen scheinbar kleinen Schritt, dann aber platzt plötzlich der Knoten und die nächsten Schritte folgen wie im Sprint. Machen Sie sich daher nicht allzu viele Sorgen, wenn es irgendwo einmal nur schleppend vorangeht. Jeder Schritt braucht seine Zeit und übermäßige Eile richtet meist eher Schaden an.

Laute, Buchstaben und Silben

Buchstaben geben die Laute wieder, aus denen unsere Wörter bestehen. Man unterscheidet bei den Lauten Vokale, Konsonanten und Halbvokale. **Vokale** entstehen durch einen ungehinderten Luftstrom aus der Lunge über die Stimmbänder in den Mundraum. Man kann Vokale ohne Beihilfe anderer Laute sprechen. Deshalb werden sie auch **Selbstlaute** genannt. Jeder Vokal bildet den Kern einer eigenen Silbe. Die Vokale des Deutschen werden mit folgenden Buchstaben geschrieben:

- Grundvokale: *a, e, i, o, u*
- Umlaute: *ä, ö, ü*
- Doppellaute (Diphthonge): *au, eu, ei, ai, äu*

Konsonanten entstehen durch Verengung oder Unterbrechung des Luftstromes im Mund- und Rachenraum. Wenn Sie z. B. die Lippen schließen, Luftdruck aufbauen und plötzlich die Lippen öffnen, entsteht das [p]. Da Konsonanten nur mit Hilfe eines Vokals gesprochen werden können, nennt man sie auch **Mitlaute**. Beispiele für Konsonanten des Deutschen sind: *p, t, k, b, d, g*.

Halbvokale stehen klanglich zwischen den Vokalen und den Konsonanten. So wird etwa das *r* oft vokalisiert, ähnlich wie *a* ausgesprochen. Deshalb ist es kein Zufall, dass es für viele Schreibanfänger **im Somma waam* (statt *im Sommer warm*) ist und sie **ein Kommer* (statt *ein Komma*) zwischen Haupt- und Nebensatz setzen. Solche Fehler sind normal und verschwinden mit zunehmender Rechtschreiberfahrung.

Vokale und Vokallänge

Im Deutschen gibt es lange und kurze Vokale. Diese Besonderheit hat wichtige Auswirkungen auf die Rechtschreibregeln, denn die Länge und Kürze von Vokalen wird manchmal durch bestimmte Zeichen markiert, manchmal muss sie aus den deutschen **Silbengesetzen** erschlossen werden (s. u. Seite 213).

1. Markierung **langer Vokale**:
   - das Dehnungs-h: *nehmen, Lohn, kehren, Fohlen*
   - der Doppelvokal: *See, Haar, Teer, Boot*
   - das *ie*: *Tier, viel, Wiese, genießen*

2. Markierung **kurzer Vokale**:
   - Doppelkonsonanten: *kommen, Tanne, Klippe, Wetter, Robbe*
   - *tz* und *ck*: *setzen, meckern, locker, Witz*

Hörvergleich: lange und kurze Vokale

	a	e	i	o	u	ä	ö	ü
lang	raten	Kehle	Wiesen	Rose	Ruhm	käme	Höhle	fühlen
kurz	Ratten	Kelle	Wissen	Rosse	Rum	Kämme	Hölle	füllen

Faustregel: **das unhörbare *h***
Lange Vokale werden bisweilen durch ein *h* gekennzeichnet.
Dabei gibt es zwei Fallgruppen:
1. Das **echte Dehnungs-h** ist niemals zu hören. Es tritt nur vor *m, n, l* und *r* auf:
   nehmen, Ruhm, ahnen, Sehne, Stuhl, fehlen, Ohr, Nahrung
2. Das **Vokal-h** kennzeichnet die Silbengrenze zwischen zwei Vokalen. Man kann es in stammverwandten Wörtern (besonders im Infinitiv) schwach hören:
   er *steht* (→ *stehen*), du *siehst* (→ *sehen*), die *Naht* (→ *nähen*), *mühsam* (→ *Mühe*)

Faustregel: **Doppelvokale *oo, aa* und *ee***
Lange Vokale werden manchmal durch Verdoppelung gekennzeichnet.
Die Doppelvokale *oo* und *aa* sind sehr selten und vor allem in folgenden Wörtern wichtig:
Boot, Zoo, Moor, Moos, doof; dazu englische Wörter wie
Tool, cool oder *Boom*
Saat, Waage, Haar, Paar, Aal, Staat, Saal, Aas, Aachen, Saarland, Aar
Die Schreibung *ee* ist häufiger – besonders am Wortende.
Meer, See, Schnee, Beere, Tee, Beet, Heer, leer, Fee, Teer, Speer, Klee
Viele aus dem Französischen stammende Fremdwörter mit akzentuiertem *é* werden im Deutschen durch *ee* wiedergegeben.
Kaffee, Püree, Tournee, Armee, Chaussee, Gelee, Allee

Faustregel: **Schreibung mit *i* oder *ie***
Das einfache *i* kennzeichnet den kurzen Vokal,
das *ie* hingegen den langen Vokal.
   kurzes *i*: *Kind, Gebilde, mit, Winter, fertig, nicken*
   langes *ie*: *Tier, sieben, verlieren, Zierde, mieten*
Achtung: In vielen ehemaligen Fremdwörtern schreibt man auch den langen Vokal mit einfachem *i*:
   Maschine, Musik, Sinus, Tiger, China, Kino, Paris

> Faustregel: *wieder* oder *wider*?
> Das Wort *wieder* wird mit *ie* geschrieben, wenn es die Bedeutung von ‚erneut/nochmals' hat. Hat es die Bedeutung von ‚gegen/entgegen', schreibt man es mit *i*.
> *wiederholen, wiederkäuen, Wiederaufbau, wiederaufladbar, wieder anfangen*
> *widerlegen, widerlich, angewidert, widerspiegeln, Widerstand, widersprechen*

Lange und kurze Vokale bei Kindern nicht deutscher Herkunftssprache

Viele Sprachen unterscheiden nicht zwischen langen und kurzen Vokalen, z. B. das Türkische und alle slawischen Sprachen. Deshalb hören viele Kinder nicht deutscher Herkunftssprache keinen Unterschied zwischen langen und kurzen Vokalen und haben deshalb besondere Schwierigkeiten mit der korrekten Längenmarkierung. Intensives Hör- und Klangtraining (vgl. Kapitel 3, Seite 191 ff.) kann aber auch ihnen weiterhelfen.

Die Silbengesetze

Wörter bestehen aus Silben. Jede Silbe hat als Kern einen langen oder kurzen Vokal und unterschiedlich viele Konsonanten davor und danach. Es gelten die folgenden Gesetze:

- Nach langen Vokalen steht in der Silbe **höchstens ein** (hörbarer) Konsonant. *See, blau, mein, Meer|schwein, Rahm*
- Nach betonten kurzen Vokalen steht **mindestens ein** Konsonant. *von, wenn, Kind, fal|len, Ket|te, es|sen*
- Unbetonte Silben sind immer kurz. Die Kürze wird fast nie markiert. *fál|len, és|sen, Er|léb|nis* (und nicht: *Er|leb|niss*)

Betonte und unbetonte Silben

In zweisilbigen Wörtern ist immer eine Silbe betont und die andere unbetont: **láu**|fen, **Kát**|ze. In zusammengesetzten Wörtern können auch mehrere Silben betont werden: **Kát**|zen|**pfó**|te. Manchmal führen unterschiedliche Betonungen zu unterschiedlichen Wörtern und Bedeutungen:
- Du solltest den Polizisten um**fáh**ren. (also „an ihm vorbeifahren")
- Du solltest den Polizisten nicht **úm**fahren. (also „ihn nicht überfahren")

Das Silbengelenk

Silbengelenke sind Konsonanten, die zu zwei Silben gleichzeitig gehören. Man erkennt sie am Doppelkonsonanten:

Kas|se, hof|fen, Mit|te

Ein Wort wie Kamm hat zwar kein Silbengelenk (denn es hat ja nur eine Silbe), aber weil die Mehrzahl Käm|me ein Silbengelenk hat, erbt wegen des Stammprinzips (s. u., Seite 217) auch Kamm diese Schreibung.

> **Silbengelenkprobe**
> Doppelkonsonanten (+ tz und ck) stehen immer nach kurzen Vokalen, aber nur dann, wenn das Wort ein Silbengelenk hat bzw. haben kann (vgl. Stammprinzip).
> Mann (➜ Män|ner), glatt (➜ glät|ten), Druck (➜ druc|ken)

Konsonanten

Man unterscheidet stimmlose (harte) von stimmhaften (weichen) Konsonanten. So unterscheiden sich z. B. p von b oder t von d. Viele süddeutsche Dialekte neigen dazu, Konsonanten eher weich auszusprechen. Bei ihnen wird daher rasch mal etwas *erläudert oder *behaubtet.

Durch die sogenannte **Auslautverhärtung** (s. u., Seite 218) werden auch weiche Konsonanten am Silbenende hart gesprochen. Hier hilft die Verlängerungsprobe weiter.

Verlängerungsprobe
Konsonanten werden am Silbenende immer hart ausgesprochen, aber wegen des Stammprinzips oft dennoch unterschiedlich geschrieben. Durch Verlängerung des Wortes (z. B. Bildung des Plurals) hört man, ob der Konsonant weich oder hart ist:
 Win*d* (und nicht: *Wint*) → Win*de*
 Stau*b* (und nicht: *Staup*) → stau*big*
 en*d*gültig (und nicht: *entgültig) → en*den*

Faustregel: **Doppelkonsonanten (*pp, tt, mm* usw.), *ck* und *tz***
Buchstaben für Konsonanten werden häufig verdoppelt, um kurze Vokale und ein mögliches Silbengelenk zu kennzeichnen. Die Kombinationen *ck* und *tz* wirken ähnlich wie doppelt geschriebene Konsonanten.
 Wetter, Kessel, Hammer, nennen, Koppel, Glocke, Acker, Mütze, putzen, Putz

Faustregel: **die s-Laute (*s, ss, ß*)**
Im Deutschen gibt es einen stimmhaften und einen stimmlosen *s*-Laut. Nur beim stimmhaften *s* vibriert der Kehlkopf spürbar unter den Fingern. Durch die Auslautverhärtung verstummt das stimmhafte *s* aber am Silbenende und im Kontakt mit anderen Konsonanten. Außerdem muss man die Vokallänge vor dem *s*-Laut berücksichtigen, um zwischen *ss* und *ß* zu unterscheiden. Es gelten folgende Regeln:

1. **Das einfache *s*** ist in der Regel stimmhaft, aber es verstummt im Kontakt mit Konsonanten und am Silbenende. Die Verlängerungsprobe zeigt, ob *s* stimmhaft sein kann.
    sieben, Sage, Rose, Los (Verlängerungsprobe: *Lose*), *gereist* (Verlängerungsprobe: *reisen*)

2. **Das ß** ist immer stimmlos und steht nur am Silbenende nach langen Vokalen. Auch in der Verlängerungsprobe bleibt es stimmlos.
   Straße, stoßen, groß (Verlängerungsprobe: *größer*),
   Fuß (Verlängerungsprobe: *Füße*)

3. **Das doppelte *ss*** steht nur nach kurzen Vokalen und nur, wenn die Silbengelenkprobe funktioniert. Das Stammprinzip gilt an dieser Stelle ausnahmsweise nicht!
   lassen, Masse, Kessel, Fass (Silbengelenkprobe: *Fässer*),
   Fluss (Silbengelenkprobe: *Flüsse*, trotz Stammprinzip: *fließen*)

4. **Das *s* im Kontakt mit anderen Konsonanten** wird fast immer als einfaches *s* geschrieben, jedoch nur, wenn die Nachbarkonsonanten zum Wortstamm gehören!
   - *Kurs, Nest, Pfosten*, aber: er *fasst* (Wortstamm: *fassen*), *größter* (Wortstamm: *groß*)

Faustregel: **der x-Laut** *(x, ks, cks, chs, gs)*
Der x-Laut hat viele unterschiedliche Schreibungen. Einige, aber nicht alle, kann man sich durch die Wortstammprobe herleiten. Das *x* selbst ist vor allem für Fremdwörter typisch, *ks* ist extrem selten.
   Taxi, Keks, Knacks (→ *knacken*), *Lachs, Fuchs, unterwegs* (→ *Weg*)

Faustregel: *f* **und** *v*
Der f-Laut wird in den meisten deutschen Wörtern mit *f* geschrieben. Mit *v* schreibt man nur wenige (aber oft vorkommende) Wörter und Silben sowie Fremdwörter (besonders mit der Endung *-iv*):
   fahren, fliegen, Feier, Freundin, Film, Kauf, Hof, Dorf
   Vogel, vier, viel, ver-, vor, vor-, voll, Volk, primitiv, Adjektiv, Aktiv, Archiv

Faustregel: **w und v**
Der w-Laut wird in den meisten deutschen Wörtern mit *w* geschrieben. Mit *v* schreibt man ihn nur in Fremdwörtern, besonders aus dem Französischen:
  Wal, Wohl, Gewinn, wollen, wo
  gravierend, Pulver, evangelisch, Rivale, Initiative, Revier

Die stimmhaften und stimmlosen s-Laute mit Kindern erleben

Beim s-Laut kann man den Unterschied zwischen stimmhaft und stimmlos regelrecht ertasten: Legen Sie zwei Finger auf Ihren Kehlkopf und summen Sie wie eine Biene. Sie werden spüren, wie der Kehlkopf unter Ihren Fingern vibriert. Wechseln Sie nun zum Zischen einer Schlange: Sofort hört das Vibrieren auf, und der Kehlkopf bewegt sich nicht. Denselben Unterschied spüren Sie beim Aussprachevergleich zwischen *reisen* (stimmhaft) und *reißen* (stimmlos).

Wortstämme und Stammprinzip

Das **Stammprinzip** ist eine der wichtigsten Grundlagen der deutschen Rechtschreibung. Es fordert, stammverwandte Wörter möglichst ähnlich zu schreiben. Ein Beispiel: Die Verwandtschaft der Wörter *Wald* und *Wälder* ist schon am Schriftbild abzulesen. Gäbe es das Stammprinzip nicht und würden wir rein nach dem Klang schreiben, so müssten wir **Walt* und **Welder* schreiben. Damit hätten wir zwei sehr unähnliche Schriftbilder und die Wortverwandtschaft wäre nicht mehr deutlich. Das Stammprinzip hilft also, Wörter rasch zu erkennen, und macht das Lesen leichter, aber dafür das Schreiben schwieriger.

> **Wortstammprobe und Stammprinzip**
> Wörter mit demselben Wortstamm werden immer möglichst ähnlich geschrieben. Deshalb kann man sich die Schreibung eines Wortes oft herleiten, indem man sich stammverwandte Wörter sucht:
> l<u>äu</u>ten (→ l<u>au</u>t), St<u>ä</u>ngel (→ St<u>a</u>nge), V<u>ier</u>tel (→ <u>vier</u>)

> Faustregel: **die Schreibung *äu/eu* und *ä/e***
> Der kurze betonte e-Laut und der Doppellaut *eu* werden als *ä* bzw. *äu* geschrieben, wenn der Wortstamm ein *a* oder *au* beinhaltet hat.
> H<u>äu</u>ser (→ H<u>au</u>s), sch<u>ä</u>len (→ Sch<u>a</u>le), h<u>äu</u>fig (→ H<u>au</u>fen), H<u>ä</u>ndler (→ H<u>a</u>ndel)

Die Auslautverhärtung

Stimmhafte (weiche) Konsonanten werden am Silbenende immer stimmlos (hart) ausgesprochen. Dass wir sie dennoch als stimmhafte schreiben, liegt am **Stammprinzip**. Die Verlängerungsprobe hilft bei der richtigen Schreibung:
 Hun<u>d</u> (und nicht *Hunt* → Hun<u>d</u>e)
 Lo<u>b</u> (und nicht *Lop* → lo<u>b</u>en)
 Lan<u>d</u>karte (und nicht *Lan<u>t</u>karte* → Län<u>d</u>er)

> Beispiel: Wie die Erfahrung unsere Klangwahrnehmung verändert
> Viele Erwachsene mit jahrelanger Schreiberfahrung sind so sehr ans Stammprinzip gewöhnt, dass Sie die Auslautverhärtung nicht recht glauben wollen. Sie meinen, sie würden tatsächlich *Hund* mit stimmhaftem /d/ aussprechen. Man kann aber durch Schallanalysen nachweisen, dass das eine akustische Täuschung ist. Ähnliches gilt für die falsche Vorstellung, man würde in einem Wort wie *Kasse* tatsächlich zwei /s/ sprechen bzw. hören. Deshalb kann der

Ratschlag „Schreib, wie du sprichst!" gerade für Kinder mit Rechtschreibschwierigkeiten problematisch sein. Besser ist der Rat: „Sieh dir immer genau das Schriftbild an!"

Fremdwörter

Viele deutsche Wörter stammen aus anderen Sprachen. Oft behalten Fremdwörter lange die Schreibung ihrer Herkunftssprache bei und folgen deren Regeln. Im Zweifelsfall hilft nur das Wörterbuch:

- Fremdwörter aus dem **Griechischen** fallen besonders durch *ph, th* und *rh* auf:
  Theater, Thema, Rhetorik, Philosoph

- In Fremdwörtern aus dem **Lateinischen** kann *t* zu *z* werden, wenn es ein stammverwandtes Wort mit *z* gibt:
  essenziell (→ *Essenz*), *differenzieren* (→ *Differenz*) – aber: *Nation, rational*

- Fremdwörter aus dem **Französischen** zeigen viele Unterschiede in der Vokal- und Konsonantenschreibung. Das betonte *é* kann oft durch *ee* ersetzt werden.
  Tour, Genie, Regime, Varieté (auch: *Varietee*), *Portemonnaie* (auch: *Portmonee*)

- Fremdwörter aus dem **Englischen** betreffen häufig technische Begriffe. Einige Schreibungen sind eingedeutscht. Das englische *y* wird im Deutschen nicht zu *ie*, wenn man den Plural bildet.
  Computer, cool, Disc (auch: *Disk*), *Candy, Hobby, Hobbys* (nicht: **Hobbies!*)

Der typische Lernweg in der Laut-Buchstaben-Zuordnung

Stufe 1
Die meisten Kinder erwerben die grundlegende Laut-Buchstaben-Zuordnung innerhalb des ersten Schuljahres. Dabei kommt es anfangs manchmal zur Verwechslung ähnlich klingender Laute wie *b* und *p* oder *g* und *d*, die sich aber meist von selbst auswächst. Sollte Ihr Kind hier Probleme zeigen, helfen oft einige Stunden logopädisches Training, das über die Schule vermittelt wird.
   Typische Fehler:
   _sufa_l (statt *Zufall*), *_d_esagt* (statt *gesagt*), *_F_ert* (statt *Pferd*)

Stufe 2
Im nächsten Schritt erkennen Kinder, dass manche Buchstaben für unterschiedliche Laute stehen können (wie das *ch* in *Bu_ch_* bzw. *Bü_ch_er*) und dass einige Laute durch mehr als einen Buchstaben dargestellt werden (z. B. das *sch*). Hier kommt es zu ersten systematischen Schwierigkeiten, wenn Kinder nicht gelernt haben, welcher Buchstabe der Regelfall und welcher die Ausnahme ist (siehe Kapitel 1, Seite 47), die Beispiele für *f* und *v*.).
   Typische Fehler:
   _s_ule (statt *Schule*), *for* (statt *vor*), *La_ks_* (statt *Lachs*)
   Fehlerhafte Anwendungen: *_Sch_tein* (statt *Stein*)

Stufe 3
Der nächste große Schritt der Laut-Buchstaben-Zuordnung ist die Entdeckung der Silbengesetze (Seite 213). Kinder lernen hier, die Vokallänge bzw. -kürze durch Verdoppelungen, Dehnungs-h oder *ie* zu kennzeichnen. Die Vielfalt der Möglichkeiten macht diesen Bereich so komplex, dass auch Jugendliche in der Mittel- und Oberstufe noch Probleme damit haben können.

Typische Fehler:
*n*e*men (statt n*eh*men), *Gebi*t* (statt Gebi*et*), *aus*s*en (statt au*ß*en),
*Ma*n* (statt Ma*nn*), *ausgerau*p*t (statt a*usgeraubt*), *Jag*t* (statt Jag*d*)
Fehlerhafte Anwendungen: *ha*tt* (statt ha*t*), *Maschi*e*ne
(statt Maschi*n*e), *T*ah*l (statt T*a*l), *sp*ah*ren (statt sp*a*ren)

Stufe 4

Zeitgleich oder kurz danach entdecken Kinder auch das Stammprinzip
(Seite 217). Sie erkennen, dass sich die Schreibung von *Häuser* an der Grundform *Haus* orientiert und dass sie *Rand* statt **Rant* schreiben müssen, weil die Verlängerungsprobe (*Rän*d*er*, vgl. Seite 215) den weichen Konsonanten hörbar macht. Manche schießen dabei über das Ziel hinaus und schreiben **eigen*d*lich* oder **fröhlig*, was man mit passenden Einsetzübungen abtrainieren kann. Einen besonderen Fehlerschwerpunkt bildet außerdem die s-Schreibung, weil hier das sonst so starke Stammprinzip durch die Silbengesetze überlagert wird: *gießen*, aber: *Gu*ss*/Gü*ss*e* (nicht: **Guß*).

Typische Fehler:
**st*e*ndig (statt st*ä*ndig), **zuverl*e*ssig (statt zuverl*ä*ssig),
**entt*eu*schen (statt entt*äu*schen), **Pfan*t* (statt Pfan*d*)
Fehlerhafte Anwendungen: **Freundi*nn* (statt Freundi*n*), **st*eh*ts (statt st*et*s), **En*d*scheidung (statt En*t*scheidung), **gefährlig (statt gefährli*ch*)

Stufe 5

Nach Stufe 4 sind „nur" noch die zahlreichen Ausnahmen sowie die Fremd- und Lehnwörter eine nennenswerte Fehlerquelle. Diese letzte wichtige Stufe des Erwerbs der Laut-Buchstaben-Zuordnung beinhaltet orthografische Regelmäßigkeiten anderer Sprachen, etwa des Griechischen und Lateinischen, des Französischen oder des Englischen und ist auch bei Erwachsenen nie völlig abgeschlossen.

Typische Fehler:
**Inte*rr*esse (statt Inte*r*esse), **Inge*n*eur (statt Inge*ni*eur),
**A*dd*resse (statt A*d*resse), **proj*ez*ieren (statt proj*iz*ieren)
Fehlerhafte Anwendung: **Meth*a*pher (statt Met*a*pher)

Spickzettel: Laute, Buchstaben und Silben – das kann mein Kind schon

- ☐ Fremdwörter
- ☐ Die Stammschreibung
- ☐ Das stumme *h*
- ☐ Doppelkonsonanten, *tz* und *ck*
- ☐ Doppelvokale und das lange *ie*
- ☐ Ausnahmeschreibungen bei *v* und *x*
- ☐ Laute und Buchstaben sicher zuordnen

Getrennt- und Zusammenschreibung: wo Wörter beginnen und enden

Wörter und Wortverbindungen: die Grundlagen der Getrennt- und Zusammenschreibung

Wörter sind die Grundbausteine unserer Sätze und werden durch Leerzeichen voneinander getrennt. So weit, so einfach – denkt man. In Wirklichkeit ist die Sachlage manchmal gar nicht so klar:
- Denn manche Wörter sind aus mehreren Wortstämmen zusammengesetzt (z. B. *Tomatensuppe*) und würden in anderen Sprachen mit Leerzeichen getrennt (z. B. Englisch: *tomato soup*).
- Umgekehrt zerfallen manche Wörter im Satz plötzlich in ihre Einzelteile (z. B.: *aufstehen* → *Ich stehe auf*).
- Schließlich können Wortgruppen, die sehr häufig benutzt werden, zu einem Wort verschmelzen (z. B. *auf Grund* → *aufgrund*).

Um bei der Getrennt- und Zusammenschreibung weniger Fehler zu machen, sollte man also ein wenig Verständnis für Wörter und ihren Aufbau haben. Dann erschließt sich das Allermeiste sehr logisch und die Schwierigkeiten verlieren ihren Schrecken.

Die Wortarten

Viele Rechtschreibregeln der Getrennt- und Zusammenschreibung beziehen sich auf ganz bestimmte Wortarten, sodass man wissen sollte, was sich hinter den Fachbegriffen verbirgt.

Grundsätzlich unterscheidet man zwischen Inhalts- und Funktionswörtern:
- **Inhaltswörter** werden vorrangig wegen ihrer Bedeutung verwendet, z. B. *Baum, rot, sehen*.
- **Funktionswörter** hingegen erfüllen vor allem grammatische Aufgaben, z. B. *die, dass, an*.

Die Inhaltswörter

Nomen (z. B.: *Peter, Haus, Sprache*) bezeichnen Lebewesen, Personen und Gegenstände sowie abstrakte Sachverhalte. Sie haben immer ein festes grammatisches Geschlecht **(Genus)**, treten in Ein- und Mehrzahl auf **(Singular** und **Plural)** und können nach allen vier Fällen **(Kasus)** dekliniert werden: *der Hund > des Hundes > dem Hund > den Hund*.

Verben (z. B.: *sehen, haben, versprechen*) bezeichnen Tätigkeiten und Zustände. Sie sind konjugierbar, d. h. sie verändern sich je nach Zeitform *(ich sehe / ich sah)*, Person *(ich sehe / du siehst)* oder Anzahl *(ich sehe / wir sehen)*. Die grammatisch wichtigste Form des Verbs ist die Grundform **(Infinitiv)**, denn nur sie steht im Wörterbuch. Außerdem spielt der Infinitiv für die Kommasetzung eine wichtige Rolle (Seite 252).

Adjektive (z. B.: *grün, selten, mäßig*) bezeichnen Eigenschaften. Man kann Adjektive formal immer steigern *(grün, grüner, am grünsten)* – selbst wenn das nicht immer Sinn ergibt *(tot, *töter, am *totesten)*.

Adverbien (z. B.: *gern, heute, dort*) bezeichnen Umstände *(Zeit, Ort, Art und Weise)* und können nicht verändert werden. Man verwechselt sie leicht mit den Adjektiven, weil Adjektive oft als Adverb-Ersatz verwendet werden. Aber die Steigerungsprobe zeigt, ob etwas ein Adjektiv oder ein Adverb ist: *dort, *dorter, am *dortesten* gibt es nicht, also ist *dort* ein Adverb.

Partizipien sind Beugungsformen von Verben, die man wie ein Adjektiv verwendet: *sehen* ➔ *der gesehene Film*.
Man unterscheidet zwischen
- Partizip I *(seh<u>end</u>, sprech<u>end</u>, lieb<u>end</u>)* und
- Partizip II *(<u>ge</u>sehen, <u>ge</u>sprochen, <u>ver</u>liebt)*.

Besonders das Partizip II erfüllt wichtige grammatische Funktionen, sodass man es kennen sollte. Man bildet mit ihm beispielsweise das Perfekt oder das Passiv: *Fritz hat gesehen, Fritz wurde gesehen*.

Die Funktionswörter

Pronomen (z. B.: *sie, dein, diese*) haben die Funktion auf ein Nomen zu verweisen (daher: Pro-Nomen = anstelle eines Nomens). Sie sind wie ein Wegweiser, der auf das zugehörige Nomen zeigt. Für die Rechtschreibung ist wichtig, dass sie im Gegensatz zu Nomen kleingeschrieben werden.

Artikel (z. B.: *der, die, eines*) begleiten das Nomen und markieren seine grammatischen Eigenschaften. In der Wortgruppe *den Hund* erkennt man am Artikel, dass *Hund* im Akkusativ Singular steht und männlich ist. Oft werden Artikel durch Pronomen ersetzt:

<u>*den*</u> Hund ➔ <u>*diesen/deinen/jenen/unseren*</u> Hund usw.

Präpositionen (z. B.: *an, auf, mit*) sind eine wichtige Gruppe von Wörtern, mit denen man zusätzliche Wortgruppen in seinen Satz einfügen kann.

Emil trifft seine Freunde an jedem Samstag auf dem Markt in der Innenstadt.

Es gibt einige Hundert Präpositionen, aber wirklich wichtig sind nur die 23 häufigsten (vgl. Seite 239). Da nach Präpositionen (fast) immer ein Nomen steht, kann es sehr bei der Groß- und Kleinschreibung helfen, wenn man sie erkennt (Seite 237/239).

Konjunktionen (z. B.: *und, aber, weil, nachdem*) sind Bindewörter. Es gibt nur ein paar Dutzend davon. Weil sie nicht nur Wortgruppen, sondern auch Nebensätze verbinden, nutzen viele rechtschreibstarke Kinder sie, sobald sie welche erkennen, um Kommas richtig zu setzen.

Partikeln (z. B.: *so, nicht, hin*) bilden eine Restklasse von Wörtern mit ganz unterschiedlichen Eigenschaften. In der Getrennt- und Zusammenschreibung spielen sie eine wichtige Rolle, weil sich viele Verben mit Partikeln zu neuen Verben verbinden, aber auch wieder auseinanderfallen können (z. B.: *fahren* ➔ *hinfahren* ➔ *Ich fahre hin*).

Zusammengesetzte Wörter

Im Deutschen verbinden sich Einzelwörter oft zu komplexen Zusammensetzungen. Alle grammatischen Eigenschaften des zusammengesetzten Wortes werden dabei von dem Wortteil am Ende bestimmt:

- Eine *Schafherde* ist eine Art von *Herde* und grammatisch weiblich (*die* Herde).
- Ein *Herdenschaf* ist eine Art von *Schaf* und grammatisch sächlich (*das* Schaf).

Weil der letzte Teil des zusammengesetzten Wortes alle grammatischen Eigenschaften bestimmt, erkennt man Zusammensetzungen oft schon am Artikel:

Die *Fußbodenheizung* muss schon deshalb ein zusammengesetztes Wort sein, weil *die* nur zu *Heizung* passt, aber weder zu *Fuß* noch zu *Boden*.

> **Selbstständigkeitsprobe**
>
> In zusammengesetzten Wörtern ist der erste Teil grammatisch unselbstständig.
> - Nomen als erster Teil können keinen Artikel nehmen:
>   *kopfstehen* - aber nicht: **den Kopf stehen,*
> - Verben können nicht konjugiert werden:
>   *sehenswürdig* - aber nicht: **sahwürdig,*
> - Adjektive können nicht gesteigert werden:
>   *Großstadt* - aber nicht: **Größerstadt.*

Zusammengesetzte Wörter können sich in ihrem Inneren nicht mehr ändern. Deshalb untersucht die Veränderungsprobe, ob sich ein Teil des Wortes durch Erweiterung oder Steigerung verändern lässt:
- Wortgruppe (= veränderlich): *das hohe Haus* ➜ *die hohen Häuser*
- Zusammensetzung (= starr): *das Hochhaus* ➜ *die Hochhäuser,* (nicht: *die *Hohenhäuser*)

> **Veränderungsprobe**
>
> Lässt sich der erste Teil einer Wortverbindung verändern (z. B. steigern oder mit einer Endung versehen), dann handelt es sich um ein selbstständiges Wort und es wird getrennt geschrieben:
> - *der kleine Garten* ➜ *des kleinen Gartens, der kleinere Garten*
> - *das Kleinkind* ➜ *des Kleinkindes*
>   (und nicht: *des *Kleinenkindes* oder *das *Kleinerkind*)

Viele zusammengesetzte Wörter bedeuten mehr als die Summe ihrer Teile. So ist nicht jede *große Katze* gleich eine *Großkatze*. Indem man den ersten Teil der Zusammensetzung probehalber austauscht oder sich die Bedeutung verdeutlicht, sieht man, wie selbstständig die Einzelteile noch sind.

Austauschprobe
In getrennt geschriebenen Wortgruppen kann man das erste Glied meist beliebig durch ein anderes Wort ersetzen. In Zusammensetzungen geht das oft nicht.
- *schwarz malen* → *grün malen, gelb malen* - aber: *schwarzsehen* (nicht: *grünsehen*)
- *kleines Kind* → *großes Kind, mittleres Kind* - aber: *Kleinkind* (nicht: *Mittelkind*)

Bedeutungsprobe
Zusammengesetzte Wörter haben oft eine etwas andere Bedeutung als getrennt geschriebene Wortgruppen:
- *liegenbleiben* (= ‚unerledigt bleiben') -
  liegen bleiben (= ‚nicht aufstehen')
- *kleinschreiben* (= ‚mit kleinem Anfangsbuchstaben schreiben') -
  klein schreiben (= ‚eine kleine Schrift schreiben')

Faustregel: **Nomen + Nomen**
Nomen bilden mit anderen Nomen zusammengesetzte Begriffe. Die Zusammensetzung erbt all ihre grammatischen Eigenschaften vom letzten Glied in der Kette. Es lassen sich die Veränderungs- und die Selbstständigkeitsprobe verwenden:
  der Wasserhahn (des Wasserhahns - aber nicht: *des *Wassershahn)*

Faustregel: **Adjektiv + Nomen**
Adjektive werden meist getrennt vom Nomen geschrieben. Wenn sie ein zusammengesetztes Wort bilden, verlieren sie ihre Endung und können nicht mehr gesteigert werden. Es gilt die Veränderungsprobe.
- *der grüne Vogel, der grünere Vogel* - aber: *der Grünfink*
  (nicht: **Grünefink* oder **Grünerefink*)
- *die schöne Schrift, die schönere Schrift* - aber: *die Schönschrift*
  (nicht: **Schönerschrift*)

Faustregel: **Adjektiv + Adjektiv**
Zwei Adjektive werden nur dann zusammengeschrieben, wenn sie
1. gleichrangig sind und zusammen dieselbe Eigenschaft bezeichnen
   (z. B. die Farbe oder den Geschmack)
   süßsauer, feuchtkalt, graublau,
2. einander verstärken oder abschwächen
   bitterböse, lauwarm, superschön, extrascharf, brandneu.

Faustregel: **Nomen + Adjektiv**
Nomen werden mit nachfolgenden Adjektiven zusammengeschrieben, wenn sie grammatisch nicht mehr selbstständig sind (vgl. Selbstständigkeitsprobe):
   freudvoll, rostfrei, schlaftrunken, regensicher
In vielen Zweifelsfällen darf man sowohl getrennt als auch zusammenschreiben:
   streitsuchend / (den) Streit suchend, wärmeliebend /
   (die) Wärme liebend

Zusammengesetzte Verben

Verben mit trennbaren Bestandteilen sind für die Getrennt- und Zusammenschreibung besonders schwierig, weil sie je nach Satzbau mal zusammen- und mal getrennt geschrieben werden:

Lass uns hinunterrennen, aber: *Wir rennen hinunter* oder: *Hinunter renne ich nicht.*

Eine Hilfe bei trennbaren Verben ist die Betonungsprobe. Manchmal führen Betonungsunterschiede zu unterschiedlichen Bedeutungen:

- *Wir sollten das Wort **zusammen**schreiben* (‚nicht getrennt schreiben').
- *Wir sollten das Wort zusammen **schreiben*** (‚gemeinsam schreiben').

> **Betonungsprobe**
> Bei zusammengesetzten Verben ist meist nur der erste Teil betonbar.
> **áuf**stehen, **zwíschen**lagern, **Gárten**tisch, **hinúnter**laufen, **ségel**fliegen, **zusámmen**bleiben
> In Wortgruppen hingegen kann man beide Teile betonen:
> auf **Áchse**, zwischen **úns**, Segel **sétzen**, zusammen **bléiben**

> **Faustregel: zusammengesetzte Verben**
> Mehrteilige Verben schreibt man zusammen, wenn die Betonung auf dem ersten Teil liegt. Auch hier hilft die Betonungsprobe.
> **auf**stehen, **weg**laufen, **hinüber**wandern, **zusammen**spielen
> (aber: zusammen **spielen**)
> *Lass uns **hinab**brennen.*
> Aber am Satzanfang: ***Hinab** rennen wir besser nicht.*

Besonderheiten bei *zu*

Das Wort *zu* hat zwei Funktionen:

1. Als **Partikel** hat es die Bedeutung ‚auf etwas zu' oder ‚geschlossen' (z. B.: *zumachen*).
2. Als **Infinitiv-Begleiter** hat es nur grammatische Bedeutung (z. B.: *ohne zu zögern* …).

Nur als Partikel kann *zu* betont werden und folgt dann den Regeln der zusammengesetzten Verben mit Verbpartikeln.
- **Verbpartikel:**
  Du solltest die Tür zúschließen. Hast du Lust, auf ihn zúzugehen?
- **Infinitiv-zu:**
  Es ist wichtig, die Tür zu schließen. Hast du Lust, hinüberzugehen?

Faustregel: **Verb + Verb**

Zwei Verben werden grundsätzlich getrennt geschrieben. Das gilt auch für Partizipien, die vom Verb abgeleitet wurden.
   schwimmen lernen, geflogen kommen, stehend sprechen, sich sehen lassen
Nur wenn die Verben gemeinsam eine Sonderbedeutung haben, darf man sie auch zusammenschreiben.
   sitzenbleiben („nicht versetzt werden'),
   links liegenlassen („nicht beachten')

Faustregel: **Verbindungen mit *sein* (+ *bin, ist, sind* usw.)**

Alle Verbindungen mit *sein* werden getrennt geschrieben – außer es handelt sich um eine Nominalisierung Seite 240).
   da sein, einig sein, schön sein, **aber:** *das Dasein, das Bewusstsein, im Beisein*

Faustregel: **Nomen + Verb**

Nomen werden nur dann mit Verben zusammengeschrieben, wenn sie grammatisch und inhaltlich nicht mehr selbstständig sind (vgl. Selbstständigkeitsprobe, Austauschprobe, Bedeutungsprobe).
   eislaufen, teilnehmen, standhalten, sonnenbaden, heimfahren
In einigen Zweifelsfällen sind beide Schreibungen erlaubt, aber meist ist Getrenntschreibung die bessere Wahl.
   Staub saugen / staubsaugen; Maß halten / maßhalten; Dank sagen / danksagen

> Faustregel: **Adjektiv + Verb**
> Adjektive werden nur dann mit Verben zusammengeschrieben, wenn das Adjektiv seine Selbstständigkeit verloren hat (vgl. Selbstständigkeitsprobe) und mit dem Verb eine neue Bedeutung bildet. In einigen Zweifelsfällen sind beide Schreibungen erlaubt, aber meist ist Getrenntschreibung die bessere Wahl.
> *schwarzfahren, kaltmachen* (,töten'),
> *großschreiben* (,mit großen Anfangsbuchstaben')
> *klein schneiden / kleinschneiden* (➜ *kleiner schneiden*),
> *warmmachen / warm machen*

Verschmelzungen

Verschmelzungen entstehen, wenn Wörter oft gemeinsam genutzt und schließlich als zusammengesetztes Wort wahrgenommen werden. So ist z. B. aus der Wortgruppe *jeden Falles* das Adverb *jedenfalls* entstanden. Aus *nach dem* wurde die Konjunktion *nachdem* oder aus *auf dem Eis laufen* das Verb *eislaufen*. Bei einigen Wortverbindungen können wir aktuell beobachten, wie sie immer stärker zusammenwachsen und langsam, aber sicher verschmelzen. In diesen Fällen steht uns die Getrennt- und Zusammenschreibung frei:

kennen lernen / kennenlernen
Staub saugen / staubsaugen
auf Grund / aufgrund
nach Hause / nachhause

Faustregel: **Pronomen, Adverbien und Funktionswörter**
Viele mehrteilige Pronomen, Adverbien und Funktionswörter bilden Verschmelzungen und werden zusammengeschrieben. Die häufigsten sind:
- Verbindungen mit irgend-: *irgendjemand, irgendwas, irgendwann*
- Verbindungen mit -weise: *dummerweise, bezeichnenderweise, klarerweise*
- Verbindungen mit -wegen: *meinetwegen, deswegen, unseretwegen*
- Verbindungen mit unbetontem (!) so-: *soviel, sobald, soweit* - **aber:** Es ist *so weit!*
- Verbindungen mit unbetontem (!) -mal: *einmal, zweimal, diesmal* - **aber:** *dieses* **Mal**

Rechtschreibfehler sind manchmal ein Zeichen von Verständnis

Oft schreiben Kinder Wortgruppen zusammen, die vielleicht irgendwann tatsächlich als Verschmelzung gelten werden, aber aktuell noch getrennt geschrieben werden müssen. Deshalb ist es zwar falsch, aber durchaus verständlich, wenn ein Kind **vorallem* (statt *vor allem*), **desweiteren* (statt *des Weiteren*) oder **garnicht* (statt *gar nicht*) schreibt. Nutzen Sie solche Anlässe, um das Thema Verschmelzung zu besprechen.

Der typische Lernweg in der Getrennt- und Zusammenschreibung

Stufe 1
Schon sehr früh beginnen Kinder, ihre Buchstabenfolgen durch Leerräume voneinander zu trennen. Sie zeigen damit, dass sie schon ein induktives Wissen über Wörter und Wortgrenzen haben. Dabei schreiben sie anfangs oft einzelne Bestandteile getrennt.

Typische Fehler:
Hunde Hütte (statt *Hundehütte*), *Apfel Kuchen* (statt *Apfelkuchen*),
auf stehen (statt *aufstehen*), *an kommen* (statt *ankommen*)

Stufe 2
Der erste Lernschritt besteht meist darin, die Schreibung zusammengesetzter Wörter zu entdecken. Dabei sind zusammengesetzte Nomen am unkompliziertesten, während Zusammensetzungen aus Nomen und Adjektiv, Nomen und Verb oder Adjektiv und Verb oft deutlich später beherrscht werden.

Typische Fehler:
meter hoch (statt *meterhoch*), *preis geben* (statt *preisgeben*),
teil nehmen (statt *teilnehmen*)
Fehlerhafte Anwendungen: *Schöneferien* (statt *schöne Ferien*),
deutlichsprechen (statt *deutlich sprechen*)

Stufe 3
Die nächste wichtige Fehlerquelle sind die trennbaren Verbzusätze, weil komplexe Verben manchmal getrennt und manchmal zusammengeschrieben werden (vgl. Seite 229). Dabei sind kurze Verbzusätze mit Partikeln (*an-*, *nach-*, *vor-* usw.) noch recht leicht zu erlernen, denn schon früh entwickeln Kinder ein Gespür dafür, dass zum Beispiel *an-* in *ankommen* keine eigenständige Bedeutung hat und deshalb kein eigenständiges Wort sein kann.

Typische Fehler:
herüber kommen (statt *herüberkommen*),
klar machen (statt *klarmachen*), *zu letzt* (statt *zuletzt*)
Fehlerhafte Anwendungen: es *fälltauf* (statt *fällt auf*),
darüberreden (statt *darüber reden*)

Stufe 4
Wesentlich schwieriger und auch bei Erwachsenen noch fehlerträchtig sind Verbzusätze, die Adverbien ähneln und eine erkennbare eigene Bedeutung mitbringen (wie *zurück-*, *zusammen-* oder *weiter-*). Das liegt

auch daran, dass viele dieser Verbindungen zwei Bedeutungen ermöglichen: *weitergehen* ist etwas anderes als *weiter gehen,* und man benötigt viel Spracherfahrung und Berücksichtigung der Wortbetonung, um den Unterschied sicher zu beherrschen.

Typische Fehler:
*zurück rufen (statt *zurückrufen*), **entgegen zu gehen* (statt *entgegenzugehen*), **vorlieb nehmen* (statt *vorliebnehmen*)
Fehlerhafte Anwendungen: **zusammensein* (statt *zusammen sein*), **biertrinken* (statt *Bier trinken*)

Stufe 5

Der letzte große Fehlerschwerpunkt der Getrennt- und Zusammenschreibung betrifft die Verschmelzungen: Was schon als ein neues Wort gilt oder noch als Wortgruppe, ist ein ständiger Entwicklungsprozess und ändert sich im Laufe der Zeit. Deshalb liegen auch Schreibende mit sicheren Rechtschreibkenntnissen hier bisweilen daneben und schreiben **radfahren* (statt *Rad fahren*) oder **Segel fliegen* (statt *segelfliegen*).

Typische Fehler:
*desweiteren (statt *des Weiteren*), **vorallem* (statt *vor allem*),
*autofahren (statt *Auto fahren*), **ansich* (statt *an sich*),
*zuwenig (statt *zu wenig*), **in Folge dessen* (statt *infolgedessen*)

**Spickzettel: Getrennt- und Zusammenschreibung –
das kann mein Kind schon**

- ☐ Ausnahmen erkennen
- ☐ Verschmelzungen richtig schreiben
- ☐ Zusammengesetzte Verben richtig schreiben
- ☐ Verben mit leichten Vorsilben richtig schreiben
- ☐ Zusammengesetzte Nomen zusammenschreiben
- ☐ Einfache Wörter voneinander abgrenzen

Groß- und Kleinschreibung: Sätze, Nomen und mehr erkennen

Satz- und Textanfänge

Texte bestehen nicht nur aus Sätzen, sondern besitzen auch Titel, Überschriften, Absätze, Stichpunkte, Fußnoten und viele andere Elemente. Jeder dieser Bestandteile beginnt mit einem großen Buchstaben, wenn er als eigenständig gekennzeichnet werden soll. Demgegenüber sind kleingeschriebene Textbestandteile (z. B. Aufzählungslisten oder Einschübe) nicht selbstständig, sondern hängen von einem anderen Textelement, etwa dem Hauptsatz, ab.

> Faustregel: **Satzanfänge, Textanfänge, Überschriften**
> Selbstständige Sätze beginnen mit großen Buchstaben. Außerdem schreibt man frei stehende Bestandteile des Textes wie Titel, Überschriften oder Fußnoten groß.
> *Der gestiefelte Kater*
> *Es war einmal ein armer Müllersbursche. Der hatte nichts als einen Kater geerbt.*

> Faustregel: **Schreibung nach dem Doppelpunkt**
> Hinter dem Doppelpunkt schreibt man groß, wenn ein ganzer Satz folgt. Aufzählungen einzelner Wörter schreibt man klein.
> *Er sagte: „Komm doch mal her!"*
> *Das Problem an der Sache ist: Wir haben nicht viel Zeit.*
> *Wir brauchen Folgendes: eine Zeitung, eine Schere und etwas Kleber.*

Die Besonderheiten des Nomens: die Nominalgruppe

Nomen schreibt man groß – das weiß jedes Kind. Allerdings ist es manchmal schwierig zu entscheiden, was ein Nomen ist und was nicht. Viele rechtschreibstarke Kinder orientieren sich dafür intuitiv an den Eigenschaften der **Nominalgruppe**. Denn Nomen treten fast nie allein auf, sondern sind in Wortgruppen mit ganz bestimmten grammatischen Eigenschaften eingebettet. Wer diese Eigenschaften kennt, hat es viel leichter mit der Groß- und Kleinschreibung.

Nominalgruppen sind sehr häufig. Zum Beispiel beginnt eine Kalendergeschichte von Johann Peter Hebel mit einem Satz, der fast nur aus Nominalgruppen besteht:

> *Auf <u>dem seltsamsten Umweg</u> kam <u>ein deutscher Handwerksbursche</u> in <u>Amsterdam</u> einmal <u>durch einen Irrtum</u> <u>zur Wahrheit</u> und <u>zur Erkenntnis</u>.*

Alle unterstrichenen Wortgruppen sind Nominalgruppen, und man erkennt an ihnen den typischen Aufbau:
- Sie beginnen mit einem Artikel,
- sie enden mit dem Nomen und
- dazwischen können ein oder mehrere Adjektive stehen.

> **Der Nomen-Schnelltest**
> Weil Nominalgruppen Adjektive enthalten können, funktioniert der folgende Schnelltest oft zuverlässig.
>
> **Alles, was *groß* sein kann, schreibt man auch groß.**
>
> *Auf dem (großen) Umweg kam ein (großer) Handwerksbursche im (großen) Amsterdam einmal durch einen (großen) Irrtum zur (großen) Wahrheit und zur (großen) Erkenntnis.*

Folgende weitere Eigenschaften der Nominalgruppe sollte man sich merken:
- Sehr selten treten Nominalgruppen ohne Artikel auf - so etwa bei Eigennamen wie *Amsterdam*.
- Oft wird der Artikel in der Nominalgruppe durch ein Pronomen verdrängt: *ein deutscher Handwerksbursche* → *dieser/jener/mancher deutsche Handwerksbursche*.
- Auch Präpositionen sind sehr gute Zeichen für Nominalgruppen. Im Beispielsatz werden fünf der sechs Nominalgruppen von einer Präposition eingeleitet: *auf dem seltsamsten Umweg, in Amsterdam, durch einen Irrtum, zur Wahrheit, zur Erkenntnis*.
- Manchmal verschmilzt der Artikel der Nominalgruppe mit der vorangehenden Präposition und ist nur noch an seiner Endung zu erkennen: *zur (= zu der) Wahrheit, zur Erkenntnis*.

> **Begleiterprobe**
> Nomen treten mit Begleitern wie Artikel, Pronomen und Mengenangaben auf. Die folgenden Begleiter sind typische Hinweise für Nomen:
> - Artikel (*der/die/das, einer/eine/eines*): *die Schönheit, das Laufen, ein Wunder, eine Kerze*
> - besitzanzeigende Pronomen (*mein/dein/ihr* usw.): *dein Werk, meine Güte, unseres Erachtens*
> - hinweisende Pronomen (*diese/dieser, jene/jener* usw.): *dieses Grün, jene Farbe, diese Fünf*
> - Mengenangaben (*viel, etwas, wenig, drei, kein* usw.): *viel Glück, etwas Schnee, drei Eigenschaften, keine Ahnung*

> Faustregel: **Nomen und Pronomen**
> Nomen schreibt man groß. Man erkennt sie an den typischen Eigenschaften der Nominalgruppe (vgl. Nomen-Schnelltest, Begleiterprobe und siehe unten der Präpositionenprobe).
> *ein Tisch, die Hoffnung, das (endlose) Laufen, diese (herrliche) Ruhe, (mit) viel Gelb, (von) unseren Sachen*

Pronomen sind Stellvertreter des Nomens. Man schreibt sie immer klein. Die Eigenschaften der Nominalgruppe (vgl. Begleiterprobe, Nomen-Schnelltest) fehlen.

wir, sie, uns, viele, wenige, diese, beide, mancher, jenes

Zwischen Nomen und Pronomen – ein typischer Zweifelsfall

Manchmal ist es selbst für Experten schwer, zwischen Nomen und Pronomen zu unterscheiden. So wurde 1996 bei der Rechtschreibreform festgelegt, dass *eine/einer* und *andere/anderer* als Pronomen gelten und folglich kleingeschrieben werden sollen. Weil aber beide Wörter auch nominale Eigenschaften haben (z. B. kann man sie mit Artikel verwenden: *der eine, die andere*), entschied man 2006, die Groß- und Kleinschreibung freizustellen.

Faustregel: **Schreibung von** *mal/Mal*

Das Wort *mal* wird nur großgeschrieben, wenn es Eigenschaften eines Nomens zeigt. Besonders die Begleiterprobe hilft.

einmal, diesmal, vielmals - **aber:** *dieses eine* Mal, *kein zweites* Mal, *viele (weitere)* Male

Faustregel: **Zahlen und Zahlwörter**

Zahlwörter und Zahlangaben gelten als Adjektive und werden nur großgeschrieben, wenn sie nominale Eigenschaften mitbringen (vgl. Nomen-Schnelltest, Begleiterprobe)

vier Stunden, sieben Uhr - **aber:** *die* Vier in Englisch, *die verflixte* Sieben
viertel nach acht - **aber:** *das erste* Viertel des Kuchens
die fünfte Klasse - **aber:** Eva ist *die Fünfte* von links

> **Faustregel: Wortgruppen als Nomen**
> Man kann ganze Wortgruppen und Sätze als Nomen verwenden. Dabei koppelt man die Wörter mit Bindestrich. Die Großschreibung bleibt so, als wäre es ein normaler Satz.
> **Achtung:** Oft ist das letzte Wort ein nominalisiertes Verb und muss großgeschrieben werden.
>
> *das Entweder-oder; das In-den-Tag-hinein-Leben;*
> *das Auf-der-Lauer-Liegen*

> **Präpositionenprobe**
> Nach Präpositionen steht fast immer ein Nomen (Ausnahmen siehe unten). Oft verschmilzt die Präposition mit dem Artikel der Nominalgruppe.
>
> *<u>an</u> der Tür, <u>am</u> Fenster, <u>in</u> der Hoffnung, <u>im</u> Allgemeinen, <u>auf</u> das Beste, <u>aufs</u> Haus, <u>vom</u> Laufen, <u>beim</u> Stehen*
>
> 1. **Ausnahme:** Präpositionen stehen manchmal mit Pronomen, die kleingeschrieben werden.
>   *<u>an</u> mich, <u>von</u> dir, <u>über</u> sie, <u>neben</u> jemandem, <u>ohne</u> euch*
> 2. **Ausnahme:** Selten stehen Präpositionen mit einem Adverb oder ungebeugten Adjektiv.
>   *<u>bis</u> heute, <u>auf</u> bald, <u>von</u> fern* (**aber:** *von Weite<u>m</u>, von Neue<u>m</u>* – weil gebeugt)

Die wichtigsten 23 Präpositionen

1. **mit Akkusativ** ➔ *durch, für, ohne, um, gegen, bis*
2. **mit Dativ** ➔ *mit, nach, bei, von, zu, aus, seit, außer*
3. **mit Akkusativ oder Dativ** ➔ *an, auf, in, neben, über, unter, hinter, vor, zwischen*

> **Faustregel: Superlative mit *am***
> Obwohl *am* eine Präposition + Artikel zu sein scheint *(an dem)* werden Superlative mit *am* kleingeschrieben, wenn sie die Frage „Wie?" beantworten.
>   *am besten, am wichtigsten, am meisten*

Nominalisierung: Wie neue Nomen entstehen

Wörter können ihre Wortart wechseln. Zum Beispiel lassen sich Adjektive und Verben leicht als Nomen verwenden, indem man einfach einen Artikel davorsetzt.

   laufen ➜ das Laufen   *grün ➜ das Grün*

Solche **Nominalisierungen** bilden echte Nominalgruppen und können durch Adjektive ergänzt werden. Der Nomen-Schnelltest und die Begleiterprobe funktionieren.

   dieses langsame Laufen   *das frische Grün*

Neue Nomen entstehen auch durch Anfügung einer grammatischen Endung. Auch hier funktionieren die typischen Nomen-Proben.

   retten ➜ die Rettung
   schön ➜ die Schönheit
   herzlich ➜ die Herzlichkeit
   ereignen ➜ das Ereignis usw.

> **Faustregel: Typische Nomen-Endungen**
> Viele Nominalisierungen erkennt man an ihren Endungen.
>   *Achtung, Klarheit, Einigkeit, Leidenschaft, Eigentum, Versäumnis, Drangsal, Jüngling, Kindlein, Brötchen, Schnipsel*

Die wichtigsten Nomen-Endungen
-ung, -heit, -keit, -schaft, -tum, -nis, -sal, -ling, -lein, -chen und *-sel*

> **Faustregel: Nominalisierung von Farb- und Sprachbezeichnungen**
> Farb- und Sprachbezeichnungen sind eigentlich ganz normale Adjektive. Ihre Besonderheit ist, dass sie auch als Nominalisierungen selten mit Artikel stehen. Man erkennt sie aber an Mengenangaben oder der vorangehenden Präposition.
> *blau, gelb, deutsch, französisch* - **aber:** *viel Blau, mit Gelb, auf Deutsch, in Französisch*

Wie aus Nomen andere Wortarten werden

Manchmal wechseln Nomen auch in andere Wortarten über. Dann können aus ihnen Adjektive, Verben oder Konjunktionen werden. Sie werden in diesem Fall kleingeschrieben.

Herz → *herzlich*
Spiegel → *spiegeln*
Kasse → *kassieren*
Fall → *falls*

> **Faustregel: Ehemalige Nomen**
> Nomen können ihre nominalen Eigenschaften verlieren. Die Begleiterprobe und der Nomen-Schnelltest funktionieren dann nicht mehr.
> *Er war (eine große) schuld,* **aber:** *Er hatte (eine große) Schuld.*
> *Mit wird (große) angst,* **aber:** *Du hast (große) Angst.*
> *Sie steht (den) kopf,* **aber:** *Sie steht auf dem Kopf.*

Eigennamen

Eigennamen bezeichnen Personen, Gruppen oder Sachen, die als einmalig von Gleichartigem unterschieden werden sollen *(Petra, Amsterdam, Merkur)*. Besonderheiten in der Groß- und Kleinschreibung gibt es im

Grunde nur bei **mehrteiligen Eigennamen**, denn bei ihnen werden alle Inhaltswörter großgeschrieben:
> *der Große Bär* ('das Sternbild'),
> *das Neue Rathaus* ('ein Gebäude in Leipzig'),
> *der Deutsche Schäferhund* ('eine bestimmte Hunderasse')

Eigenname: ja oder nein?
Manchmal kann man nur mithilfe von Zusatzwissen entscheiden, ob etwas ein mehrteiliger Eigenname oder eine einfache Wortgruppe ist. So ist die *mecklenburgische Landschaft* kein Eigenname, obwohl sie den Eigennamen *Mecklenburg* enthält – allerdings als Adjektivableitung mit *-isch*. Die *Mecklenburgische Seenplatte* hingegen ist ein fester geografischer Begriff, der den Status eines Eigennamens besitzt. Deshalb wird *Mecklenburgische* hier großgeschrieben.

Faustregel: **Eigennamen**
Eigennamen werden großgeschrieben. Sind sie mehrteilig, werden auch die anderen Inhaltswörter darin großgeschrieben.
> *Johann Wolfgang von Goethe, das Brandenburger Tor, der Heilige Vater, der Große Wagen*

Faustregel: **Ableitungen von Eigennamen**
Ableitungen von Eigennamen auf *-er* werden großgeschrieben. Ableitungen auf *-isch* werden kleingeschrieben, weil *-isch* eine typische Adjektivendung ist.
> *Schweizer Käse, Mecklenburger Landtag, bayrisches Bier, rheinische Fröhlichkeit*

Achtung: Manchmal entsteht bei Ableitungen mit *-isch* ein neuer mehrteiliger Eigenname, der dann großgeschrieben werden muss:
> *die Holsteinische Schweiz, die Brandenburgischen Konzerte.*

Höflichkeitsanrede

> Faustregel: **Höflichkeitsanrede** *Sie, Ihr* **und** *Du*
> Die Höflichkeitsanrede *Sie* und *Ihr* schreibt man groß. Das Pronomen *du* schreibt man in der Regel klein, darf es aber in Briefen auch großschreiben.
>
> Meine Damen und Herren, ich begrüße <u>Sie</u> und wünsche <u>Ihnen</u>, dass <u>Ihr</u> Abend nach <u>Ihren</u> Wünschen verläuft.

Der typische Lernweg in der Groß- und Kleinschreibung

Stufe 1

Die ersten sicher beherrschten Regeln der Groß- und Kleinschreibung betreffen die Schreibung von Satzanfängen. Parallel dazu treten auch die ersten großen Buchstaben innerhalb des Satzes auf. Damit markieren Kinder aber oft noch nicht Nomen, sondern Wörter, die für die Satzaussage besonders wichtig sind (z. B. *Bitte nicht *Stören!*). Diese sogenannte **Bedeutungsgroßschreibung** ist auch später die häufigste Ursache für fälschliche Großschreibungen.

> **Typische Fehler:**
> **zimmer* (statt *Zimmer*), **freundin* (statt *Freundin*), **buch* (statt *Buch*)
> Fehlerhafte Großschreibung: **ein Kleiner junge* (statt *ein kleiner Junge*), *Lotta ist *Lieb!* (statt *Lotta ist lieb!*)

Stufe 2

Bei der Großschreibung der Nomen fällt es Kindern am leichtesten, richtig zu schreiben, wenn es um Personen, Lebewesen und konkrete Gegenstände geht. Das ist auch einleuchtend, denn Personen und Gegenstände sind sehr typische Nomen und kommen in kindlichen Texten häufig vor. Auch einfache Eigennamen, insbesondere Personennamen, werden frühzeitig mit hoher Sicherheit beherrscht.

Typische Fehler:
im *winter (statt *im Winter*), *das *ziel* (statt *das Ziel*),
am *anfang (statt *am Anfang*)
Fehlerhafte Großschreibung: **Steinhart* (statt *steinhart*),
*Weiblich (statt *weiblich*)

Stufe 3

Den nächsten Entwicklungsschritt bildet die Schreibung abstrakter Nomen. Sie bezeichnen keine Gegenstände, sondern eher Gegebenheiten und Zustände (etwa *Frühling* oder *Schönheit*). Ein Großteil von ihnen hat eine typische Nominalendung wie *-heit*, *-keit*, *-ung* oder *-chen* (vgl. Seite 240), von der man auf die Wortart Nomen schließen kann. Auf dieser Stufe entdecken rechtschreibstarke Kinder auch die Regelmäßigkeiten der Nominalgruppe (vgl. Seite 236), während Kinder mit Rechtschreibproblemen die ersten systematischen Ausfälle zeigen – besonders, wenn Nomen keinen oder nur einen verschmolzenen Artikel aufweisen (*zur Arbeit = zu der Arbeit*).

Typische Fehler:
zum *beispiel (statt *zum Beispiel*), *ins *grüne* (statt *ins Grüne*),
meines *erachtens (statt *meines Erachtens*)
Fehlerhafte Großschreibung: **Abends* (statt *abends*),
in *Tropischen Gebieten (statt *in tropischen Gebieten*)

Stufe 4

Noch über das Ende der Schulzeit hinaus verursachen Nominalisierungen von Adjektiven und Verben vielen Kindern Probleme. Auch in den Texten vieler Erwachsener findet man hier immer wieder Fehler (etwa: *beim *lesen* statt *beim Lesen*). Deshalb ist eine gute Kenntnis der Nominalgruppe und ihrer typischen Eigenschaften so wichtig, denn die allermeisten Nominalisierungen lassen sich mit etwas Übung sicher erkennen.

Typische Fehler:
viel *blau (statt *viel Blau*), *beim *reden* (statt *beim Reden*),
von *weitem (statt *von Weitem*)

Fehlerhafte Großschreibung: *von *Heute* (statt *von heute*),
Viertel vor *Zwei (statt *Viertel vor zwei*)

Stufe 5

Zur hohen Schule der Groß- und Kleinschreibung zählen schließlich die mehrteiligen Eigennamen, weil ihre Beherrschung nicht mehr nur Rechtschreibkenntnisse, sondern auch spezielles Weltwissen voraussetzt.

Typische Fehler:
*olympische Spiele (statt *Olympische Spiele*),
*weiße Flotte (statt *Weiße Flotte*)
Fehlerhafte Großschreibung: **Bayerische Weißwurst*
(statt *bayerische Weißwurst*)

Spickzettel: Groß- und Kleinschreibung – das kann mein Kind schon

- ☐ Komplexe Eigennamen
- ☐ Zahlen, Farbwörter und Sprachbezeichnungen
- ☐ Normalisierung von Verben und Adjektiven
- ☐ Nomen an typischen Endungen erkennen
- ☐ Gegenstände und Personen erkennen
- ☐ Satzanfänge großschreiben

Kommasetzung: den Satz richtig gliedern

Satzglieder und die Kommasetzung im einfachen Satz

Jeder hat es irgendwann in der Schule gehört und dann rasch wieder vergessen: Sätze bestehen aus den Satzgliedern **Subjekt, Prädikat** und **Objekt** sowie den **Adverbialen**. Jedes Satzglied besteht aus Wörtern oder Wortgruppen und bildet einen weitgehend frei verschiebbaren Baustein des Satzes.

Jedes Satzglied kann durch **Attribute** (= nähere Angaben) erweitert werden. Attribute bleiben immer an das Satzglied gebunden, das sie näher bestimmen, und können nicht frei verschoben werden.

Das **Prädikat** ist das wichtigste Satzglied, denn es unterscheidet Wortgruppe und Satz: Wer prüfen will, ob etwas ein (Neben-)Satz ist, muss nach einem Prädikat suchen!

Prädikate bestehen mindestens aus einem finiten (d. h.: ‚gebeugten') Verb, das zusammen mit dem Subjekt den Kern des Satzes bildet. Ändert sich das Subjekt, dann ändert sich auch das Prädikat.

Peter hat angerufen.
Peter und Maria haben angerufen.

Besteht das Prädikat aus mehr als einem einfachen Verb, dann zerfällt es oft in zwei Teile, die feste Plätze im Satz einnehmen.

Gestern Abend hat Peter seinen kleinen Bruder angerufen.
Seinen kleinen Bruder hat Peter gestern Abend angerufen.
Hat Peter seinen kleinen Bruder gestern Abend angerufen?

Aufzählung und Reihung von Satzgliedern

Tritt ein Satzglied mehrfach auf, spricht man von einer **Aufzählung** oder **Reihung**. Aufzählbar sind nicht nur gleichartige Satzglieder, sondern auch Satzgliedgruppen und sogar ganze Sätze. Hier einige Beispiele:
- Aufzählung im Objekt: *Peter ruft [Maria, Helene und Martin] an.*
- Aufzählung im Adverbial: *[Morgens, mittags und am frühen Abend] ruft Peter mich an.*
- Aufzählung dreier Prädikate mit je einem Objekt: *Peter ruft [Maria] an, chattet mit [Helene] und schreibt [Martin] [eine Mail].*
- Aufzählung ganzer Sätze: *[Peter] ruft [Maria] an, [Max] chattet mit [Helene] und [Emil] schreibt [seinen Blog] weiter.*

> **und-Probe**
> In Aufzählungen wird das Komma durch **und-artige Konjunktionen** ersetzt – aber nicht durch die anderen (z. B. *aber*). Die und-artigen Konjunktionen erkennt man daran, dass man sie beliebig oft wiederholen kann.
> *Sie wollten nach Wien (und) nach Prag (und) nach Budapest.*
> *Sie wollten nach Wien, statt nach Prag (, *statt nach Budapest).*

und-artige Konjunktionen
und, oder, wie, sowie, beziehungsweise, weder ... noch, entweder ... oder, sowohl ... als auch

> Faustregel: **Aufzählung und Reihung**
> Zwischen den Gliedern einer Aufzählung oder Reihung setzt man ein Komma oder eine und-artige Konjunktion. Aufzählungen erkennt man daran, dass man sinnvoll ein *und* setzen könnte.
> *Wir haben Gedichte, Kurzgeschichten, Erzählungen und Romane behandelt.*
> *Sie trug ihr schönes (*~~und~~*) neues Kleid.* (Das Kleid ist nicht schön <u>und</u> neu, sondern es ist einfach ein neues Kleid, das schön ist.)

> Faustregel: **das Komma vor *und***
> Normalerweise ersetzt *und* das Aufzählungskomma. Verbindet *und* aber zwei gleichwertige Sätze, so darf man es trotzdem setzen, weil man auch einen Punkt setzen könnte.
> *Der Verkehr lichtete sich langsam(,) und allmählich wurde es auch wieder still.*
>
> Manchmal muss vor *und* ein Komma stehen, weil in eine Aufzählung ein Nebensatz eingeschoben wurde. Das Komma steht dann nur deshalb vor dem *und*, weil es den Nebensatz beendet.
> *Ich war mit Petra, die zufällig Zeit hatte, und mit Max im Konzert.*

Haupt- und Nebensätze

Viele Menschen glauben, dass Hauptsätze immer die Hauptinformation beinhalten und außerdem allein stehen können. Nebensätze beinhalten nach dieser Meinung nur Zusatzinformationen und können nicht allein stehen. Aber nichts könnte trügerischer sein als diese Annahme, wie das folgende Beispiel zeigt.

Ich vermute, dass Peter gestern angerufen hat.

Der dass-Satz ist zwar ein Nebensatz, aber er enthält trotzdem die Hauptinformation. Außerdem könnte der Hauptsatz „*Ich vermute*" nur schwerlich allein stehen.

Tatsächlich sind Nebensätze nichts anderes als ganz normale Satzglieder des Hauptsatzes. Der einzige Unterschied zu anderen Satzgliedern besteht darin, dass sie selbst aus Subjekt, Prädikat und eventuell weiteren Satzgliedern bestehen.

Die Einteilung der Nebensätze

Nebensätze teilt man danach ein, welches Satzglied sie im Hauptsatz vertreten:

1. **Subjektsatz** (der Nebensatz bildet das Subjekt):
   [Dass du mitkommst], freut mich.
2. **Objektsatz** (der Nebensatz bildet das Objekt):
   Ich hoffe, [dass du mitkommst].
3. **Adverbialsatz** (der Nebensatz bildet ein Adverbial):
   Ich freue mich, [wenn du mitkommst].
4. **Relativsatz** (der Nebensatz bildet ein Attribut):
   Peter, [der mitkommen wollte], hat abgesagt.

Die Erkennungsmerkmale des Nebensatzes

Nebensätze erkennt man an typischen Einleitewörtern am Anfang und dem Prädikat am Ende. Die Einleitewörter sind entweder Konjunktionen (bei Subjekt-, Objekt- und Adverbialsätzen) oder Relativpronomen (bei Relativsätzen). Wer Einleitewort und Prädikat sicher erkennt, weiß immer automatisch, wo der Nebensatz anfängt und endet – und folglich, wo ein Komma hingehört.

Peter fragt sich, ob Maria ihn noch anrufen wird.
Als Maria doch noch anrief, war Peter wieder beruhigt.
Maria, die mit ihrer Arbeit viel zu tun hatte, konnte einfach nicht früher anrufen.

Nebensätze können auch ineinander verschachtelt werden.

Als Maria, die mit ihrer Arbeit viel zu tun hatte, doch noch anrief, war Peter wieder beruhigt.

> **Der Nebensatz-Schnelltest**
> Nebensätze beginnen mit Einleitewort (Konjunktion/Relativpronomen) und enden mit dem finiten Verb. Beide Grenzen brauchen ein Satzzeichen.
> Es steht noch nicht fest, ob die Veranstaltung stattfinden wird.
> Das Bild, das du mir geschickt hast, hängt im Wohnzimmer.

Konjunktionen, die den Nebensatz einleiten

als, anstatt, außer, bevor, bis, da, damit, ehe, falls, indem, insofern, insoweit, nachdem, obgleich, obschon, obwohl, seit, seitdem, sobald, sodass, sofern, solange, sooft, soweit, statt, trotzdem, während, weil, wenn, wenngleich, wie, wiewohl, wo, wohingegen, zumal

> **Klammerprobe**
> Alles, was man sinnvoll in Klammern setzen kann, kann man auch mit Kommas abtrennen .
> *Der Roman (den Erich Kästner geschrieben hat) handelt von einem Jungen in Berlin.*
> *Sie gingen (die Rucksäcke noch auf dem Rücken) gleich in den Gemeinschaftsraum.*
> *Die Katze blieb verschwunden (obwohl sie morgens noch zum Füttern gekommen war).*

Achtung: Die Klammerprobe funktioniert bei fast jeder Wortgruppe, aber nicht überall ist das Komma auch sinnvoll! Im Nebensatz ist es Pflicht.

Faustregel: **Nebensätze**

Nebensätze grenzt man mit Kommas vom Hauptsatz ab. Man erkennt Nebensätze gut mit dem Nebensatz-Schnelltest (s. o.). Die wichtigsten drei Nebensatztypen sind die folgenden:

1. **Subjekt- und Objektsätze** beginnen meist mit *dass* oder *ob*. Sie sind nicht weglassbar und leider funktioniert die Klammerprobe nicht.
   Ich glaube, dass wir darüber noch sprechen müssen.
   Sie fragten sich, ob sie noch rechtzeitig ankommen würden.
2. **Adverbialsätze** beginnen mit einer gut erkennbaren Konjunktion (siehe Proben). Sie sind immer weglassbar. Die Klammerprobe funktioniert, wenn der Nebensatz nicht vorangestellt ist.
   Diese Meinung überzeugt mich nicht, weil es gute Gegengründe gibt.
   Wenn die Tage wieder länger werden, beginnen die Vögel zu singen.
3. **Relativsätze** beginnen mit einem Relativpronomen, das man immer durch *welche/welcher/welches* ersetzen kann. Sie sind immer weglassbar. Die Klammerprobe funktioniert gut.
   Der Brief, den ich dir geschrieben habe, ist sehr lang geworden.
   Ist das der Film, von dem du mir erzählt hast?

Dieses-jenes-welches-Probe

Nur wenn man das Wort *das* **nicht** durch *dieses, jenes* oder *welches* ersetzen kann, schreibt man es mit Doppel-s.
  Das (dieses) *Theaterstück, das* (welches) *heute Premiere hat, ist ausverkauft.*
  Ich finde, dass (dieses) *die Autorin recht hat.*

Faustregel: **Komma bei *wie* und *als***

Vor *wie* und *als* setzt man nur dann ein Komma, wenn ein vollständiger Nebensatz folgt.
Es ist genau wie gestern – **aber:** *Es ist genau, wie es gestern gewesen ist.*
Der Film war besser als der letzte – **aber:** *Der Film war besser, als ich gedacht habe.*

Infinitiv- und Partizipialgruppen

Infinitiv- und Partizipialgruppen stehen grammatisch gesehen zwischen einem vollständigen Satz und einer einfachen Wortgruppe, denn sie haben ein Prädikat, aber kein Subjekt. Deshalb gelten sie nur in bestimmten Fällen als eine Art Nebensatz und werden nur manchmal mit Komma abgegrenzt.

Ich verspreche dir(,) dich morgen anzurufen.

So wäre es ein vollständiger Nebensatz mit Subjekt und finitem Prädikat:

Ich verspreche dir, dass ich dich morgen anrufe.

Weil Infinitivgruppen an der Schwelle zwischen Wortgruppe und Nebensatz stehen, war ihre Kommasetzung schon immer kompliziert. Beim Komma zur Abgrenzung von Infinitivgruppen gab es in den Phasen der Rechtschreibreform (1996, 2004 und 2006) unterschiedliche Regeln, was die Unsicherheit in der Kommasetzung sicher vergrößerte.

Faustregel: **das Komma bei Infinitivgruppen**

Infinitivgruppen erkennt man am infiniten (also ungebeugten) Verb mit *zu*. In drei Fällen ist die Kommasetzung Pflicht, andernfalls freiwillig:

1. Die Infinitivgruppe ist mit *um, ohne, statt, anstatt, außer* oder *als* eingeleitet.
   Sie stiegen auf einen Stuhl, um besser sehen zu können.
   Anstatt sofort wegzulaufen, blieb das Reh wie erstarrt stehen.
2. Die Infinitivgruppe hängt von einem Nomen ab.
   Seine Hoffnung, die Band noch live zu sehen, erfüllte sich nicht.
   Ich habe deinen Rat befolgt, lieber noch etwas zu warten.
3. Die Infinitivgruppe hängt von einem Verweiswort wie d*amit, dabei, dafür* oder *es* ab.
   Er rechnete damit, die anderen bald einzuholen.
   Merke: Außer *es* beginnen alle Verweisworte mit *da-*.

Auch **Partizipialgruppen** stehen grammatisch gesehen zwischen Wortgruppe und Nebensatz, denn auch sie haben kein Subjekt. Im Gegensatz zu Infinitivgruppen tritt das Prädikat aber nicht als Infinitiv, sondern als Partizip auf (vgl. Seite 224):
- Partizipialgruppe mit Partizip I:
  Er rannte(,) laut fluchend (,) der langsam anfahrenden Bahn hinterher.
- Partizipialgruppe mit Partizip II:
  Am Flughafen angekommen(,) besorgte sie sich erst einmal eine Zeitung.

> Faustregel: **Partizipialgruppen**
> Partizipialgruppen werden mit Partizip I *(stehend)* oder Partizip II *(gestanden)* gebildet. Man kann sie mit Komma abgrenzen, wenn sie inhaltlich selbstständig sind. Um das zu beurteilen, hilft die Klammerprobe.
> *Seit Stunden im Stau stehend[,] hatte keiner im Auto mehr gute Laune.*
> *Der Held des Dramas, gespielt von Mario Adorf, erlebt viele Abenteuer.*

Kommasetzung bei besonderen Wortgruppen

Nicht alle Aussagen in Texten bestehen aus vollständigen Sätzen mit Subjekt, Prädikat und Objekt. Oft benutzt man Wörter oder Wortgruppen so, als seien es vollständige Sätze, und sagt *Guten Tag* statt *Ich wünsche Ihnen einen guten Tag* oder *Was?* statt *Was hast du gesagt?*. Auch solche inhaltlich definierten Sätze kann man in Kommas setzen und hat dabei eine gewisse Gestaltungsfreiheit (vgl. Klammerprobe). In den folgenden Fällen hingegen ist die Kommasetzung Pflicht.

> Faustregel: **Apposition**
> Appositionen sind Nominalgruppen, die ein anderes Nomen näher erläutern. Man setzt sie in Kommas. Die Klammerprobe hilft gut weiter.
> *Sydney, die größte Stadt Australiens, war der Höhepunkt der Reise.*
> *Du könntest mal mit Maya, der Schülersprecherin aus der Oberstufe, darüber sprechen.*

> **Faustregel: Anreden und Ausrufe**
> Anreden und Ausrufe grenzt man mit Kommas ab, wenn die Klammerprobe funktioniert oder man auch ein Satzschlusszeichen setzen könnte.
> *Herr Lehmann, Sie sollten sich wirklich schämen! (Herr Lehmann! Sie sollten ...)*
> *Nein, das hätte ich nicht gedacht. (Nein! Das hätte ich ...)*

> **Faustregel: Zusätze und Nachträge**
> Zusätze und Nachträge grenzt man mit Kommas ab, wenn die Klammerprobe funktioniert.
> *Wir kommen morgen Abend an, <u>so gegen 7 Uhr.</u>*
> *Er lief, <u>die Teller in der Hand,</u> in die Küche.*

Der typische Lernweg in der Zeichensetzung

Stufe 1
Die frühesten Satzzeichen, die in kindlichen Texten auftauchen, sind die Satzschlusszeichen. Sie werden, ähnlich wie die Großschreibung der Satzanfänge, oft schon während der Grundschulzeit weitgehend sicher beherrscht. Die ersten Kommas treten in der Regel bei Aufzählungen und Reihungen auf – auch bei der Aneinanderreihung von Sätzen. Die lang anhaltenden Schwierigkeiten beginnen üblicherweise erst mit der Abgrenzung der Nebensätze.

Typische Fehler:
... *Stifte Pinsel und Farbe* ... (statt *Stifte, Pinsel und Farbe*)
Wenn die Schule aus ist gehe ich nach Hause.
(statt *Wenn die Schule aus ist, gehe ich nach Hause.*)
Wir treffen uns sobald die Sonne untergegangen ist.
(statt *Wir treffen uns, sobald die Sonne untergegangen ist.*)

Stufe 2

Unter den Nebensätzen werden die Adverbialsätze zuerst richtig mit Kommas abgegrenzt, weil sie oft gut erkennbare Nebenaussagen zum Hauptsatz machen und damit eine gewisse inhaltliche Selbstständigkeit besitzen. Außerdem werden sie oft mit einer gut erkennbaren Konjunktion wie *weil, nachdem, obwohl* oder *bevor* eingeleitet, die als Signal für die Kommasetzung dienen kann.

Etwas schwerer fällt das Erkennen von Relativsätzen, da sie sich inhaltlich eng auf ihr Nomen beziehen und mit ihm verbunden sind. Außerdem ist das einleitende Relativpronomen *(der/die/das, welcher/welche/welches)* kein sehr sicheres Kommasignal, denn es kann leicht mit dem Artikel *der/die/das* verwechselt werden. Weil Relativsätze oft mitten im Hauptsatz stehen, verlangen sie zwei Kommas, von denen das zweite häufiger vergessen wird als das erste.

Typische Fehler:
Sie besaß eine Katze   die sie über alles liebte. (statt *Sie besaß eine Katze, die sie über alles liebte.*)
Das Buch, das wir gelesen haben   handelt von einem kleinen Mädchen. (statt *Das Buch, das wir gelesen haben, handelt von einem kleinen Mädchen.*)

Stufe 3

Am schwierigsten sind die Subjekt- und Objektsätze (s. o.), weil sie inhaltlich wie grammatisch eng mit dem Hauptsatz verknüpft sind. Erschwerend kommt die Konjunktion *dass* hinzu, die typisch für Subjekt- und Objektsätze ist und oft mit dem Artikel und Pronomen *das* verwechselt wird.

Auf dieser Stufe tritt auch oft das einzige systematisch überflüssige Komma auf: Es grenzt fälschlicherweise das erste Satzglied vor dem Prädikat des Hauptsatzes ab, obwohl es sich nicht um einen Nebensatz handelt.

Typische Fehler:
Ich finde   da<u>s</u> die Geschichte gut geschrieben ist. (statt *Ich finde, da<u>ss</u> die Geschichte gut geschrieben ist.*)

Manche Menschen glauben *das es Geister gibt.* (statt *Manche Menschen glauben, dass es Geister gibt.*)
Überflüssiges Komma: *In dem Roman „Effi Briest" von Theodor Fontane, geht es um eine junge Frau ...* (statt *In dem Roman „Effi Briest" von Theodor Fontane geht es um eine junge Frau ...*)

Stufe 4

Nach den Nebensätzen bilden die Infinitivkonstruktionen (s. o.) den wichtigsten Fehlerschwerpunkt. Ihre Kommasetzung wurde in den vergangenen Jahrzehnten mehrfach verändert, ist aber nach wie vor recht kompliziert. Es ist daher wenig verwunderlich, dass sie oft auch nach der Schulzeit noch nicht sicher beherrscht wird.

Typische Fehler:
Es wundert mich ehrlich gesagt dich so schnell wiederzusehen. (statt *Es wundert mich ehrlich gesagt, dich so schnell wiederzusehen.*)
Sie hatten die Hoffnung beinahe aufgegeben noch rechtzeitig einzutreffen. (statt *Sie hatten die Hoffnung beinahe aufgegeben, noch rechtzeitig einzutreffen.*)
Die meisten Menschen haben etwas Besseres zu tun als täglich auf Schnäppchenjagd zu gehen. (statt *Die meisten Menschen haben etwas Besseres zu tun, als täglich auf Schnäppchenjagd zu gehen.*)

Stufe 5

Die hohe Schule der Kommasetzung, bei der auch so manche Deutschlehrkraft noch Fehler macht, ist das Komma vor *und*. Die Schwierigkeit besteht darin, dass das Komma oft nur scheinbar mit dem *und* zu tun hat, sondern in Wirklichkeit deshalb dort steht, weil es einen eingeschobenen Nebensatz abschließt (s. o., Seite 248).

Typische Fehler:
Der Autor behauptet, dass sich die europäische Außenpolitik ändern müsse und fordert daher einen politischen Kurswechsel. (statt *Der Autor behauptet, dass sich die europäische Außenpolitik ändern müsse, und fordert daher einen politischen Kurswechsel.*)

Spickzettel: Kommasetzung – das kann mein Kind schon

- ☐ Das Komma vor *und*
- ☐ Die Schreibung von *das/dass*
- ☐ Subjekt- und Objektsätze
- ☐ Eingeschobene Adverbial- und Relativsätze
- ☐ Einfache (adverbiale) Nebensätze
- ☐ Das Komma bei Aufzählungen
- ☐ Satzschlusszeichen richtig setzen

Anhang

Ausgewählte Literatur

Anderson, John R.: „Kognitive Psychologie", Springer VS, Berlin, 7., Auflage 2013

Bandura, Albert: „Sozial-kogntive Lerntheorie", hrsg. v. Rolf Verres, Klett-Cotta Verlag, Stuttgart 1991

Böhrer, Gertrud / Spitznagel, Elke / Butz, Steffen: „Duden, 150 Aufsatzübungen; 5. bis 10. Klasse, Dudenverlag, Berlin, 3., aktualisierte Auflage 2014

Bredel, Ursula: „Schriftspracherwerb und Orthographie", Schneider-Verlag, Baltmannsweiler, 2004

Bredel, Ursula / Müller, Astrid / Hinney Gabriele (Hg.): „Schriftsystem und Schrifterwerb: linguistisch, didaktisch, empirisch", De Gruyter, Berlin, 2010

Brosche, Heidemarie / Müller, Hans-Georg / Remane, Anne-Sophie: „Deutsch für Eltern. Was Sie wissen müssen, um Ihr Kind zu unterstützen. Grammatik, Rechtschreibung, Arbeiten mit Texten. Klassen 4–10", Dorling Kindersley Verlag, München, 2016

Deci, Edward L. / Ryan Richard M.: „Die Selbstbestimmungstheorie der Motivation und ihre Bedeutung für die Pädagogik", in: Zeitschrift für Pädagogik, 39, S. 223–238, Beltz, Weinheim, 1993

Duden: „Deutsch – Rechtschreibung in 15 Minuten, 3. Klasse", Dudenverlag, Berlin, 2012

Duden: „Deutsch – Rechtschreibung in 15 Minuten, 4. Klasse", Dudenverlag, Berlin, 2012

Duden: „Deutsch – Rechtschreibung in 15 Minuten, 5. Klasse", Dudenverlag, Berlin, 2018

Duden: „Deutsch – Rechtschreibung in 15 Minuten, 6. Klasse", Dudenverlag, Berlin, 2018

Duden: „Deutsch – Rechtschreibung in 15 Minuten, 5.–7. Klasse", Dudenverlag, Berlin 2016

Duden: „Die Grammatik", Dudenverlag, Berlin, 9., vollständig überarbeitete und aktualisierte Auflage 2016

Duden: „Schülerduden Grammatik", Dudenverlag, Berlin, 7., neu bearbeitete und aktualisierte Auflage 2013

Duden: „Übungsbuch extra – Deutsch 5.–7. Klasse", Dudenverlag, Berlin, 2018

Duden: „222 Diktate, 5. bis 8. Klasse, Regeln und Texte zum Üben", Dudenverlag, Berlin, 6., neu bearbeitete und ergänzte Auflage 2019

Duden: „150 Diktate, 2. bis 4. Klasse, Regeln und Texte zum Üben", Dudenverlag, Berlin, 4., aktualisierte Auflage 2017

Duden: „222 Rechtschreibübungen, 5. bis 8. Klasse", Dudenverlag, Berlin, 3., aktualisierte Auflage 2017

Ebbert, Birgit: „Die besten 50 Schreibspiele", Don Bosco Medien, München, 2011

Eisenberg, Peter / Fuhrhop, Nanna: „Grundriss der deutschen Grammatik 1, Das Wort", J. B. Metzler, Stuttgart, 5., aktualisierte Auflage 2020

Eisenberg, Peter / Schöneich, Rolf: „Grundriss der deutschen Grammatik 2, Der Satz", J. B. Metzler, Stuttgart, 5., Auflage 2020

Fühmann, Franz: „Die dampfenden Hälse der Pferde im Turm von Babel, ein Sprachspielbuch", Hinstorff, Rostock, 2005

Fuhrhop, Nanna: „Orthografie", Universitätsverlag Winter, Heidelberg, 4., aktualisierte Auflage 2015

Ausgewählte Literatur

Gallmann, Peter / Sitta Horst: „Die Neuregelung der deutschen Rechtschreibung: Regeln, Kommentar und Verzeichnis wichtiger Neuschreibungen", Dudenverlag, Mannheim, Leipzig, Wien, Zürich, 1996

Geipel, Maria: „Übungsheft Grammatik, 3. Klasse", Dudenverlag, Berlin 2019

Geipel, Maria: „Übungsheft Grammatik, 4. Klasse", Dudenverlag, Berlin 2020

Holzwarth-Raether, Ulrike: „Jetzt werde ich Deutschchampion, 1. Klasse", Dudenverlag, Berlin, 2018

Holzwarth-Raether, Ulrike: „Jetzt werde ich Deutschchampion, 2. Klasse", Dudenverlag, Berlin, 4., überarbeitete Auflage 2018

Holzwarth-Raether, Ulrike / Neidthardt, Angelika: „Jetzt werde ich Deutschchampion, 3. Klasse", Dudenverlag, Berlin, 4., überarbeitete Auflage 2019

Holzwarth-Raether, Ulrike / Neidthardt, Angelika: „Jetzt werde ich Deutschchampion, 4. Klasse", Dudenverlag, Berlin, 4., überarbeitete Auflage 2019

Holzwarth-Raether, Ulrike / Müller-Wolfangel, Ute: „Wissen – Üben – Testen: Deutsch – Diktate, 3. Klasse", Dudenverlag, Berlin, 4., überarbeitete Auflage 2016

Holzwarth-Raether, Ulrike / Müller-Wolfangel, Ute: „Wissen – Üben – Testen: Deutsch – Diktate, 4. Klasse", Dudenverlag, Berlin, 2., aktualisierte Auflage 2016

Holzwarth-Raether, Ulrike: „Übungsheft Rechtschreibung, 3. Klasse", Dudenverlag, Berlin 2019

Holzwarth-Raether, Ulrike „Übungsheft Rechtschreibung, 4. Klasse", Dudenverlag, Berlin 2020

Hüther, Gerald / Michels, Inge: „Gehirnforschung für Kinder. Felix und Feline entdecken das Gehirn", Kösel, München, 2009

Klett 10-Minuten-Training: „Diktate, Deutsch 5./6. Klasse", Klett Lerntraining, Stuttgart, 4., Auflage 2017

Klett 10-Minuten-Training: „Groß- und Kleinschreibung, Deutsch 5./6. Klasse", Klett Lerntraining, Stuttgart, 2., Auflage 2018

Lepper, M. R. / Greene, D. / Nisbett, R. E.: „Undermining childrens intrinsic interest with extrinsic reward", in: „Journal of Personality and Social Psychology" 28 [1], 1973, S. 129–137

Ising, Annegret / Richter, Hans-Jörg / Schulenberg, Wencke / Steinhauer, Anja: Wissen – Üben – Testen: Deutsch, 6. Klasse, Dudenverlag, Berlin, 4., Auflage 2016

Klett: „200 Aufsatz-Übungen wie in der Schule, 2.–4. Klasse", Klett Lerntraining, Stuttgart, 2016

Kölmel, Birgit: „Duden, Wissen – Üben – Testen, Deutsch Rechtschreibung, 5./6. Klasse", Dudenverlag, Berlin, 2., aktualisierte Auflage 2014

Kubitza, Frank: „Diktat 5.–10. Klasse: mit MP3-CD", Stark, Freising, 2014

Mertens, Susanne: „Übungsheft Aufsatz, 3. Klasse", Dudenverlag, Berlin 2019

Ministerium für Kultus, Jugend und Sport Baden-Württemberg: „Rechtschreibrahmen für die Klassen 1 bis 10", https://www.baden-wuerttemberg.de/fileadmin/redaktion/dateien/Remote/km/180629_Rechtschreibrahmen-Klassen-1-bis-10.pdf

Müller, Hans-Georg: „Zum „Komma nach Gefühl": Implizite und explizite Kommakompetenz von Berliner Schülerinnen und Schülern im Vergleich", Peter Lang, Frankfurt am Main, 2007

Müller, Hans-Georg: „Der Majuskelgebrauch im Deutschen: Groß- und Kleinschreibung theoretisch, empirisch, ontogenetisch", De Gruyter, Berlin, 2016

Müller, Hans-Georg / Kepser, Matthis / Schallenberger, Stefan: „Getrennt- und Zusammenschreibung – ein konsistentes Konstrukt? Erste Ergebnisse einer empirischen Studie", in: Didaktik-Deutsch. Halbjahresschrift für die Didaktik der deutschen Sprache und Literatur, Jg. 23, Heft 45, 2018, S. 74–93

Ausgewählte Literatur

Ortheil, Hanns-Josef: „Mit dem Schreiben anfangen. Fingerübungen des kreativen Schreibens", Dudenverlag, Berlin, 2017

Philipp, Maik: „Handbuch Schriftspracherwerb und weiterführendes Lesen und Schreiben", Beltz Juventa, Weinheim, 2017

Pons: „222 Diktate. Deutsch wie in der Schule, 5.–10. Klasse", Pons, Stuttgart, 2., Auflage 2016

Rheinberg, Falko / Krug, Joachim Siegbert: „Motivationsförderung im Schulalltag. Psychologische Grundlagen und praktische Durchführung", Hogrefe-Verlag, Göttingen, 2017

Richter, Hans-Jörg / Schulenberg, Wencke / Ising, Annegret / Steinhauer, Anja: Wissen – Üben – Testen: Deutsch, 5. Klasse, Dudenverlag, Berlin, 4., Auflage 2016

Rösler, Frank: „Psychophysiologie der Kognition. Eine Einführung in die kognitive Neurowissenschaft", Spektrum Akademischer Verlag, Heidelberg, 2011

Sennlaub, Gerhard: „Von A bis Zett: Wörterbuch für Grundschulkinder in Bayern: mit Bild-Wort-Lexikon Englisch", Cornelsen, Berlin, 2015

Spitzer, Manfred: „Lernen. Gehirnforschung und die Schule des Lebens", Elsevier, Spektrum, München, Heidelberg, 2007

Weber, Annette: „Duden, 150 Aufsatzübungen, 2. bis 4. Klasse, alle Aufsatzformen", Dudenverlag, Berlin, 2. Auflage 2016

Widmann, Gerhard: „Rechtschreiben und Diktate. 2. Klasse", Hauschka-Verlag, Puchheim, 6. Auflage 2011

Widmann, Gerhard: „Diktate. Deutsch, 3./4. Klasse", Hauschka-Verlag, Puchheim, 9., revidierte Auflage 2013

Widmann, Gerhard: „Diktate. Deutsch, 5./6. Klasse", Hauschka-Verlag, Puchheim, 11., revidierte Auflage 2015

Widmann, Gerhard: „Aufsatz Deutsch, 2. Klasse", Hauschka-Verlag, Puchheim, 2014

Widmann, Gerhard: „Aufsatz Deutsch, 4. Klasse", Hauschka-Verlag, Puchheim, 2015

Wimmer, Andrea: „Übungsheft Lesen, 3. Klasse", Dudenverlag, Berlin 2019

Wimmer, Andrea: „Übungsheft Lesen, 4. Klasse", Dudenverlag, Berlin 2020

Wimmer, Andrea: „Übungsheft Aufsatz, 4. Klasse", Dudenverlag, Berlin 2020

Glossar

Adjektiv: Eigenschaftswort (z. B. *groß, schön, rot*). Adjektive lassen sich steigern und treten als nähere Erläuterungen zum Nomen auf.

Adverb: Umstandswort (z. B. *oft, heute, dort*). Adverbien lassen sich nicht steigern und treten als nähere Erläuterungen zum Prädikat auf.

Adverbial: Satzglied, fakultative Angabe innerhalb von Sätzen. Adverbiale machen Aussagen über Ort, Zeit, Grund oder Art und Weise einer Handlung.

Adverbialsatz: Nebensatz, der für seinen Hauptsatz die Funktion eines Adverbials erfüllt

analytisch: aufgliedernd, zerlegend. **Analytische Übungen** zerlegen die Rechtschreibung in Einzelfragen und erlauben damit eine bessere Konzentration auf bestimmte Details.

Apposition: nachgestellte nähere Angabe zu einem Nomen (z. B. *Frau Krause, unsere Direktorin*). Appositionen werden in Kommas gesetzt.

Attribut: Ergänzung zu einem Satzglied. Attribute erläutern andere Satzglieder näher, gelten aber selbst nicht als Satzglieder, weil sie im Satz nicht frei verschiebbar sind.

Auslautverhärtung: ein Laut-Gesetz des Deutschen. Am Silbenende werden beispielsweise weiche Konsonanten hart gesprochen: Wir schreiben *Wand*, aber sprechen *Want*.

Austauschprobe: Wenn sich die Bestandteile eines potenziell zusammengesetzten Wortes frei durch andere austauschen lassen, deutet das auf Getrenntschreibung hin.

Bedeutungsprobe: Wenn zwei Wortbestandteile in Kombination etwas anderes bedeuten als die Summe ihrer Teile, deutet das auf Zusammenschreibung hin.

Begleiterprobe: Wörter, die einen Begleiter (Artikel, Pronomen, Mengenangabe) haben, sind meist Nomen und werden großgeschrieben (z. B. *das/dieses/viel Laufen*).

Betonungsprobe: Zusammengesetzte Wörter werden meist auf dem ersten Bestandteil betont. Kann auch der zweite Bestandteil betont werden, deutet das auf Getrenntschreibung hin.

deduktiv: vom Allgemeinen zum Besonderen. **Deduktives Lernen** schließt immer von der Regel auf den Einzelfall.

Dehnungs-h: Verwendung des Buchstabens *h*, um anzuzeigen, dass der Vokal davor lang ist. Das echte Dehnungs-h kommt nur vor *m, n, l* und *r* vor.

Dieses-jenes-welches-Probe: Wenn sich *das(s)* nicht durch *dieses, jenes* oder *welches* ersetzen lässt, wird es mit Doppel-s geschrieben.

Diphthong: Doppellaut aus zwei Vokalen (z. B. *au, ei, eu, ai, äu*).

Doppelvokal: Verdopplung eines Vokalbuchstabens, um die Vokallänge zu markieren (z. B. *Haar, Boot, See*).

Doppelkonsonant: Verdopplung eines Konsonantenbuchstabens, um die Kürze des davor stehenden Vokals zu kennzeichnen (z. B. *Wissen, doppelt, bitte*)

finit: ‚gebeugt', Eigenschaft von Verben, sich in ihren grammatischen Eigenschaften dem Subjekt anzupassen (z. B.: *ich gehe, ihr geht, sie gingen*). Jeder (Teil-)Satz hat genau ein finites Prädikat.

Funktionswörter: Wörter, die vorrangig grammatische Funktionen erfüllen wie etwa Artikel, Pronomen, Konjunktionen oder Präpositionen

ganzheitlich: verbunden, vollständig. **Ganzheitliche Übungen** trainieren alle Rechtschreibprobleme gleichzeitig und sind daher nah am natürlichen Schreiben.

Halbvokale: Laute, die Eigenschaften sowohl von Vokalen wie Konsonanten haben (z. B. das *r* in *warm*)

Hauptsatz: Satz, der keinem anderen Satz untergeordnet ist. In der Regel steht das Prädikat an erster oder zweiter Satzgliedposition.

induktiv: vom Besonderen zum Allgemeinen. **Induktives Lernen** schließt von vielen Beispielen auf eine allgemeine Regel. Induktives Lernen ist besonders gehirngerecht.

infinit: ‚ungebeugt'. Grundform des Verbs (z. B. *gehen, sprechen, schlafen*). Infinite Verben treten oft zusätzlich zum finiten Verb im Satz auf und bilden zusammengesetzte Prädikate, z. B. *er wird gehen müssen*.

Infinitivgruppe: Wortgruppe mit Prädikat im Infinitiv, aber ohne Subjekt. Infinitivgruppen werden unter bestimmten Bedingungen mit Komma abgegrenzt.

Infinitiv: ungebeugte Verbform, Grundform des Verbs, die auch im Wörterbuch steht (z. B. *sehen, haben, sein*)

Inhaltswörter: Wörter, die vorrangig wegen ihrer inhaltlichen Bedeutung gebraucht werden, z. B. Nomen, Verben, Adjektive

Glossar

Klammerprobe: Wenn sich eine Wortgruppe sinnvoll in Klammern setzen lässt, lässt sie sich auch mit Kommas abgrenzen.

Konjunktion: Bindewort (z. B. *und, aber, weil, dass*). Konjunktionen verbinden Wörter, Wortgruppen und Sätze.

Konsonant: Mitlaut (z. B. *b, s, m*). Konsonanten entstehen durch Verengung des Luftstroms beim Sprechen. Sie sind oft nur mithilfe von Vokalen aussprechbar (*b → bee*).

Korrumpierungseffekt: Erkenntnis der Motivationspsychologie, dass häufige Belohnung das selbstständige Lernen behindern kann

Laufdiktat: Übungsmethode, bei der die Lernenden den Diktattext nicht hören, sondern selbst lesen, sich einen Teil, beispielsweise eine Wortgruppe, merken und das Gemerkte einige Meter vom Leseort entfernt niederschreiben.

Laut-Buchstaben-Zuordnung: Teilbereich der Rechtschreibung, der die Verwendung der Buchstaben regelt.

Mitlaut: siehe „Konsonant".

Nebensatz: Satz, der grammatisch einem anderen Satz untergeordnet ist. In der Regel steht das Prädikat am Ende.

Nebensatz-Schnelltest: Methode, um Nebensätze am Einleitewort (Anfang) und Prädikat (Ende) zu erkennen

Nomen: Nennwort, Substantiv (z. B. *Haus, Paul, Wahrheit*). Nomen treten in Einzahl und Mehrzahl auf, haben ein festes grammatisches Geschlecht und werden von Artikeln oder Pronomen begleitet.

Nomen-Schnelltest: Alles, was „groß" sein kann, schreibt man auch groß, z. B. *der (große) Park, die (große) Freude, das (große) Ganze.*

Nominalgruppe: typische Wortgruppe des Nomens. Nominalgruppen beginnen in der Regel mit einem Artikel oder Pronomen und enden mit dem Nomen; dazwischen sind Adjektive möglich, davor Präpositionen.

Nominalisierung: grammatische Umwandlung eines Wortes in ein Nomen (z. B. *heiter → die Heiterkeit, laufen → das Laufen*)

Objekt: Satzglied, das vom Prädikat abhängt und meist im Akkusativ oder Dativ steht (z. B. *den Park* betreten, *dem Kind* helfen).

Objektsatz: Nebensatz, der für seinen Hauptsatz die Funktion eines Objektes erfüllt

Partikel: Wortart (z. B. *nicht, ach, ja*). Partikeln sind eine sehr vielgestaltige Wortart. Sie können keine Satzglieder sein.

Partizip: Infinite Form des Verbs, z. B. *leben → Partizip I: lebend, Partizip II: gelebt*. Das Partizip II findet zur Bildung von Vergangenheitszeitformen und im Passiv Anwendung. Partizipien werden auch oft als Attribute verwendet, z. B. *der lebende Beweis*.

Partizipialgruppe: Wortgruppe, die ein Prädikat in Form eines Partizips, aber kein Subjekt aufweist (z. B. *der Roman, geschrieben von Thomas Mann,* ...)

Prädikat: wichtigstes Satzglied des Satzes. Prädikate bestehen in der Regel aus einem oder zwei Verben, werden vom Subjekt gebeugt und bestimmen die Art und Anzahl der Objekte im Satz.

Präposition: Verhältniswort (z. B. *an, in, mit*). Mit Präpositionen bindet man Nominalgruppen in Sätze ein.

Präpositionenprobe: Weil Präpositionen in der Regel Nominalgruppen verlangen, lassen sie sich als Indikator für die Groß- und Kleinschreibung verwenden.

Pronomen: Fürwort (z. B. *ich, mein, dieses*). Pronomen sind Stellvertreter des Nomens (z. B. *der Hund → er*).

Rechtschreibgespräch: Übungsmethode, bei der ausgehend von einem Beispielwort oder -satz Regelmäßigkeiten und Strategien der Rechtschreibung besprochen werden.

Relativsatz: Nebensatz, der für seinen Hauptsatz die Funktion eines Attributs erfüllt und von einem Nomen abhängt

s-Laut: Man unterscheidet zwischen stimmhaftem s- und stimmlosem s-Laut.

Satzglied: Wort oder Wortgruppe, die als eigenständiger Bestandteil des Satzes weitgehend frei verschiebbar ist

Schema (Plural: Schemata): unbewusste Wahrnehmungs- oder Handlungsroutine, mit der Menschen immer wiederkehrende Abläufe organisieren (z. B. laufen, lächeln, Buchstaben erkennen usw.)

Schreibschemata: unbewusste Schreibroutinen, die sich durch regelmäßige Übung ausbilden, z. B. Schreibung mit *ie*, Anwendung von Großbuchstaben, Kommasetzung

Selbstlaut: siehe „Vokal"

Silbe: lautliche Einheit aus Vokalen und Konsonanten. Jede Silbe hat einen Vokal als Kern, um den herum sich ein oder mehrere Konsonanten befinden (z. B. *von, wan|dern*).

Silbengelenk: Konsonant, der zu zwei Silben gleichzeitig gehört (z. B. *kom-men*). Wörter mit Silbengelenk werden im Deutschen durch Doppelkonsonanten gekennzeichnet.

Silbengesetze: Regelmäßigkeiten der deutschen Silbe, an der die Länge/Kürze des Vokals abgelesen werden kann

Stammprinzip: Prinzip der deutschen Rechtschreibung, nach dem stammverwandte Wörter auch möglichst gleich geschrieben werden sollen

Subjekt: Satzglied, das im Nominativ steht und das Prädikat beugt (z. B. *Der Hund bellt. – Die Hunde bellen.*)

Subjektsatz: Nebensatz, der für seinen Hauptsatz die Funktion eines Subjektes erfüllt

Veränderungsprobe: Lässt sich der erste Bestandteil eines potenziell zusammengesetzten Wortes grammatisch verändern, deutet das auf Getrenntschreibung hin.

Verb: Tätigkeitswort, Zeitwort (z. B. *sprechen, lieben, sein*). Verben bilden als Prädikate das grammatische Zentrum des Satzes.

Verschmelzung: Wortverbindung, die sich aus einer ehemaligen, oft verwendeten Wortgruppe entwickelt hat (z. B. *an Hand* → *anhand, in so fern* → *insofern*).

Vokal: Selbstlaut (z. B. *a, e, i*). Vokale entstehen durch weitgehend ungehindertes Ausströmen der Luft über die Stimmbänder.

Vokallänge: Im Deutschen werden lange und kurze Vokale unterschieden (z. B. das *a* in *Wahl* und *Wall*). Die Vokallänge wird durch verschiedene orthografische Mittel verdeutlicht.

Wortarten: Einteilung der Wörter nach ihren inhaltlichen und grammatischen Eigenschaften

Wortstamm: inhaltlicher Kern des Wortes ohne grammatische Endungen (z. B. *seh-* in *sehen* oder *Farb-* in *Farbe*). Wortstämme werden bei abgeleiteten Wörtern gleich geschrieben (z. B. *geh-en, Geh-steig*).

Wortstammprobe: siehe „Stammprinzip"

Wortverbindung: Kombination aus mehreren Wörtern, die oft, aber nicht immer, zusammengeschrieben wird (z. B. *teilnehmen*, aber: *zugrunde liegen*)

Zahlwort: Numerale. Wort, das eine Zahl wiedergibt (z. B. *zehn, dritte, Million*). Zahlworte werden in manchen Grammatiken als eigene Wortart betrachtet.

Zeichensetzung: Teilbereich der deutschen Rechtschreibung, der die Verwendung der Zeichen regelt, die keine Buchstaben sind (Komma, Klammern, Bindestriche usw.)

Register

A

Abschreibübungen *143ff*
Adjektiv *143ff*
Adverb *143ff*
Adverbialen *143ff*
Adverbialsatz *249, 251, 261*
analytisch *249, 251, 261*
analytische Übungen *168ff, 261*
Angst *24f*
Apposition *253, 261*
Attribute *246, 261*
Aufmerksamkeit *31ff, 56, 85ff, 112, 130ff*
Aufmerksamkeitsdifferenz *33*
Aufmerksamkeitslenkung *32, 57*
Aufmerksamkeitstraining *34, 130*
Auslautverhärtung *215, 218, 261*
Austauschprobe *227, 261*
Autonomie *75*
Autonomiebedürfnis *77*

B

Bedeutungsprobe *227, 261*
Begleiterprobe *237f, 261*
Belohnung *104ff*
Beschreiben *102f*
Bestrafung *104*
Betonungsprobe *229, 261*
Bewegung *88f*
Bewegungspausen *88f, 140ff*
Bewegungsspiele *140ff*
Bewusstheit *36ff*
Beziehung *69ff, 90*
blindes Galgenraten *239*
Buchstaben *210ff, 220ff, 235, 243*

D

deduktiv *27, 30, 125f, 261*
Dehnungs-h *40, 189, 211f, 261*
Denkzeit *96*
Dieses-jenes-welches-Probe *251, 261*
Diktat *153ff*
Diphthong *210, 261*
Domino-Methode *106*
Doppelvokal *211f, 261*

E

Ehrlichkeit *64*
Eigennamen *241f*
Einsetzübung *123f, 173ff*
Einstellung *23ff, 69*
Entscheidungsübungen *173ff, 179, 204f*

Erfolg *14ff, 24ff, 31, 43, 49ff, 53ff, 71, 97, 111ff*
Erfolgserlebnis *12, 98, 111f, 196*
Erfolgsrückmeldung *43f, 128*
Erfolgsspirale *50*
erlernte Hilflosigkeit *53, 63, 106, 116*
Eselsbrücken *125, 188, 199ff*

F

Feedback *20, 29, 43, 57, 61, 63, 92ff, 96ff, 123f, 179ff*
Fehlerheft *20, 29, 43, 57, 61, 63, 92ff, 96ff, 123f, 179ff*
freies Schreiben *158f, 186*
Fremdwörter *196, 198, 219*
Frust *64f, 93*
Funktionswörter *224, 232, 261*

G

ganzheitlich *54, 86f, 111, 113, 117, 122ff, 143ff, 261*
ganzheitliche Übungen *143ff*
Geduld *12, 19f, 57, 63ff, 92f, 101, 104*
General *69ff*
Getrennt- und Zusammenschreibung *222ff*
Groß- und Kleinschreibung *235ff*

H

Halbvokale *210f, 261*
Handlungsmuster *28, 42*
Hauptsatz *248ff, 261*
Hilfestellung *57, 61, 92ff, 95, 125*
Hinweise *96*
Höflichkeitsanrede *243*
Hör- und Klangübungen *191f, 207*
Hörvergleich *211*

I

induktiv *27ff, 63, 86ff, 112f, 117, 125f, 261*
induktives Lernen *27ff*
Infinitivgruppe *252f, 261*
Inhaltswörter *223, 242, 261*
Internet *34, 113, 179ff*
Internet-Chat *167*

K

Klammerprobe *250f, 262*
Kommafehler *168, 204*
Kommasetzung *95, 246ff, 262*
Kommentarspiel *136*
Kompetenz *75ff*
Kompetenzbedürfnis *76, 80*
Komplexität *44*
Komplexitätsproblem *44*

Konjunktion *225, 241, 247, 250, 262*
Konsonanten *210ff, 214ff, 262*
Konzentration *14ff, 31, 37, 80, 85f, 112, 116, 123, 130ff*
Konzentrationsübung *130ff*
Körperscan *89, 141*
Korrekturübungen *163ff*
Korrumpierungseffekt *105, 262*
Kreativität *123f*
Kritik *99ff*
Kumpel *69ff*

L

Laufdiktat *148ff, 262*
Laut-Buchstaben-Zuordnung *220f, 262*
Laute *210ff*
Lehrtyp *71*
Lernerfolg *115f*
Lernertypen *117*
Lernschemata *39ff, 43ff, 46ff, 199*
Lernwege *61, 113, 209f*
Lernwillen *52*
Lese-Rechtschreib-Schwäche *16*
Lob *24f, 99ff*
Lust *24ff*

M

Merkspruch *201*
Methode *19, 34, 85ff, 106, 122ff*
Misserfolg *15, 24ff, 43, 51ff, 75, 100, 102, 112f, 116, 144*
Misserfolgsspirale *51f, 53ff*
Motivation *23ff, 50ff, 56ff, 61, 69, 74ff, 99ff, 111ff, 130ff*
Motivationsübungen *130ff*

N

Natürlichkeit *122*
Nebensatz *248ff, 262*
Nebensatz-Schnelltest *250f*
Nomen *226ff, 235ff, 262*
Nomen-Endungen *240*
Nomen-Schnelltest *236*
Nominalgruppe *236ff, 262*
Nominalisierung *240f, 262*

O

Objekt *246f, 262*
Objektsätze *249, 251*

P

Partikel *225, 262*
Partizip *224, 230, 262*
Partizipialgruppen *252f, 262*
Pausen *88f*

Phasen *109ff*
positive Verstärkung *101*
Prädikat *246ff, 252ff, 262*
Präposition *225f, 237, 239, 262*
Präpositionenprobe *239*
Pronomen *238f*

R

Rahmenbedingungen *74ff*
Rechtschreib-Coach *61ff, 73, 85, 124*
Rechtschreibfehler *43, 127, 232*
Rechtschreibgespräch *168ff, 187ff*
Rechtschreibprobleme *11ff, 46ff, 52, 57, 98*
Rechtschreibregeln *11, 19, 38, 44, 73f, 126f, 209ff*
Rechtschreibtraining *13ff, 23, 45, 61ff, 74, 90, 109ff, 120, 122, 126, 154*
Rechtschreibung *11ff, 23ff, 209ff*
Rechtschreibversagen *49ff, 55, 56ff, 85*
Regellernen *187ff*
Regeln *11ff, 126f, 209ff*
Reimwörter *134f*
Relativsatz *249, 251, 262*
Risiken *53*
Rituale *82f*
Routinen *82f, 183*

S

s-Laut *215, 217, 262*
Satzglied *246ff, 262*
Schemata *39ff, 46ff, 199f*
Schreibgefühl *14*
Schreibprozesse *20, 45f, 86, 122f*
Schreibroutinen-Check *183f*
Schreibschemata *56, 92, 96, 103, 626*
Schriftregeln *36*
Selbstbelohnung *105*
Selbstbestimmungstheorie *74*
Selbsteinschätzung *118*
Selbstlaute *210*
Selbstständigkeitsprobe *226*
Selbstzufriedenheit *104*
Silben *210ff*
Silbengelenk *214*
Silbengesetze *213ff*
soziale Eingebundenheit *75, 79*
Sprachspiele *134ff*
Stammprinzip *217f*
Strafe *104f, 106*
Subjekt *246, 249, 251ff, 263*
Systematik *113f, 125, 209*

T

Teufelskreis *49ff, 55, 56ff*
Textpuzzle *136*
Trainingseinheiten *85ff, 121*
Trainingsgeschwindigkeit *115*

Trainingsgestaltung *124*
Trainingsmethoden *122ff*
Trainingssituation *124f*
Trainingstagebuch *121*
Trainingsteam *84*
Trainingsvielfalt *113*
Trainingszeiten *81, 149*
typische Lernwege *220, 232, 243, 254*

Ü

Übungsmethoden *19, 45, 89*

V

Veränderungsprobe *226, 228, 263*
Verb *223ff*
Verschmelzungen *231*
Verständnis *63ff*
Vokale *210ff, 263*
Vokallänge *211f, 263*
Vormachen *95*

W

Wahrnehmung *40f, 117, 125*
Wortarten *223ff, 241ff, 263*
Wörterbucharbeit *195ff*
Wortschreibung *185*
Wortstamm *217f, 263*
Wortstammprobe *218, 263*
Wortverbindung *222ff, 263*

Z

Zahlen *238*
Zahlwörter *238*
Zeichensetzung *254ff, 263*
Ziel *41ff, 56, 63ff, 69, 85, 114*
zusammengesetzte Verben *229ff*
zusammengesetzte Wörter *225ff*

Der Autor

Hans-Georg Müller lehrt Sprachdidaktik an der Universität Potsdam sowie Deutsch und Geschichte an einem Berliner Gymnasium. Darüber hinaus betreibt er die Lernplattform www.orthografietrainer.net. Nach seinem Lehramtsstudium an der Humboldt-Universität promovierte er dort 2007 in Sprachdidaktik. 2015 habilitierte er sich in Germanistischer Linguistik an der Universität Potsdam, wo er seitdem als Privatdozent lehrt.